おいしさそのまま！　食材を正しく保存

食の冷凍・解凍保存事典

◆285のレシピつき

<small>料理研究家・栄養士</small>
堀江ひろ子

●冷蔵庫開発技術者による
冷凍冷蔵庫の使い方アドバイスつき

ブックマン社

はじめに

　私たちの生活に密着している冷蔵庫。今や、冷蔵庫のない生活は考えられないくらいです。冷蔵庫は食品の保管庫としてはもちろん、食品や飲みものを適度な温度にしておいしくする機能もあります。この機能をフルに活用してより豊かな食生活をめざしていただきたく、この本を作りました。

　冷蔵庫の容量以上に食品を詰めこんだり、乾燥を防ぐ手だてをしないまま冷蔵庫に入れたりすれば、その長所を十分に生かすことはできません。また、保存できる期間にも限りがあるので、冷蔵庫の機能を知って正しく使いこなしてください。また、冷蔵庫に頼らないほうがおいしく保存できる食品もたくさんあります。これも紹介してありますので参考にしてください。

　せっかく買ってきた食品を最後まで使いきるか、途中で腐らせてしまうかによって、家計にあたえる影響がずいぶん違ってきますし、ムダをしない生活は、ひいては地球の資源を大切にすることにもなります。そのためにこの本が役立つことを願っています。

■この本は5部構成になっています■
INTRODUCTION
冷蔵庫を正しく、効率よく使う方法を紹介しています。食品をよりおいしく、長もちさせるために利用してください。
CHAPTER ❶
食品の保存・冷凍・解凍方法、冷凍した食品の料理方法を紹介しています。この料理は冷凍しない素材でも作ることができます。
CHAPTER ❷
人気の高いおかずの作り方と冷凍方法、その料理のアレンジを楽しむ応用料理を紹介しています。
CHAPTER ❸
市販の冷凍食品を使った料理を紹介しています。
巻末
こんなものも冷凍できる、といった意外な食品の冷凍法を紹介しています。

目 次

冷凍冷蔵庫のしくみを知って正しく使おう

冷蔵庫の構造と役割……………… 8
冷蔵庫を使いこなす……………… 10
冷凍室を使いこなす……………… 12
冷凍の基本ルール………………… 14
解凍のポイント…………………… 16
食品を置くときのポイント……… 18
冷蔵庫が苦手な野菜・くだものの
　保存方法………………………… 20
冷蔵庫を効率よく使う…………… 22
冷蔵庫をきれいに使う…………… 24

CHAPTER❶ 素材をそのまま冷凍

〈肉・肉加工品〉
豚肉、牛肉を冷凍する……………… 26
　豚薄切り肉……………………… 28
　豚厚切り肉……………………… 30
　豚切り落とし肉………………… 32
　牛ステーキ用肉………………… 34
　牛角切り肉……………………… 36
　牛薄切り肉……………………… 38
　牛切り落とし肉………………… 40
鶏肉を冷凍する……………………… 42
　鶏むね肉………………………… 44
　鶏もも肉………………………… 46
　鶏手羽先………………………… 48
　鶏ささみ………………………… 50
ひき肉を冷凍する…………………… 52
　レバー…………………………… 56
ハム、ベーコン、ソーセージを冷凍する…… 58

〈魚介類〉
1尾魚を冷凍する…………………… 60

　あじ……………………………… 62
　いわし…………………………… 64
　いさき…………………………… 66
　さんま…………………………… 68
　さば……………………………… 70
　きす……………………………… 72
　わかさぎ………………………… 73
切り身魚を冷凍する………………… 74
　かじき…………………………… 76
　かれい…………………………… 78
　さけ……………………………… 80
　たい……………………………… 82

　あさり…………………………… 84
　かき……………………………… 86
　ほたて貝………………………… 88
　えび……………………………… 90
　いか……………………………… 92
　たらこ、辛子明太子…………… 94

〈穀類〉
　ご飯……………………………… 96
　もち……………………………… 98
　ゆでうどん……………………… 100
　中華めん………………………… 101
　パイ生地………………………… 102

〈野菜・いも・きのこ〉
野菜を冷凍する……………………… 104
　小松菜…………………………… 106
　ほうれんそう…………………… 108
　モロヘイヤ……………………… 110
　アスパラガス…………………… 112
　ブロッコリー…………………… 114
　かぼちゃ………………………… 116

目　次

　トマト……………………１１８
　オクラ、ピーマン………１２０
　にがうり、ズッキーニ…１２２
　さやいんげん、さやえんどう…１２４
　やまいも…………………１２６
きのこを冷凍する………１２８
　しいたけ…………………１３０
　しめじ……………………１３２
　エリンギ…………………１３４
　舞たけ……………………１３６

＜豆・豆加工品＞
　ゆで大豆…………………１３８
　納豆………………………１４０
　油揚げ……………………１４２
　おから……………………１４４
　ゆであずき………………１４６
　その他の豆………………１４８

＜フルーツ＞
フルーツを冷凍する……１５０
　りんご／みかん／ぶどう／メロン／
　バナナ
　オレンジ…………………１５２
　いちご……………………１５３
　ブルーベリー……………１５４
　アボカド…………………１５５

香味野菜を冷凍する……１５６

CHAPTER❷ 料理を冷凍してアレンジ

ハンバーグ…………………１５８
ゆで豚………………………１６０
鶏の酒蒸し…………………１６２

肉だんご……………………１６４
肉そぼろ……………………１６６
シュウマイ…………………１６８
チャーハン…………………１７０
ポークカレー………………１７２
ドライカレー………………１７４
コロッケ……………………１７６
とんかつ……………………１７８
ひじきの煮つけ……………１８０
高野豆腐の含め煮…………１８２
ホワイトソース……………１８４
ミートソース………………１８６
トマトソース………………１８８
しいたけの含め煮…………１９０
かんぴょうの含め煮………１９０
薄焼き卵……………………１９０

CHAPTER❸ 冷凍食品を使いこなす

冷凍食品を選ぶ……………１９２
家庭でしっかり管理する…１９３
冷凍食品を調理する………１９４
冷凍まぐろ、かつおをおいしく解凍…１９６
　まぐろ……………………１９８
　かつお……………………２００
魚のすり身…………………２０２
和風野菜ミックス…………２０４
中華炒め野菜ミックス……２０６
ミックスベジタブル………２０８
シーフードミックス………２１０

意外な、楽しい冷凍方法…２１２

料理名さくいん……………２１８

この　本　の　使　い　方

①この本で使った計量器具は、1カップ＝200㎖、大さじ1＝15㎖、小さじ1＝5㎖です。
②材料表で個数や本数で表示しているのは（大）や（小）となければ中くらいの大きさのものです。g数は、正味となければ皮や種などを含んだ重量です。
③調味料などで少々とあるのは指3本でつまんだ量（小さじ1/6～1/5）、少量というのはそれより多め。適量は作る人の判断に任せる量です。
④材料表で小麦粉とあるのは薄力粉です。
⑤電子レンジは600Wのものを、断りがないかぎり「強」で加熱しています。
⑥材料表でだしとあるのは昆布とけずり節でとったもの、または水1カップにだしの素小さじ1/2の割合で合わせたものです。

冷凍冷蔵庫のしくみを知って
正しく使おう

冷蔵庫は電気を使っているのに、なぜ冷えるのだろう？こんな疑問を持ったことはありませんか？
冷えるしくみはこうです。手にアルコールを塗るとヒヤッとしますよね。これはアルコールが気化するときに手から熱を奪っていくからで、これと同じことが冷蔵庫でも起こっているのです。でも熱を奪うのはアルコールではなく、それに代わる液体で、冷媒と呼ばれています。冷媒を電気でギューッと圧縮し、次に急激に気化させると－３０℃もの低温になります。この冷気が庫内に満ちて食べものを冷やしている、というわけです。

冷蔵庫の構造と役割

冷蔵庫の構造

庫内を冷やすさまざまな機関は目に見えないところで働いています。構造は人間の体によく似ていて、心臓や肝臓などを血液がめぐっているのと同様、冷蔵庫に4つある機関を冷媒がめぐって庫内を冷やします。役目を終えた冷媒は元にもどり、また同じことをくり返すというわけです。

① コンプレッサー（圧縮機）
冷媒を圧縮して130℃の高温の気体に変え、放熱器に送る。

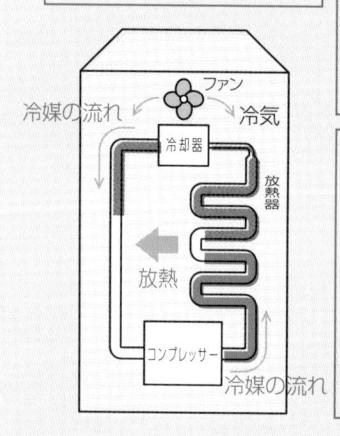

② 放熱器（凝縮器）
長いパイプ状になった放熱器を通る間に、冷媒は周囲の空気で冷やされ、約40℃の液体に変わり、さらに細い管に送られる。

③ 冷却器
冷却器に入った冷媒は急に広いところに出たために気体になり、気化熱を奪って－30℃になり、周囲の温度を下げる。

④ 再びコンプレッサーに
冷媒はコンプレッサーにもどり、再び圧縮される。

⑤ ファン（送風機）
冷たくなった空気を冷蔵室と冷凍室に送り、食品に冷風をあてて冷やしたり凍結させたりする。

直冷式とファン式

冷蔵庫のしくみは同じですが、冷気をどう庫内に送るかに違いがあります。直冷式は冷気を壁の中に通して自然対流させる方式。冷却板の上に直接製氷皿をのせたりするので氷が早くできたり、早く凍結するのでホームフリージングに向いています。しかし、庫内の温度コントロールがむずかしい、霜がつきやすいという難点があるため、家庭用冷蔵庫の多くが、現在はファン式になっています。ファン式は庫内の温度ムラがなく、自動的に霜とり装置が働くので霜とりによる温度上昇が少なくなります。

（注）この本ではファン式冷蔵庫を前提に使い方を紹介します。

冷蔵庫の役割

食品を冷蔵庫に入れるのは多くの場合、食品を長もちさせるためです。ものが腐るのは、食品にもともと存在していた微生物（細菌、カビ、酵母など）が、適度な温度や湿気という条件のもとで繁殖し、食品を変質させるため。冷蔵庫は食品の温度を下げることによって微生物の活動を阻止し、食品の変質を防ぎます。

＜冷蔵室＞

① 常温（20℃くらい）では日もちの悪い食品の品質を安定させて長もちさせる。

② 野菜やくだものの呼吸作用を弱くして成分の消耗を防ぐ。

③ 飲みものや冷たくするとおいしい食品を冷やし、快適に感じる温度にする。

＜冷凍室＞

① 低温を好む微生物でも活動できなくなる低温（−12℃以下）にして繁殖できなくする。

② 微生物よりも低温に強い分解酵素の働きを止める−18℃以下にして食品の変質を防ぐ。この場合、熱を加える場合と違って微生物が死滅するわけではなく、活動を停止しているだけ。

なぜ、冷蔵庫に置くと乾燥するのでしょうか？

① 温度の高い常温に置いたほうが、冷蔵室に置くよりもむしろ乾燥しやすくなっています。のりなどは乾燥するのではなく、湿りにくくなるのです。

② 冷凍室は冷蔵室よりさらに温度が低いため、乾燥しにくくなります。とはいえ、長く保存するため、より乾燥が進んだような気がするのです。

③ 庫内の温度と食品の温度に差があると空気の対流が起こり、より早く乾燥します。食品をさます、または冷やしてから冷蔵庫に入れると乾燥を遅らせることができます。

冷蔵庫を使いこなす

冷蔵庫には冷蔵室と冷凍室があり、冷蔵室には食品を並べる棚、ドアポケット、冷蔵庫によってはチルドルームなどの特定低温室がついています。それぞれの場所ごとに温度管理されていますから、食品を適切な場所に置いて効率よく冷蔵庫を使いましょう。

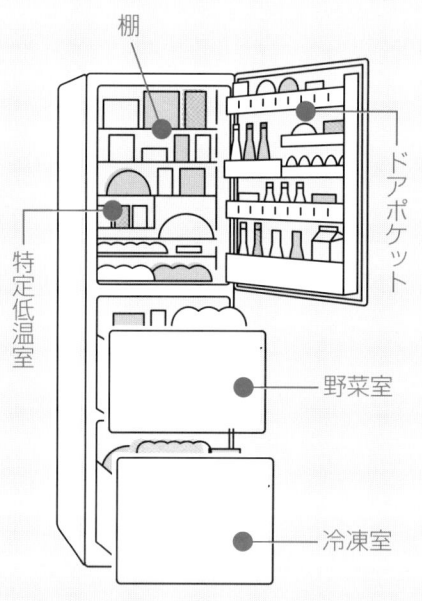

（図中ラベル：棚、ドアポケット、特定低温室、野菜室、冷凍室）

(注)各部分の配置、名称などはメーカーによって異なります。

棚（上段）　4～6℃
目が届きにくいこの場所は長期ストック用の場所として粉類やびん、缶類を置く。

棚（中・下段）　2～4℃
短期間保存するものを置く。下ごしらえした材料や総菜、デザートなどを。

特定低温室
チルドルームは2～0℃、パーシャルルームは0～－3℃。ヨーグルトやチーズ、納豆などの発酵食品、練り製品はチルドルームに。肉、魚介類はどちらでも。パーシャルルームだと少し凍った状態になる。

野菜室　約5℃
野菜、くだもの全般。引き出し式になっているものは野菜を立てておくことができる。

ドアポケット（上段）　5～8℃
冷蔵室の中では温度がやや高め。調味料やスパイスはこの位置に。

---

column
チルドルームとパーシャルルーム

チルドルームは食品が凍る直前の2～0℃に、パーシャルルームは刺身などが少し凍る0～－3℃に設定。どちらも棚の部分に置くよりも食品の発酵や熟成を遅らせ、より長く鮮度をもたせるようにしてあります。チルドルームを設けた冷蔵庫が主流ですが、両方使えるように切り替え方式になっている冷蔵庫もあります。

ドアポケット（中・下段）5～7℃

中段には卵を置く場所が設定されている。下段はやや広くなっていてペットボトルや牛乳パックが置けるようになっている。ドアの開閉によって最も温度が上がりやすい場所。

冷凍室　約－18℃

食品を凍結し、保存する場所。ドア式のものと引き出し式のものがあるが、冷気がたまりやすくて開閉による温度差が少ない、ものをとり出しやすいという点では、引き出し式が優れている。

製氷室　約－18℃

氷を作るのに最適な場所。

(注) 各場所の温度は温度調節を「中」にし、食品を入れずにドアを閉め、安定したときの温度です。

庫内の温度調節

＜冷蔵室＞

弱	中	強
「中」より2～3℃高い	約3～6℃	「中」より2～3℃低い

＜冷凍室＞

弱	中	強
「中」より2～3℃高い	約－18～－20℃	「中」より2～3℃低い

食品の置き場所と保存期間の目安

食品名	置き場所	保存期間の目安
豆腐（開封後）	棚	3日
練り製品（開封後）	チルドルーム	4日
ヨーグルト（開封後）	チルドルーム	4日
ハム（開封後）	チルドルーム	2週間
肉・魚	チルドルーム	2～4日
野菜全般*	野菜室	5～6日
いちご	野菜室	3日
卵	ドアポケット	1か月（生食には2週間）
牛乳（開封後）	ドアポケット	3日
調味料（開封後）	ドアポケット	1か月
ホームフリージングした食品	冷凍室	1～2か月
市販の冷凍食品	冷凍室	3か月
乾物・お茶など（開封後）	冷凍室	2～3か月

*冷蔵に向かない野菜を除きます。

冷凍室を使いこなす

冷凍というと「食品自体が凍る」ように考えてしまいますが、実際は食品に含まれている水分が凍ることです。水分が凍ると氷の結晶に変化します。結晶になるまでの時間が長いほど結晶が大きくなり、結晶が大きいほど、食品の組織を傷つける度合いが高いので、いかに早く凍らせるかがホームフリージングのカギになります。

＜冷凍室が引き出し式で2段になっている場合＞

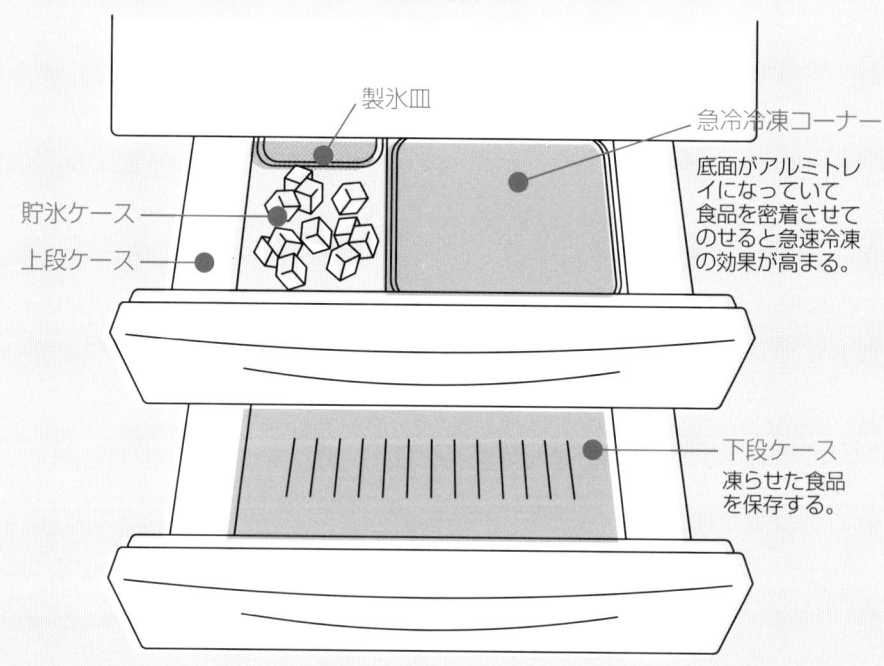

- 製氷皿
- 貯氷ケース
- 上段ケース
- 急冷冷凍コーナー　底面がアルミトレイになっていて食品を密着させてのせると急速冷凍の効果が高まる。
- 下段ケース　凍らせた食品を保存する。

食品の水分は－1～－5℃で凍る

水は0℃で凍り始めますが、食品の水分には水溶性のいろいろな成分が含まれているため、それより低い－1℃で凍り始め、－5℃でほとんどの水分が凍ります。この－1～－5℃を氷結晶生成温度帯、一般には氷点といいます。

急速冷凍と緩慢冷凍

もともと家庭用冷蔵庫の冷凍室は、食品を凍らせるためのものではなく、凍らせた食品を保存するための場所として開発されました。凍らせる能力は専用の冷凍庫に比べると限界があり、それをカバーするためにさまざまな工夫が必要になります。基本は氷点（氷結晶生成温度帯）をすばやく通過させ、氷の結晶を大きくしないことです。

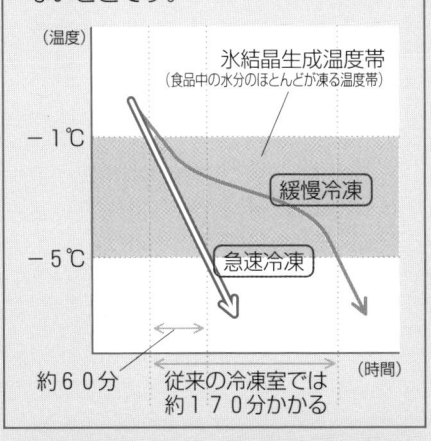

（温度）
氷結晶生成温度帯
(食品中の水分のほとんどが凍る温度帯)
－1℃
緩慢冷凍
－5℃
急速冷凍
（時間）
約60分
従来の冷凍室では約170分かかる

家庭でできる急速冷凍の工夫

おいしさを損なわずに冷凍させるには急速冷凍が望ましいのですが、一般的な家庭用冷蔵庫の冷凍室の場合、普通に食品を置くだけだと、完全に凍るまでに約170分もかかってしまいます。そこで、急速に食品を凍らせるためにさまざまな工夫が必要になってきます。

急速冷凍のポイント

① 温度目盛りを「強」にする

冷蔵庫によっては急冷凍スイッチがついていて、食品を素早く凍らせるためにハイパワー運転に切り替えます。運転時間は約60分です。

② 食品を小さく薄くする

凍結は食品の外側から中心に向かって進むので、中心までの距離を短くするほど早く凍ります。ご飯やひき肉などは1cmくらいの厚さにして。小さくしても冷気に触れる面積が大きくなって早く凍ります。

③ アルミトレイにのせる

アルミやステンレスなどの金属は熱伝導がよいので、冷気を早く食品に伝えます。食品を金属板にのせるとそれだけ早く凍ることになるわけです。冷蔵庫によっては急冷凍コーナーに据えつけられているものもあります。

④ 食品同士のすき間をあける

冷凍室もファンが送りこむ冷風によって冷やされます。食品を重ねたり、ギッシリ詰めこんだりすると、冷風が効率よく働きません。食品と食品に適度なすき間をあけ、どの食品にも冷風があたるようにしてください。

冷凍の基本ルール

冷凍のポイントを食品の扱い方からみてみましょう。上手に下処理をし、そのうえで急速冷凍にすれば、品質やおいしさがしっかり守られるというわけです。

① 新鮮な食品を冷凍する

冷蔵室に置いて、古くなりかけたからあわてて冷凍する人がいるようですが、これはバツ。冷凍室には、鮮度をよみがえらせる能力はありません。新鮮な食品を選び、買ってきたらすぐ処理をして冷凍してください。

② 素材に適した下処理をする

発泡スチロールのトレイに入っていた食品はとり出してラップで包み直して。魚の頭や腹わたは除いて洗い、水けをふくなど、冷凍する必要のないもの、冷凍の邪魔をするものを除くことがポイントです。

③ 冷やしてから冷凍する

食品を入れると冷凍室の温度は上がります。これをできるだけ避けるには、あらかじめ食品の温度を下げること。調理した食品は必ずさまし、気温の高い季節は食品を冷凍室に入れる前に氷水で冷やすひと手間を。

④ 密封して酸化を防ぐ

酸化とは食品が空気に触れて劣化することです。冷凍中でも酸化は進みます。これを防ぐには食品を冷凍用の袋に入れ、空気をできるだけ抜くこと。ラップは通気性があるので長く保存するなら凍らせ、さらに冷凍用の袋に入れて二重包装にします。

⑤ 生ものには脱水シートを

冷凍した肉や魚を解凍すると、水分が出ます。この水分には食品のくせやにおいが含まれています。これを再吸収させないためには脱水シートに包んでの冷凍がおすすめ。解凍するときにシートが余分な水分を吸うので味がすっきりします。

⑥ 再冷凍しない

解凍して売られている生鮮品や、家庭で解凍したものを再び冷凍するといちじるしく味を損ないます。ただ、水分が少ないいかなどは再冷凍可能。

保存期間の目安

肉	約3週間
魚介	約3週間
野菜	約1か月
調理した食品	3〜4週間

保存期間は状況によります。よい状態で冷凍した場合で左記の期間が一応の目安になりますが、できるだけ早く食べきるようにしてください。

冷凍に向かない食品

食品名	向かない理由
生野菜 くだもの	解凍すると組織がくずれ、食感のまったく違うものになってしまう。生野菜はゆでるなどして加熱してから。くだものは凍ったまま食べる場合もあるし、シロップ煮にして冷凍する方法もある。
ゆでたたけのこ ゆでたふき	繊維がきわだち、すじっぽくて口あたりの悪いものになる。
かたまり肉	冷凍・解凍するのに時間がかかり、解凍したときに肉汁が解け出てうまみが損なわれる度合いが大きい。
ハム	きめが粗くなり、ボソボソになる。厚切りか薄切りにしてからならOK。
牛乳	水分、脂肪、たんぱく質が分離してしまう。
チーズ	きめが粗くなり、ボソボソの状態になる。
卵	解凍したときにドロドロの状態に。卵白だけなら冷凍でき、使うぶんずつ解かして使う。ゆで卵もスポンジ状になってしまうので不向き。
豆腐	水分とたんぱく質が分離してしまう。高野豆腐に似たものとして食べるのならOK。
こんにゃく	スポンジ状になり、ザラザラした口あたりの悪いものになる。
マヨネーズ	分離してしまう。

解凍のポイント

凍結させた食品をもとの状態にもどすことを、解凍といいます。解凍そのものは、決してむずかしいことではありません。よい状態で凍結させ、一定期間内に解凍すれば、その食品がダメになってしまうことはないといってもよいでしょう。ただ、よりよい状態にもどすにはちょっとしたルールがあります。

生ものは自然な状態でゆっくり解凍

肉や魚を解凍するときにはドリップをできるだけ出さないようにするのが原則です。ドリップはおいしい成分や栄養を含んだ肉汁のこと。急激に解凍すると組織が壊れて大量に解け出してしまいます。それを最小限に抑えるには、室温や冷蔵室に置き、時間をかけて自然な状態で解凍する方法が向いています。

＜生ものは自然解凍で＞

組織を壊さないように、時間をかけてゆっくり解凍します。

① 室温解凍

冷凍室から出してテーブルや調理台などに置き、室温でゆっくり解凍します。ケーキや和菓子、サンドイッチなど、解凍してそのまま食べるもの、水分の少ない干ものはこの方法で。完全に解凍する前にラップなどをはずすと、結露してグチャグチャになってしまうので気をつけてください。

② 冷蔵室解凍

肉や魚はラップに包んだまま、冷蔵室の中で最も温度の低いところやチルドルームに置いてゆっくり解凍します。解凍ルームがついている冷蔵庫ならそこが最適。氷がゆっくり解けるため組織がほとんど壊れず、ドリップの流出も最小限に抑えられます。

③ 流水解凍

比較的早く解凍したいときに。ラップで包んである場合も、濡らさないようにポリ袋に入れてしっかり封をし、ボウルなどに入れて流水をかけます。芯が少し残っている半解凍の状態で食品をとり出し、キッチンペーパーに包んで水分を吸わせながら完全に解凍するまでおきます。

調理済み食品は急速解凍で

加熱、調理したものはすでに組織が壊れているので、急速に解凍しても大丈夫。調理品は食べられる状態まで一気に加熱しましょう。

① 電子レンジで加熱

ご飯やスープ、おかずなど、調理してあるものは電子レンジで加熱して解凍、温めまでやってしまいましょう。周囲は熱くなっているのに中心部はまだ冷たい、ということがあるので、途中で上下を入れかえたり、かき混ぜたりします。

② 直接蒸す、焼く、揚げる、ゆでるなど

電子レンジ、オーブン、フライパンなどで直接加熱し、解凍と温めを同時にやってしまいます。

③ ゆでてから調理する

野菜はかためにゆでてから冷凍しますが、解凍する場合はもう一度、残りの2〜3割程度をゆでます。煮たり炒めたりする場合は、凍ったまま使います。

＜解凍のルール＞

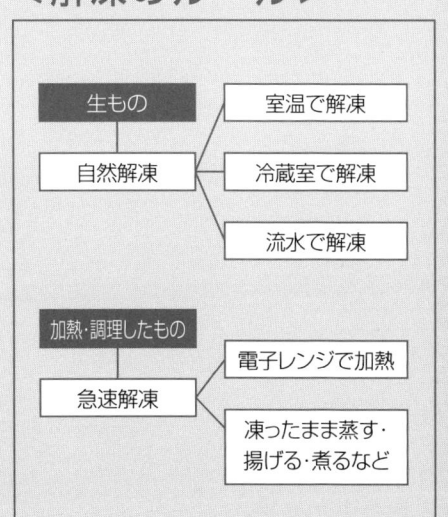

- 生もの → 自然解凍
  - 室温で解凍
  - 冷蔵室で解凍
  - 流水で解凍
- 加熱・調理したもの → 急速解凍
  - 電子レンジで加熱
  - 凍ったまま蒸す・揚げる・煮るなど

column ❶ 細菌の繁殖に注意

細菌は－18℃の冷凍室でも休眠している状態。解凍して室温にもどすと、たちまち目覚めて活動を開始します。梅雨どきや夏の室温解凍はとくに気をつけて。冷蔵室に置いて菌の活動を抑えた状態で解凍し、解凍を始めてから12時間以内に調理しましょう。

column ❷ 電子レンジには凍ったまま入れる

電子レンジはマイクロ波を食品にあてて加熱します。このマイクロ波は水分の多いところに集中するために、食品がなかば解けた状態で電子レンジに入れると、熱いところや冷たいところができてしまいます。電子レンジには冷凍室から出したての、カチンカチンに凍ったものを入れましょう。

食品を置くときのポイント

冷蔵室に食品をどう置くかによって、冷え方、鮮度の保ち方に差ができます。上手に使って冷蔵庫のパワーを十分に生かしましょう。

冷蔵室のポイント

買ってきた食品をなんでもかんでも冷蔵室に入れていませんか？ まず、冷蔵室に入れるとよいもの、入れないほうがよいもの、入れなくてもかまわないものに分けて詰めこみすぎを避け、それぞれを適切な場所に置くようにします。

① 保存性の高い食品は入れない

未開封の缶詰、びん詰めなどの保存食、砂糖、塩、食用油、乾物、お菓子など。入れていけなくはありませんが、冷蔵する必要のないものまで入れると室内が狭くなってしまいます。

② 置く場所をだいたい決めておく

なにがどこにあるかがわかると捜す時間が短く、室内で食品が行方不明になるといったロスもなくなります。冷気は奥から出てくるので、早く冷やしたいものは奥に置くと効率的です。

③ 冷えた食品の上に重ねない

すでに冷えている食品の上に、新しい食品を重ねると、冷えていた食品の温度が上昇。冷える、ゆるむといった温度変化をくり返すと、食品が傷みやすくなります。

④ 食品は清潔にしてから

食品に土や汚れがついていると、雑菌を庫内に持ちこむことになります。パッケージの表面は意外に汚れているので、ふきんなどでさっとふいてから入れるようにしましょう。

⑤ 食品を密閉して入れる

食品にラップをかけたり、密閉容器に入れておくと乾燥が防げ、他の食品のにおいも移りにくくなります。

⑥ 卵は丸いほうを上に

ドアポケットに置くと物があたらず安心。丸みの大きいほうを上にすると気室で呼吸し、鮮度が保たれます。

野菜室のポイント

野菜室は冷気が直接循環しない間接冷却になっています。これは野菜の大敵、乾燥を防ぐためで、通常、湿度は約９０％、温度はやや高めの５～６℃に保たれています。新聞紙に包んだり、ラップで包んだりすると、乾燥をさらに防いで鮮度を保つことができます。

① 立てて保存する野菜

アスパラガス、ほうれんそう、うど、ねぎ類は立てて保存したほうが長もちします。野菜が育ったのと同じ状態にするわけです。これらを横に寝かせると、上向きに起きようとして無駄に栄養分を消費し、傷みが早まります。

② 葉を切り落としてから

大根やかぶなどの根菜の場合は、葉をつけたままにしておくと葉の成長に栄養をとられ、早く劣化してしまいます。切り落とした葉は、その日のうちにゆでて食べるか、冷蔵または冷凍しておきます。

③ 水けをよくきる

野菜の水けはよくきってから入れてください。野菜室に水がたまると、他の野菜まで傷みやすくなります。野菜に土がついていたり、傷んだところがある場合も洗ったり、とり除いてから野菜室に入れます。

④ りんごはポリ袋に入れる

りんごが発するエチレンガスは、他の野菜やくだものの熟成を早める性質があります。野菜室に入れるとしたら、ポリ袋に入れてしっかり口を閉めてからにしましょう。

⑤ 冷蔵庫が苦手な野菜に注意

低温で保存すると低温障害を起こし、色が悪くなったり、ガリガリになってしまうものがあります。これらも使いかけはラップなどをして野菜室に置きますが、なるべく早く使いきるようにしましょう。

---

column
ビールや飲みものを早く冷やすには

さあビールを飲もう、と思ったのに冷蔵庫に入っていない！ということがありますよね。急いで冷やすには、濡れたふきんかタオルをびんや缶に巻きつけて冷蔵室に。気化熱でスピーディーに冷やせます。まちがっても冷凍室に入れてはいけません。びんが割れたり、均一に冷えないからです。ちなみに、ビールが最もおいしいのは夏は６～８℃、冬で１０～１２℃。飲む３時間前くらいに冷蔵室に置くのがベストです。

冷蔵庫が苦手な野菜・

食品を低温に置くと、多くのものは長もちするようになります。
しかし、野菜やくだものの中には、低温が苦手なものがあります。
土の中で育ったもの、南国で育ったものがそれ。
でも、切ったあとは一般の食品と同じように冷蔵保存しましょう。

冷蔵に向かない食品

＜常温保存するもの＞

(注)保存場所について　暗(冷暗所)…直射日光があたらない、風どおしのよいところ
　　　　　　　　　　常(常温)……直射日光があたらない気温20℃以下の室温
　　　　　　　　　　冷(冷蔵)……冷蔵庫の野菜室

食品名	場所	保存方法	期間の目安
にんじん	暗	土つきなら新聞紙で包み、冷暗所に立てておく	約2週間
ごぼう	暗	土つきなら新聞紙で包み、冷暗所に立てておく	約2週間
	暗	土に埋めておく	約1か月
	冷	切ったものはラップで包んで	約1週間
れんこん	暗	節のままなら新聞紙で包んで	約1週間
	冷	節の途中で切ったものはラップで包んで	3～4日
じゃがいも	暗	新聞紙で包んで冷暗所に置く	約1か月
	冷	切ったものは水にさらし、ラップで包んで	3～4日
里いも	暗	土つきのまま乾かし、新聞紙で包んで	約1か月
	冷	皮をむいたり、切ったものはラップで包んで	3～4日
やまいも	暗	1本のままなら新聞紙で包み、冷暗所に立てて	約1週間
	冷	切ったものはラップで包んで	約2週間
にんにく	常	皮つきを通気性のよいカゴに入れて	1～2か月
	冷	皮をむいたらラップで包んで	2週間
しょうが	常	皮つきなら目につくところに置いて早めに使う	1週間
	冷	皮をむいたら水けをふいてラップで包む	1週間

くだものの保存方法

＜寒いときは常温、暑いときは冷蔵庫＞

食品名	場所	保存方法	期間の目安
白菜	暗	１０～２月は丸ごと買い、新聞紙で包んで冷暗所に。外側から葉をはがして使う	約１か月
白菜	冷	上記以外や、切ったものはラップで包んで	約２週間
大根・かぶ	暗	葉を切り落とし、１０～２月は新聞紙で包んで	約２週間
大根・かぶ	冷	葉を切り落とし、ラップで包んで	約１週間
かぼちゃ	常	丸ごとならそのまま	半年くらい
かぼちゃ	冷	切ったものは種の部分を除き、ラップで包んで	約１週間
玉ねぎ	常	皮をつけたまま網などに入れてつるしておく	１～２か月
玉ねぎ	冷	皮をむいたり切ったものはラップで包んで	約２週間
長ねぎ	暗	土つきなら新聞紙で包んで	約１か月
長ねぎ	冷	切ったものはラップに包んで	約１週間

＜常温で保存、食べる前に冷蔵庫に＞

食品名	場所	保存方法	期間の目安
りんご	常	ひとつずつ紙で包む。気温が高いときは冷蔵室に	約１か月
バナナ	常	涼しい所に置いて	３～４日
いちご	常	寒い季節は常温、気温の高いときは冷蔵庫に	２～３日
メロン	常	食べごろまでは常温。３～４時間前に冷蔵庫に	２～３日
マンゴー	常	食べごろまでは常温。３～４時間前に冷蔵庫に	２～３日
パパイヤ	常	食べる３～４時間前に冷蔵庫に	３～４日
キーウイ	常	食べごろまでは常温。３～４時間前に冷蔵庫に	２～３日

冷蔵庫を効率よく使う

冷蔵庫は家電の中で、エアコンについで電気を使います。また、電気を使えば使うほど、地球温暖化の原因になるCO_2の排出量も増えることになります。電気を節約することは家計を助けるためだけでなく、結果としてCO_2の排出量も抑えることになるわけです。

省エネのポイント

① 冷蔵庫の置き場所にゆとりを

冷蔵庫を壁にぴったりとくっつけて置いていませんか？ 周囲にすき間がないと放熱するのに余計な電気が使われます。機種にもよりますが、一般的には冷蔵庫の左右それぞれに0.5～2cm、上部に10～30cm以上のすき間をあけて置くようにしてください。

② ドアの開閉はすばやく

ひんぱんにドアをあけたり、ドアをあけておく時間が長いと、それだけ冷気が逃げて庫内の温度が上がり、再び冷やすのに電気が使われます。1日に冷蔵室のドアを15回、冷凍室を15回開閉した実験では、全く開閉しなかった場合に比べて電気代が15％もアップしたそうです。

③ 熱気や湿気を避ける

直射日光のあたる場所、ガスこんろの近くに置かないようにします。周辺温度が上がると電気をムダに使うことになります。

④ ドアパッキングをチェック

冷蔵庫の部品でいちばん傷みやすいのがドア部分のパッキング。汚れていると傷みやすいので、まめにふく習慣を。紙をはさんでみて、落ちてくるようならゆるんでいる証拠。そのままにしておくと冷気が漏れ続けるので、販売店にとり換えてもらいましょう。

⑤ 食品を詰めこみすぎない

食品と食品の間を冷気が流れて庫内を冷やしています。この空間がないとうまく冷えなくて余計な電気を消費します。食品を入れる割合は、おおよそ６５％くらいまでに。引き出し式の冷凍室で保存する場合はびっしりと詰めても大丈夫です。

⑥ 冷気の吹き出し口をふさがない

庫内に食品を置く位置にも注意しましょう。吹き出し口の前に置くと冷気がさえぎられ、効率よく冷えません。密閉容器は丸いもの、四角形のものなど、形の違うものを使うと適度なすき間ができます。

おもな家電製品の消費電力とCO_2

場所	家電名	全消費電力の中で占める割合	CO_2排出量
1位	エアコン	２３．６％	９９．１kg
2位	冷蔵庫	１７．３％	７２．６kg
3位	照明器具	１５．８％	６６．４kg

（数値は１年間の平均値）　資料提供・株式会社シャープ

冷蔵庫をきれいに使う

庫内が汚れていると冷やす力が弱まり、いやなにおいが食品に移ってしまいます。ひと月に1回は殺菌も兼ね、庫内を掃除する習慣を。入れたままになっていた食品を発見することもあり、食品をムダにしないですむという利点もあります。

① 汚れたら、すぐにふきとる

庫内を清潔に保つのに最も有効なのは、汚れたらふく習慣。食品から汁がこぼれたら、すぐにキッチンペーパーなどでふきとれば簡単。そのままにしておくと汚れが乾燥してこびりつき、とりにくくなるだけでなく、雑菌を繁殖させていやなにおいを発するようになります。

② ひと月に1回は中性洗剤で

普段は庫内を、濡らしてかたく絞ったふきんでふきとる程度で十分ですが、ひと月に1回くらいは、庫内のものを全部とり出し、全体をふきます。そのときは台所用の中性洗剤をうすめて使い、そのあと、ぬるま湯を含ませてかたく絞ったふきんでふきます。

③ 汚れやすいところを重点的に

汚れがつきやすいのは、ドアポケット、ドアポケットや冷蔵庫の底部の汁受け部と蒸発皿で、忘れやすい部分でもあります。かたく絞ったふきんでふくか、蒸発皿はとりはずして水洗いします。

⚠ プラグをはずして！

手入れをするときは、感電したり、けがをしたりしないように必ず電源プラグを抜いてください。

---

column
におい消しに茶がらやコーヒーかすを

庫内のイヤなにおいはいろいろな食品のにおいや、汚れなどが混じりあったもの。これを防ぐには、まず庫内を清潔に保つこと。活性炭を利用する方法もあります。茶がらやコーヒーかすにも同様の作用があるし、経済的。これらはにおいを吸着する力がなくなったらとり換える必要があります。

CHAPTER ①

素材をそのまま冷凍

&

保存・解凍・料理法

冷凍した食材があるといつでも使えて安心、安いときにまとめ買いができるから経済的。買いものの手間が省ける、という長所があります。ここでは素材ごとに、おいしさを生かした冷凍方法を紹介しています。

CHAPTER ❶ 素材をそのまま冷凍

豚肉、牛肉を冷凍する

大きく薄く広げて冷気や熱をとおしやすくし、すばやく冷凍してうまみを逃さないように。家庭での冷凍は厚切り肉まで。かたまり肉は冷凍、解凍に時間がかかります。そのため、うまみを含むドリップが出てしまうので、家庭での冷凍はあまりおすすめできません。

薄切り肉を冷凍する

POINT
❶新鮮な材料を使う。
❷材料に触れないようにする。
❸広げて冷凍する。
❹凍ってから冷凍用の袋に入れる。

保存期間の目安
3週間

① 新鮮な材料を使う
買ってきてすぐの肉を冷凍します。冷蔵室にしばらく置いて古くなりかけた肉は冷凍などしないで、早く食べきってください。

② 材料に触れないようにする
手にはさまざまな雑菌がついています。手は洗ってからにし、なるべく触れないようにして手早くラップで包んでください。

③ 広げて冷凍する
1枚ずつ広げ、端を少しずつ重ねながら並べ、ラップでぴっちり包んで凍らせます。厚みがあるとそのぶん凍るまでに時間がかかってしまいます。

④ 凍ってから冷凍用の袋に入れる
熱伝導率の高いアルミトレイにぴったり密着させてのせ、素早く凍らせます。カチンカチンに凍ったら冷凍用の袋に入れて冷凍室に置きます。

自然解凍に
使う少し前に冷蔵室に移し、自然解凍します。包丁が入るかたさにゆるんだら、調理目的に合った大きさに切り分けます。

塩、こしょうをして冷凍
そのまま冷凍するよりも長もち。調理するときに塩、こしょうを使うことがわかっている場合はかるくふっておきましょう。

厚切り肉を冷凍する

POINT
① 下ごしらえをしたほうがよい。
② 1枚ずつラップに包む。
③ アルミトレイにのせて凍らせる。
④ 凍ってから冷凍用の袋に入れる。

保存期間の目安
3週間

① すぐに使えるようにすじ切りをしたり、肉たたきでたたいたりしておいたほうが、解凍後の調理がスピーディ。半解凍状態での料理もできます。

② 早く冷凍、解凍するため1枚ずつに。重ねて冷凍すると解凍するまでに時間がかかり、ドリップなどが出ておいしさも半減してしまいます。

③ ラップに包んだ肉はアルミトレイにぴったり密着させるようにし、素早く凍らせます。ここまでの準備は肉がまだ冷たいうちに手早く。

④ 肉がカチンカチンに凍ったら冷凍用の袋に入れ、冷凍室に。包装を二重にして冷凍室内での乾燥を最小限にします。

切り落とし肉を冷凍する

POINT
① 発泡スチロールの包装から出す。
② ラップに薄く広げる。
③ アルミトレイにのせて凍らせる。
④ 冷凍用の袋に入れて冷凍室に。

保存期間の目安
3週間

① 発泡スチロールのトレイは熱をとおしにくいので、入れたままにすると凍結までに時間がかかります。

② とり出した肉は広げてラップに平らに、できるかぎりすき間のないように並べ、ぴっちりと包みます。

③ できるだけ早く凍るようにアルミトレイにぴったり張りつけるようにのせ、凍らせます。

④ 肉がカチンカチンに凍ったら冷凍用の袋に入れ、封をしっかりして冷凍室で保存します。

CHAPTER ❶ 素材をそのまま冷凍

豚薄切り肉

薄く広げて冷凍し、自然解凍に

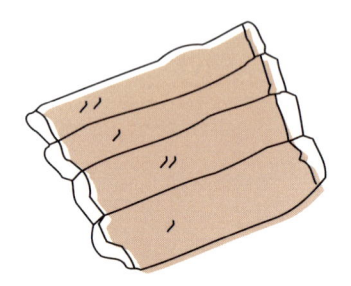

保存方法

そのまま使えるし、食べやすく切って使うこともできて幅広い料理に使えます。赤身と脂身の境めがくっきりとして全体にツヤがあるのが新鮮。買ってきた日か翌日に使う場合は冷蔵室に、3〜4日以内に使う場合はパックのまま低温室に。

ねぎ巻き串かつ

1人分　353kcal

材料（4人分）

冷凍した豚薄切り肉	300g
長ねぎ	2〜3本
溶き卵	1個分
小麦粉	1/2カップ強
パン粉	2カップ強
キャベツ	大2枚
しょうゆ　こしょう　揚げ油	

作り方

❶豚肉は解凍して広げ、2、3枚ずつ端を少しずつ重ねて並べ、しょうゆ少量、こしょう少々をふる。

❷長ねぎを肉の長いほうの幅に合わせて切り、1本ずつ①にのせて巻く。巻いたものを3本でひと組にして並べ、肉の幅によって竹ぐし4、5本で刺してとめる。

❸竹ぐしと竹ぐしの間を包丁で切り離す。

❹溶き卵に水を加えて1/2カップにし、小麦粉を加えて混ぜる。

❺③を④にくぐらせ、パン粉をつけて手でかるくおさえて形をととのえる。

❻揚げ油を170℃に熱して⑤をカラリと揚げる。

❼器に盛り、キャベツのせん切りを添える。

豚肉のソースマリネ

1人分　298kcal

材料（4人分）

冷凍した豚薄切り肉	300g
玉ねぎ	1個
A ┬ トマトケチャップ	1/2カップ
├ ウスターソース	1/4カップ
└ サラダ油	1/4カップ
レタス	1/2個

作り方
❶豚肉は半解凍の状態でひと口大に切る。玉ねぎは薄切りにする。
❷沸騰した湯に豚肉を入れて箸でさばきながらゆで、色が変わったらざるにあげる。
❸ボウルにAと玉ねぎを入れて混ぜ、豚肉を熱いうちに入れてつけこむ。1日おいたほうがおいしくなる。
❹レタスをざく切りにして器に敷き、③を盛る。

豚肉のにんにくみそ炒め

1人分　205kcal

材料（4人分）

冷凍した豚薄切り肉	300g
キャベツ	1/4個
にんにく	1片
A ┬ みそ	大さじ3
├ 酒、砂糖	各大さじ2
└ しょうゆ	大さじ1
サラダ油	

作り方
❶豚肉は解凍してひと口大に切る。
❷キャベツはせん切りにする。
❸にんにくは皮をつけたまま電子レンジで約1分30秒加熱する。皮をむいてつぶし、Aと混ぜてにんにくみそを作る。
❹油大さじ1で豚肉を炒める。色が変わったら③のにんにくみそを加えて炒め混ぜる。
❺器にキャベツを敷いて④を盛る。

ポテトサンドかつ

1人分　513kcal

材料（4人分）

冷凍した豚薄切り肉	8枚
じゃがいも	3個（400g）
玉ねぎ	（小）1/4個
パセリのみじん切り	大さじ2
A ┬ マヨネーズ	大さじ2
├ プレーンヨーグルト	大さじ2
└ 牛乳	大さじ2
溶き卵	1個分
小麦粉	大さじ2
パン粉	適量
塩　こしょう　揚げ油	

作り方
❶豚肉は解凍する。
❷じゃがいもは洗い、皮つきのままポリ袋に入れて電子レンジで約8分加熱する。
❸じゃがいもが熱いうちに皮をむき、粗くつぶす。
❹玉ねぎはみじん切りにし、キッチンペーパーにのせ、塩少々をふってもみ、キッチンペーパーで包んで水にさらし、水けをかたく絞る。
❺③のじゃがいもにAを混ぜて塩、こしょう各少々で味をととのえ、玉ねぎ、パセリを混ぜる。
❻豚肉を広げて⑤を1/8量ずつ等分にのせ、2つ折りにして形をととのえる。
❼溶き卵に小麦粉を混ぜ、⑥をくぐらせてパン粉をつける。
❽揚げ油を170℃に熱して⑦をカラリと揚げる。

肉類　豚肉

良質なたんぱく質の供給源。ビタミンB_1の含有量がきわめて多く、疲労回復や体力増強に役立ちます。

CHAPTER ❶ 素材をそのまま冷凍

豚厚切り肉

下ごしらえをし、ラップで包んで冷凍

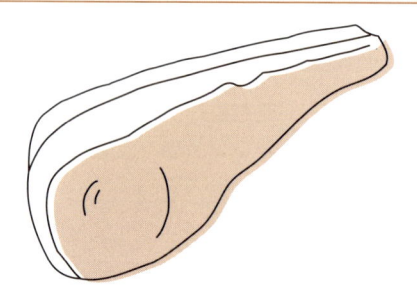

保存方法

肩ロース肉、ロース肉を約1cm厚さに切ったもの。パックのまま冷蔵室に置きますが、すぐに使わない場合は低温室に。3～4日以内に食べきりましょう。冷凍したものは半日ほど冷蔵室に置いて解凍し、なるべく早く使います。

豚肉のクリームソース煮

1人分　635kcal

材料（4人分）
- 冷凍した豚厚切り肉…4枚（400g）
- 玉ねぎ……………………………1個
- しめじ……………………………100g
- エリンギ…………………………100g
- 白ワイン……………大さじ3～4
- 固形スープ（チキン味）……1個
- 生クリーム………………1カップ
- ご飯………………………………4人分
- パセリのみじん切り…1/2カップ
- バター……………………大さじ1
- 塩　こしょう　小麦粉　サラダ油

作り方
❶ 豚肉は解凍し、ひと口大に切って塩小さじ1弱、こしょう少々をふり、小麦粉をまぶす。
❷ 玉ねぎは半分に切って薄切りにする。しめじは小房に分け、エリンギは食べやすく切る。
❸ 鍋に油大さじ1を熱し、豚肉の両面を焼きつけてとり出す。あとの鍋に油少量を足し、玉ねぎを入れてしんなりとするまで炒め、豚肉をもどし、きのこを入れてさっと炒める。
❹ ワインを注いでふたをし、2～3分蒸し煮にする。砕いた固形スープ、生クリームを加え、煮たったら塩、こしょう各少々で味をととのえる。
❺ ご飯にバター、塩小さじ1/2、こしょう少々を混ぜ、パセリを混ぜてパセリピラフを作り、器に盛って❹をかける。

豚肉の梅肉ソテー

1人分　316kcal

材料（4人分）

冷凍した豚厚切り肉…3枚（300g）
梅干し（裏ごししたもの）大さじ1
A ┌ だし……………………大さじ3
　├ しょうゆ………………大さじ1
　├ 酒、みりん……………各大さじ1
　└ 砂糖……………………大さじ1
もやし………………………200g
ピーマン………………………2個
青じそ…………………………4枚
しょうゆ　片栗粉　サラダ油　塩　こしょう

作り方
❶豚肉は解凍し、1枚を3、4切れずつに切ってしょうゆ大さじ1をもみこむ。
❷梅干しにAを混ぜて梅肉だれを作る。
❸豚肉に片栗粉をまぶし、油大さじ2を熱したフライパンで両面を焼く。余分の油をふきとり、梅肉だれを入れてからめる。
❹もやし、せん切りにしたピーマンを油大さじ1で炒め、塩、こしょう各少々をふる。
❺器に④を敷いて③を盛り、青じそのせん切りを散らす。

豚肉のマスタードソース焼き

1人分　435kcal

材料（4人分）

冷凍した豚厚切り肉…4枚（400g）
溶き卵………………………1個分
┌ マスタード……………大さじ1
└ 中濃ソース……………大さじ1
おろしチーズ………………大さじ4
さつまいも……………………1本
さやいんげん………………150g
プチトマト……………………12個
塩　こしょう　小麦粉　サラダ油　揚げ油

作り方
❶豚肉は解凍し、塩、こしょうをして10分おく。水けをふき、小麦粉、溶き卵をつける。
❷油大さじ2を熱し、豚肉の両面を焼く。
❸天板に豚肉を並べ、マスタードとソースを混ぜたものを塗り、おろしチーズをふって200℃に熱したオーブンで約10分焼く。
❹さつまいもは皮つきのまま乱切りにし、素揚げにする。いんげんとプチトマトはソテーにする。
❺③と④を盛り合わせる。

豚肉の上海風カレー

1人分　328kcal

材料（4人分）

冷凍した豚厚切り肉…4枚（400g）
長ねぎ………………………1/2本
しょうが……………………1かけ
トマト…………………………1個
ピーマン………………………2個
固形スープ（チキン味）………1個
A ┌ カレー粉………小さじ2～3
　├ 酒………………………大さじ2
　├ 砂糖、しょうゆ……各大さじ1
　├ トマトケチャップ……大さじ1
　└ 五香粉（ウーシャンフェン）少々
しょうゆ　こしょう　片栗粉　サラダ油

作り方
❶豚肉は解凍してひと口大に切り、しょうゆ大さじ1、こしょう少々をふって10分おく。
❷長ねぎとしょうがはみじん切り、トマトは皮をむいてざく切り、ピーマンはひと口大に切る。
❸①に片栗粉大さじ2をまぶし、油少量で焼く。
❹焼き色がついたら固形スープ、水1カップ、A、長ねぎ、しょうが、トマトを入れてふたをし、ときどき煮汁をかけながら15～20分煮る。仕上げにピーマンを加え、ひと煮する。

肉類

豚肉

CHAPTER ❶ 素材をそのまま冷凍

豚切り落とし肉

ラップに広げて並べ、包んで冷凍、自然解凍に

保存方法

こま切れ肉ともいいます。ブロック肉を薄切り肉や厚切り肉に成形するときにできる断ち落としのことで、大きさもマチマチ、いろいろな部位が混じっていることがあります。大きければ食べやすく切って。2日以内に使う場合は冷蔵室に、3～4日おく場合は低温室に置きます。

豚肉のコーンフリッター

1人分　434kcal

材料（4人分）

- 冷凍した豚切り落とし肉…200g
- ブロッコリー…………………1/2株
- 卵………………………………1個
- スイートコーン（クリームタイプ）
   ……………………1/2缶（225g）
- 牛乳……………………………大さじ3
- A
  - 小麦粉……………1/2カップ
  - ベーキングパウダー…小さじ1
  - 塩…………………小さじ1/2
  - こしょう…………………少々
- レモン…………………………適量
- 揚げ油

作り方
❶豚肉は解凍し、1cm幅に切る。
❷ブロッコリーは小さい房に分ける。軸は皮をむいて2cm角に切る。
❸ボウルに卵を割り入れてほぐし、豚肉、ブロッコリー、スイートコーン、牛乳、Aを混ぜる。
❹揚げ油を170℃に熱し、③をスプーンですくってひとまとめにして入れる。
❺ほどよく色づき、カリッとなったらとり出して油をきる。残りも同様に揚げる。
❻器に盛り、くし形に切ったレモンを添える。
＊メモ　好みでトマトケチャップをつけて食べるのもよい。

豚肉のキムチ炒め

1人分 134kcal

材料（4人分）

冷凍した豚切り落とし肉…200g
白菜のキムチ…………100g
にら……………………1束
しょうゆ　砂糖　片栗粉　ごま油

作り方 ❶豚肉は解凍し、大きいものはひと口大に切ってしょうゆ、砂糖各大さじ1をもみこみ、片栗粉大さじ1をまぶしてごま油大さじ1をかける。
❷ごま油大さじ1を熱し、豚肉を入れて炒める。肉の色が変わったら、いったんとり出す。次にキムチを入れてざっと炒め、豚肉をもどしてしょうゆ少量で味をととのえ、ざく切りにしたにらを入れてひと炒めする。

豚肉とキャベツの炒めもの（回鍋肉）

1人分 202kcal

材料（4人分）

冷凍した豚切り落とし肉…150g
キャベツ………………300g
ピーマン………………1〜2個
長ねぎ…………………1/2本
しょうが………………1かけ
にんにく………………1片
豆板醤…………………小さじ1
┌甜麺醤…………大さじ1と1/2
│しょうゆ……………大さじ1
└酒……………………大さじ1
サラダ油　こしょう

作り方 ❶豚肉は凍ったまま沸騰湯に入れてゆで、ざるにあげて水けをきる。
❷キャベツは3〜4cm角に切る。ピーマンは縦半分に切ってからひと口大に切る。キャベツとピーマンに油大さじ1をかけておく。
❸長ねぎは縦半分に切って斜めに薄く切り、しょうがとにんにくは薄切りにする。
❹中華鍋に油大さじ1を熱して③を炒める。香りが出たら豆板醤を入れて炒め、豚肉を入れてさらに炒める。甜麺醤、しょうゆ、酒を加えて混ぜながら炒める。肉に味がなじんだらキャベツとピーマンを加えて強火で炒め、こしょう少々をふる。

豚肉とごぼうのみそ煮

1人分 256kcal

材料（4人分）

冷凍した豚切り落とし肉…200g
ごぼう…………………1本
こんにゃく……………1枚
せり（または細ねぎ）…1/4束
しょうがの薄切り……2枚
だし……………………1カップ1/2
┌砂糖…………………大さじ2
│酒、みりん………各大さじ2
│しょうゆ……………大さじ1
└みそ…………………大さじ2
サラダ油

作り方 ❶豚肉は解凍し、大きいものはひと口大に切る。
❷ごぼうは斜めに薄切りにして水にさらす。こんにゃくは縦半分に切って薄切りにする。せりは3cm長さに切る。
❸鍋に油大さじ2としょうがを入れて火にかける。香りが出たら豚肉を炒め、次にごぼう、こんにゃくを加えて炒める。油がまわったらだしを加える。
❹煮たったらアクを除き、砂糖、酒、みりん、しょうゆを入れて煮る。味がなじんだらみそを煮汁で溶いて入れ、せりを入れて火を止める。

CHAPTER ❶ 素材をそのまま冷凍

牛ステーキ用肉

ラップでぴっちり包んで冷凍、自然解凍で

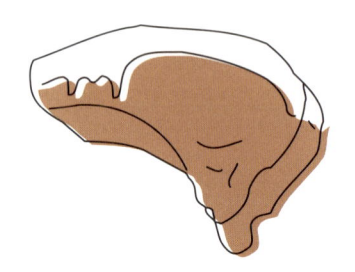

保存方法

やわらかいヒレ肉、脂とうまみののったサーロインなど、部位によって味わいの違いが楽しめます。4〜5日以内に食べるなら、低温室か冷蔵室の下段に置きますが、焼く1時間以上前に冷蔵庫から出して、室温にもどします。

＊肉の部位は好みでよいのですが、カロリーはヒレ肉で計算しています。

コロコロ和風ステーキ

1人分　343kcal

材料（4人分）

冷凍した牛ステーキ用肉	4枚
にんにく	1片
大根	1/4本
もやし	1/2袋
にんじん	3cm
さやえんどう	50g
ポン酢じょうゆ	適量
サラダ油　塩　こしょう	

作り方

❶牛肉は半解凍にして水けをふき、3〜4cm角に切る。

❷にんにくは薄切りにする。

❸大根はすりおろし、水けをかるくきっておく。

❹もやしは根をとり、にんじんはせん切り、さやえんどうは斜めに細く切る。鍋に湯をわかして塩とサラダ油各少量を入れ、もやし、にんじん、さやえんどうをさっとゆで、ざるにあげる。

❺フライパンに油大さじ1、にんにくを入れて炒め、香りが出たらとり出す。牛肉に塩小さじ1/2、こしょう少々をふって入れ、全体を返しながら好みの加減に焼く。

❻器に④を敷いて⑤を盛り、大根おろしをのせてポン酢じょうゆをかける。

ペッパーステーキ

1人分　492kcal

材料（4人分）

冷凍した牛ステーキ用肉……… 4枚
粗びき黒こしょう…………………少々
プチトマト……………………… 1パック
さやえんどう………………… 150g
マッシュルーム…………… 1パック
レモン汁……………………………少量
白ワイン………………………大さじ1
ブランデー……………………大さじ1
A ┌ 赤ピーマン（5mm角切り）1個
　│ 生クリーム………… 1/2カップ
　│ 白ワイン………… 1/2カップ
　│ 固形スープ（チキン味）…1/2個
　└ グリーンペッパー小さじ1〜2
塩　バター　こしょう　砂糖
サラダ油

作り方 ❶牛肉は解凍して水けをふき、塩小さじ1強、粗びき黒こしょうをふる。
❷プチトマトはヘタをとり、バター大さじ1で炒めて塩、こしょう、砂糖各少々をふる。
❸さやえんどうはすじをとり、塩を多めにまぶす。熱湯に油少量を入れ、さやえんどうを色よくゆでる。
❹マッシュルームを洗い、バター大さじ1、レモン汁でさっと炒めて塩、こしょう各少々、ワインをふる。
❺フライパンに油とバター各大さじ1を入れて火にかけ、牛肉を焼く。表面に肉汁が浮いてきたら裏に返してさらに焼き、ブランデーをかけ、火を入れてアルコールをとばす。
❻温めた皿にステーキを盛り、②〜④を添える。
❼あとのフライパンにAを入れ、2〜3分煮たてて⑥にかける。
＊メモ　グリーンペッパーを使うと彩りがきれいです。なければ粗びき黒こしょうを使います。

中華風ステーキ

1人分　434kcal

材料（4人分）

冷凍した牛ステーキ用肉……… 4枚
A ┌ ベーキングパウダー…小さじ1/2
　│ 酒………………………… 大さじ2
　│ サラダ油………………… 大さじ2
　└ 片栗粉…………………… 大さじ1
チンゲンサイ…………………… 2株
にんにく………………………… 1片
B ┌ オイスターソース…… 大さじ1
　│ しょうゆ……… 大さじ1と1/2
　│ 砂糖………………… 大さじ1/2
　└ こしょう……………………少々
サラダ油

作り方 ❶牛肉は解凍して水けをふき、肉たたきでたたいて半分に切る。ボウルに入れ、Aを入れてもみこみ、1時間おいてやわらかくする。
❷チンゲンサイはざく切りにする。多めの湯をわかして油少量を入れ、チンゲンサイをゆでる。ゆで汁をきって器に敷いておく。
❸にんにくをすりおろしてBに加え、①に入れてよくもみこむ。
❹フライパンに油大さじ2を入れてならし、③の牛肉を入れて強火で両面を焼く。好みの加減に焼けたら②にのせる。
＊メモ　肉がやわらかければベーキングパウダーは入れなくてよいでしょう。

肉類　牛肉　アミノ酸バランスのよい良質なたんぱく源で、消化もよい。ビタミンB_1、B_2も含まれています。

CHAPTER ❶ 素材をそのまま冷凍

牛角切り肉

ラップでぴっちり包んで冷凍、自然解凍に

保存方法

もも肉などの赤身の部位を角切りにしている場合が多いようです。トレイに肉汁が出ていないものを選んでください。ラップで包み直して低温室か冷蔵室の下段に置きます。4～5日以内で食べきるようにしましょう。

ビーフカレー

1人分　413kcal

材料（4人分）

冷凍した牛角切り肉	300g
カレー粉	大さじ1/2
小麦粉	大さじ1
玉ねぎ	1個
にんにく	1片
しょうが	1かけ
トマト（皮をむいて）	1個
にんじん	（小）1本
じゃがいも	2個
カレールウ	4人分
塩　こしょう　サラダ油	
しょうゆ　中濃ソース	

作り方

❶牛肉は解凍し、塩、こしょう各少々をふる。ポリ袋にカレー粉、小麦粉を入れて混ぜ、牛肉を入れてまぶす。

❷玉ねぎ、にんにく、しょうがはみじん切りに。

❸トマトはざく切り、にんじんは乱切り。じゃがいもは大きめの乱切りにして水にさらす。

❹鍋に油大さじ1を熱し、牛肉をこんがり焼きつけてとり出す。あとの鍋に②を入れてきつね色になるまで炒め、牛肉をもどし、水3カップ、トマトを入れて20分煮る。

❺にんじん、じゃがいもを油大さじ1で炒め、④に加えてやわらかくなるまで煮る。いったん火を止め、カレールウを割って入れ、火をつけて10分煮る。しょうゆ、ソースで味をととのえる。

ビーフシチュー

1人分　457kcal

材料（4人分）

冷凍した牛角切り肉	300g
玉ねぎ	2個
じゃがいも	3個
にんじん	2本
小玉ねぎ	12個
赤ワイン	1/4カップ
A ┌ トマトジュース	2カップ
固形スープ	2個
しょうゆ	小さじ1
ウスターソース	小さじ1
砂糖	小さじ1
└ ブーケガルニ	1束
グリンピース	大さじ2
塩　こしょう　小麦粉　サラダ油　バター	

作り方
❶ 牛肉は解凍して塩、こしょう各少々をふり、小麦粉をまぶす。
❷ 玉ねぎはみじん切り、じゃがいも、にんじんは乱切りにする。小玉ねぎは皮をむいて根を切る。
❸ 厚手の鍋に油大さじ1を熱し、玉ねぎをきつね色になるまで炒める。
❹ フライパンに油大さじ1を熱して牛肉を入れ、強めの焼き色がつくまで焼き、③に入れる。さらにワインを注ぎ入れ、ふたをしてひと煮する。ふたをはずし、Aと水4カップを入れ、肉がやわらかくなるまで弱火で1時間半煮る。
❺ ④のフライパンでにんじん、じゃがいも、小玉ねぎを炒め、④の鍋に加える。やわらかくなったら塩、こしょうをし、バター大さじ1を加え、グリンピースを散らしてひと煮する。

牛肉のクッパ

1人分　432kcal

材料（4人分）

冷凍した牛角切り肉	200g
┌ ねぎの青い部分	適量
└ しょうがの皮	適量
にら	1束
大豆もやし（小さめのもの）	200g
A ┌ 赤唐辛子粉（韓国産）	大さじ1
固形スープ（チキン味）	1個
にんにくのみじん切り	大さじ1
しょうがのみじん切り	小さじ1
└ ごま油	大さじ1
いり白ごま	大さじ1
ご飯	2〜3人分
卵	4個
しょうゆ	

作り方
❶ 鍋に水5カップ、ねぎの青い部分、しょうがの皮を入れて火にかける。沸騰したら牛肉を凍ったまま入れる。再び沸騰したら火を弱め、アクをとりながら20〜30分煮る。
❷ にらは3cm長さに切り、大豆もやしは根をとる。
❸ Aの材料を合わせて混ぜておく。
❹ 肉がやわらかくなったらとり出し、ねぎとしょうがの皮もとり出す。肉は薄切りにするか、またはほぐして③を混ぜ、ごま、しょうゆ大さじ1をからめておく。
❺ あとのゆで汁に大豆もやしを入れて10分煮、ご飯、にら、③の肉を入れ、溶き卵を入れてひと煮する。

＊**メモ**　赤唐辛子粉は韓国産の、赤色が鮮やかであまり辛味の強くないものを。白菜のキムチを入れてもおいしくなります。

CHAPTER ❶ 素材をそのまま冷凍

牛薄切り肉

広げてラップに包み、冷凍。自然解凍に

保存方法

おもに肩ロース、ロース、もも肉があります。赤身と脂身との境めがはっきりしていて、鮮やかに発色しているのが良品。買ってきた日か翌日に使うのなら冷蔵室に、3〜4日うちに使う場合は低温室に置きます。

牛肉のアスパラ巻き揚げ

1人分　344kcal

材料（4人分）
- 冷凍した牛もも薄切り肉……300g
- A ┌ にんにくのすりおろし小さじ1
  │ 砂糖……………………大さじ1
  └ しょうゆ………………大さじ2
- グリーンアスパラガス……4〜5本
- 卵……………………………1個
- レモン………………………適量
- 塩　片栗粉　揚げ油

作り方
❶ 牛肉は半解凍にし、1枚ずつ広げてバットなどに並べ、Aをかけて下味をつけておく。
❷ アスパラガスは根元のかたい部分1cmほどを切り落とし、下から3cmほどの皮を薄くむきとっておく。
❸ まな板に牛肉を斜めに置き、アルパラガスを手前に横にのせてクルクルと斜めに巻き上げ、巻き終わりを下にしておく。
❹ ボウルに卵を割り入れてほぐし、片栗粉大さじ4〜5を混ぜてドロリとしたころもを作る。
❺ 揚げ油を170℃に熱し、③に④のころもをつけて入れ、約3分かけてカラリと揚げる。
❻ 器に盛り、レモンのくし形切りを添える。

ビーフストロガノフ

1人分　526kcal

材料（4人分）
- 冷凍した牛薄切り肉………300g
- 玉ねぎ………………………1個
- マッシュルーム……………2パック
- レモン汁……………………少量
- 固形スープ…………………1個
- 赤（または白）ワイン…1/2カップ
- サワークリーム……………1カップ
- ほうれんそう………………300g
- トマト………………………1個
- 塩　こしょう　小麦粉　サラダ油
- バター

作り方
❶牛肉は解凍し、1cm幅に切る。ポリ袋に塩小さじ1/2、こしょう少々、小麦粉大さじ2をいれ、牛肉を入れてふり、まぶしつける。
❷玉ねぎは薄切り。マッシュルームは縦に薄切りにし、レモン汁を入れた水で洗う。
❸鍋に油大さじ2を熱し、牛肉を炒めてとり出す。油大さじ1を足して玉ねぎを透きとおってくるまで炒め、マッシュルームを加えて炒める。
❹油がまわったら牛肉をもどし、固形スープとワインを入れ、ふたをして10分ほど蒸し煮にする。
❺サワークリームを加えて強火で1〜2分煮、塩、こしょう各少々で味をととのえる。
❻ほうれんそうをゆでて3cm長さに切り、バター大さじ1で炒めて塩、こしょう各少々をふる。
❼トマトは薄切りにし、バターでさっと炒めて塩、こしょうをする。
❽器に⑤、⑥、⑦を盛り合わせる。

肉類

牛肉

チャプチェ

1人分　136kcal

材料（4人分）
- 冷凍した牛薄切り肉………100g
- くずきり……………………50g
- 干ししいたけ………………3〜4枚
- 玉ねぎ………………………1/2個
- にんじん……………………3cm
- ズッキーニ…………………1本
- 焼き肉のたれ（市販品）…大さじ2
- ごま油　塩　こしょう　しょうゆ

作り方
❶牛肉は半解凍の状態で1cm幅に切る。
❷くずきりはやわらかくゆで、5〜6cm長さに切る。しいたけは水につけてもどす。
❸玉ねぎ、しいたけは薄切り、にんじん、ズッキーニはせん切りにする。
❹ボウルに牛肉、しいたけを入れ、焼き肉のたれを入れてからめる。
❺ごま油を熱し、玉ねぎ、にんじん、ズッキーニをそれぞれ別々に炒め、塩、こしょう各少々をふる。あとの油で④を炒めてとり出す。
❻ごま油大さじ1でくずきりを炒めて塩、こしょうをし、⑤を加えて炒め合わせ、しょうゆ少量で味をととのえる。

＊メモ　くずきりを春雨に換えてもおいしい。

CHAPTER ❶ 素材をそのまま冷凍

牛切り落とし肉

ラップにのせ、ぴっちり包んで冷凍、自然解凍に

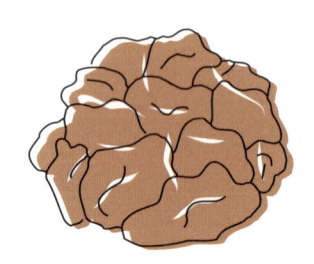

保存方法

ステーキ用や薄切り肉を成形するときの切り落としの部分で、こま切れ肉ともいいます。牛肉の中では安価なので、日常的に気軽に使えます。すぐに使う場合は冷蔵室に、3～4日後に使う場合は低温室に置きます。

ごまじゃが

1人分　367kcal

材料（4人分）

冷凍した牛切り落とし肉	200g
じゃがいも	500g
しょうが	1かけ
玉ねぎ	1個
さやえんどう	適量
だし	1カップ1/2
A ┌ 砂糖	大さじ2
├ 酒	大さじ2
└ しょうゆ	大さじ2
半ずり白ごま	大さじ3
サラダ油　みりん　しょうゆ	

作り方 ❶牛肉は解凍してひと口大に切る。
❷じゃがいもはひと口大に切って水にさらす。しょうがは薄切り、玉ねぎは2cm幅のくし形に切る。
❸鍋に油大さじ1としょうがを入れて火にかける。香りが出たら牛肉を炒める。肉の色が変わったら水けをきったじゃがいもを加えて炒める。
❹油がまわったら玉ねぎ、だしを入れ、煮たったらアクをとり、Aを入れて材料がやわらかくなるまで煮こむ。
❺さやえんどうを加えてひと煮し、みりん、しょうゆで味をととのえ、ごまをふる。

韓国風焼き肉(プルコギ)

1人分 460kcal

材料(4人分)

冷凍した牛切り落とし肉	400g
A { しょうゆ	大さじ2〜3
酒、みりん	各大さじ1
こしょう	少々
長ねぎのみじん切り	大さじ3
にんにくのみじん切り	大さじ1/2
すり白ごま	大さじ2
玉ねぎ	2個
サンチュ(またはサニーレタス)	適量
エゴマ(または青じそ)、春菊	各適量
砂糖	

作り方
❶牛肉は解凍し、砂糖大さじ1をまぶす。
❷Aを牛肉にもみこみ、ごまを混ぜる。
❸玉ねぎは半分に切り、7〜8mm幅に切る。
❹ホットプレートにうすくごま油をひき、牛肉と玉ねぎを焼く。焼き上がったらサンチュにのせ、エゴマ、春菊の葉の部分をのせて包んで食べる。

牛肉と大根の香り煮

1人分 192kcal

材料(4人分)

冷凍した牛切り落とし肉	150g
しょうがのみじん切り	大さじ1
にんにくのみじん切り	大さじ1
大根	600g
大根の葉	適量
長ねぎ	1/2本
固形スープ(ビーフ味)	1個
砂糖 しょうゆ ごま油 酒	

作り方
❶牛肉は解凍し、大きいものはひと口大に切って砂糖大さじ1をもみこみ、しょうゆ大さじ1、しょうがとにんにくのみじん切りをもみこむ。
❷大根は2cm厚さのいちょう切りにし、ポリ袋に入れて電子レンジで約12分加熱。葉はゆでて刻む。長ねぎは3cm長さに切る。
❸ごま油大さじ1/2で牛肉を炒め、大根、長ねぎ、固形スープと水1カップ1/2、酒大さじ1、しょうゆ大さじ1を加えて5〜10分煮、葉を散らす。

肉豆腐

1人分 361kcal

材料(4人分)

冷凍した牛切り落とし肉	300g
木綿豆腐	2丁
しらたき	1袋
しめじ	1パック
細ねぎ	1束
だし	1/2カップ
しょうゆ みりん 砂糖	

作り方
❶牛肉は解凍し、ひと口大に切る。豆腐もひと口大に切る。
❷しらたきはさっとゆでてざく切りにする。
❸しめじは小房に分け、細ねぎはざく切りに。
❹鍋にだし、しょうゆ大さじ2、みりん大さじ2、砂糖大さじ1を入れて火にかける。煮たったら牛肉を入れてほぐし、強火で煮て牛肉をとり出す。
❺❹の鍋の煮汁にしょうゆ、みりん各大さじ1を足し、豆腐、しらたきを入れて3〜4分味がなじむまで煮、しめじ、細ねぎを加え、牛肉をもどしてさっと煮る。

肉類 牛肉

CHAPTER ❶ 素材をそのまま冷凍

鶏肉を冷凍する

豚肉、牛肉以上に早く凍らせてほしい食品です。
新鮮な鶏肉を選び、買ってきたら肉が冷たいうちに、冷凍のための下ごしらえをし、ラップまたは脱水シートで包んで急速冷凍に。低温室、または冷蔵室の下段に置き、自然解凍して使います。

鶏むね肉を冷凍する

POINT
❶新鮮な材料を使う。
❷材料になるべく触れないようにする。
❸水けをふき、厚みを切り開いて均一な厚みに。
❹凍ってから冷凍用の袋に入れる。

保存期間の目安
3週間

① 新鮮な材料を使う
鶏肉は淡いピンク色をしていてツヤがあり、プリッと盛りあがっているのが新鮮。買ってきたらすぐその手で下ごしらえをするのがベスト。

② 材料に触れないようにする
手にはさまざまな雑菌がついています。手は洗ってからにし、なるべく触れないようにして手早くラップなどで包んでください。

③ 広げて冷凍する
むね肉は厚みがあります。まん中の厚いところは横に包丁を入れて切り開き、全体が同じ厚さになるようにします。

④ 凍ってから冷凍用の袋に入れる
全体をラップでぴっちり包み、アルミトレイにぴったり張りつけるようにのせ、素早く凍らせます。完全に凍ったら冷凍用の袋に入れます。

自然解凍に
使う少し前に冷蔵室に移し、自然解凍します。包丁が入るかたさにゆるんだら、調理目的に合った大きさに切り分けます。

酒、塩をふって冷凍
酒、塩をふり、電子レンジで酒蒸しにしてから冷凍にしても。照り焼き、から揚げにする肉は下味をつけて冷凍する方法もあります。

鶏もも肉を冷凍する

POINT
① 水けをふき、用途に応じて切り分けて。
② 1切れずつ並べてラップに包む。
③ アルミトレイにのせて凍らせる。
④ 凍ってから冷凍用の袋に入れる。

保存期間の目安
3週間

① 1枚で使う場合以外はひと口ずつに切ったほうが早く凍るし、解凍できます。

② ラップの上に1切れずつ並べ、空気をできるだけ入れないようにぴっちり包みます。

③ ラップで包んだ肉をアルミトレイにぴったり張りつけるようにし、素早く凍らせます。

④ 肉がカチンカチンに凍ったら冷凍用の袋に入れ、冷凍室に。包装を二重にして乾燥を最小限に抑えます。

ささみを冷凍する

POINT
① 水けをふき、すじをとる。
② 厚みを切り開いて平らにする。
③ アルミトレイにのせて凍らせる。
④ 冷凍用の袋に入れて冷凍室に。

保存期間の目安
3週間

① ささみの中央に、白っぽく見えるのがすじ。すじの両側に切り目を入れ、手で引っ張って除きます。

② 中央部に厚みの半分までの切り目を入れ、横に切り目を入れて1枚に切り開きます。

③ 1枚ずつラップに包み、アルミトレイにぴったり張りつけるようにしてのせ、凍らせます。

④ 完全に凍ったら冷凍用の袋に入れ、封をしっかりして冷凍室で保存します。

CHAPTER ❶ 素材をそのまま冷凍

鶏むね肉

厚みを均一にし、ラップに包んで冷凍、自然解凍に

保存方法

盛り上がった感じで肉質が締まっているのが新鮮。買ってきたらすぐにラップで包み直し、低温室か冷蔵室の下段に置きます。傷みやすいので、1～2日のうちに食べきりましょう。それ以上もたせたいときは冷凍します。

鶏肉の長崎風天ぷら

1人分　444kcal

材料（4人分）
- 冷凍した鶏むね肉……… 300g
- A ┌ 酒……………………小さじ1
　　├ しょうゆ……………小さじ1
　　└ しょうが汁…………少量
- さつまいも……… 1本（200g）
- ピーマン……………………… 2個
- 卵………………………………… 1個
- B ┌ 酒……………………大さじ1
　　├ 塩、砂糖………各小さじ1/2
　　└ 水…………………… 1/2カップ
- 小麦粉……………………… 1カップ
- いり黒ごま…………… 大さじ1～2
- 揚げ油　塩

作り方
❶鶏肉は半解凍の状態で皮を除き、ひと口大のそぎ切りにする。ボウルに入れ、Aを加えてもみこむ。
❷さつまいもは洗ってラップで包み、電子レンジで約2分加熱して輪切りにする。
❸ピーマンは種とヘタをとり、4つ割りにする。
❹ボウルに卵を割り入れてほぐし、Bを加えて混ぜ、小麦粉をふり入れて混ぜ、かためのころもを作る。
❺揚げ油を170℃に熱し、鶏肉にころもをつけて揚げる。
❻残りのころもにごまを混ぜ、さつまいもにつけて揚げる。ピーマンは素揚げにして塩少々をふる。
❼❺と❻を盛り合わせる。

鶏肉とそら豆の炒めもの

1人分　211kcal

材料（4人分）

冷凍した鶏むね肉	200g
そら豆（薄皮つき）	300g
しょうが	1かけ
長ねぎ	1/2本
プチトマト	8～12個
A　水	1/2カップ
固形スープ（チキン味）	1個
酒	大さじ1
砂糖	小さじ1
片栗粉	大さじ1/2
塩　こしょう　酒　ベーキングパウダー　片栗粉　サラダ油	

作り方
❶鶏肉は半解凍にしてひと口大のそぎ切りにし、塩小さじ1/4、こしょう少々、酒大さじ1、ベーキングパウダー少々を加えてもみこみ、片栗粉大さじ1をまぶす。
❷そら豆はさっと熱湯にとおし、薄皮をむいて半分に開く。
❸しょうがは薄切り、長ねぎは縦4つ割りにして1cm幅の斜め切りにする。
❹Aを混ぜ合わせる。
❺鍋に湯をわかして塩少量、油小さじ1を入れ、鶏肉を入れる。煮たったらそら豆を加え、再び煮たったらざるにあげる。
❻フライパンに油大さじ1/2を熱してしょうが、長ねぎを炒め、香りが出たら❹を入れて煮る。とろみがついたら鶏肉、ヘタをとったプチトマト、そら豆を加えて煮からめる。

鶏肉と野菜の酢炒め

1人分　199kcal

材料（4人分）

冷凍した鶏むね肉	200g
ゆでたけのこ	1/2本
にんじん	4cm
生しいたけ	1/2パック
きゅうり	2本
しょうが	1かけ
A　酢	大さじ2
うす口しょうゆ	大さじ2～3
砂糖	大さじ1
酒	大さじ1
粉ざんしょう（好みで）	少々
塩　サラダ油	

作り方
❶鶏肉は半解凍にして水けをふき、4～5cm長さの細切りにする。
❷たけのこ、にんじんは4cm長さの短冊切りし、しいたけは薄切り。きゅうりは縦半分に切ってから斜めの薄切りにして塩小さじ1をふる。
❸しょうがはせん切りにする。
❹Aを合わせて混ぜておく。
❺油大さじ2でしょうがを炒める。香りが出たら鶏肉を加えて炒め、にんじん、たけのこ、しいたけの順に加えて炒め合わせる。
❻鶏肉に火がとおったら❹で合わせた調味料を加えて炒め混ぜ、さっと水洗いしたきゅうりを入れ、さらに手早く炒める。
❼器に盛り、好みで粉ざんしょうをふり、冷やして食べる。

肉類

鶏肉

消化、吸収のよいたんぱく源で肉類の中ではビタミンAが多く、皮の部分には脂肪が多く含まれています。

CHAPTER ❶ 素材をそのまま冷凍

鶏もも肉

ラップでぴっちり包んで冷凍、自然解凍に

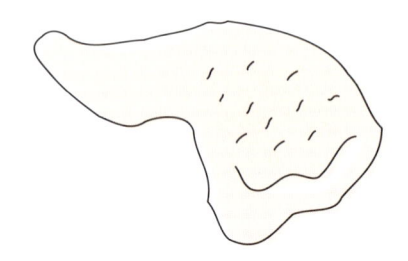

保存方法

冷蔵室に置く場合は翌日まで。少し長くもたせたい場合はさっと水洗いして水けをふき、脱水シートで包んで冷蔵室に。しょうゆ、酒などの下味をつけたり、酢や玉ねぎのマリネ液に漬けておくと、使うときに手軽です。

鶏肉の揚げ煮

1人分　309kcal

材料（4人分）
- 冷凍した鶏もも肉………（大）1枚
- 卵……………………………1個
- しめじ………………………1パック
- さやえんどう………………10枚
- しょうが……………………1かけ
- A
  - だし………………1/2カップ
  - しょうゆ……………大さじ2
  - 酒……………………大さじ2
  - 砂糖………………小さじ2～3
- 片栗粉　揚げ油

作り方
❶鶏肉は半解凍にして水けをふき、脂肪のかたまりを除いてひと口大に切る。
❷ボウルに卵を割り入れてほぐし、片栗粉大さじ5～6を加え、手でよく混ぜてころもを作り、鶏肉を入れて混ぜる。
❸揚げ油を180℃に熱し、②の鶏肉を入れてカラリと揚げる（中まで火がとおってなくてよい）。
❹しめじは石づきを切り落とし、2～3本ずつに分ける。さやえんどうはすじを除き、しょうがは薄切りにする。
❺鍋にAとしょうがを入れて煮たて、③の揚げた鶏を入れて約10分、ときどき鍋をゆすりながら煮る。途中でしめじとさやえんどうも加えて火をとおす。

鶏肉の照り焼き

1人分　232kcal

材料（4人分）
- 冷凍した鶏もも肉……………2枚
- しょうゆ………………大さじ4
- はちみつ………………大さじ2
- 長ねぎ……………………………1本

作り方
❶鶏肉は解凍して水けをふき、脂肪のかたまりを除く。
❷ポリ袋にしょうゆとはちみつを入れ、鶏肉を入れてよくもみこむ。袋の空気を抜いて口を縛り、1時間以上おく。
❸長ねぎは3cm長さのぶつ切りにする。
❹オーブントースターの受け皿にオーブンシート、またはアルミ箔を敷き、②の鶏肉を皮のほうを上にしてのせ、脇に長ねぎを置いて10分焼く。

鶏肉のピリ辛焼き

1人分　313kcal

材料（4人分）
- 冷凍した鶏もも肉……………2枚
- A
  - しょうゆ………………大さじ3
  - 酒、みりん、砂糖…各大さじ1
  - こしょう…………………少々
  - コチュジャン…………大さじ1
  - 長ねぎのみじん切り…大さじ3
  - にんにくのみじん切り…大さじ1/2
- キャベツ……………………1/2個
- にら……………………………1束
- ゆでたきしめん……………1玉
- サラダ油

作り方
❶鶏肉は解凍して水けをふき、ひと口大に切る。
❷ボウルにAを入れて混ぜ、①の鶏肉を入れてよくもみこむ。
❸キャベツはざく切り、にらは3cm長さに切る。
❹②に③を加えてかるく混ぜる。
❺熱くしたホットプレートに油をうすくひき、④をのせて焼く。ほとんど火がとおったらきしめんを加えて炒め混ぜる。

＊メモ　Aの代わりに市販の焼き肉のたれを使うと手軽、コチュジャンやしょうゆで好みの味に調節します。

鶏肉のカレークリームスープ

1人分　249kcal

材料（4人分）
- 冷凍した鶏もも肉………（小）1枚
- 玉ねぎ………………………1/2個
- じゃがいも……………………1個
- にんじん………………………3cm
- カレー粉………………小さじ1
- 小麦粉…………………大さじ2
- 固形スープ……………………2個
- 牛乳……………………2カップ
- サラダ油　塩　こしょう

作り方
❶鶏肉は解凍して水けをふき、1cm角に切る。
❷玉ねぎは1cm角に、じゃがいもとにんじんは1cm角の薄切りにする。
❸油大さじ1で鶏肉を炒める。色が変わったら玉ねぎを加えて炒め、にんじん、じゃがいもを加えてさらに炒める。
❹カレー粉と小麦粉を③に入れて炒め、水2カップ、砕いた固形スープを加える。
❺野菜がやわらかくなったら、温めた牛乳を混ぜ、塩、こしょう各少々で味をととのえる。

肉類　鶏肉

CHAPTER ❶ 素材をそのまま冷凍

鶏手羽先

洗って水けをふき、ラップに包んで冷凍、自然解凍に

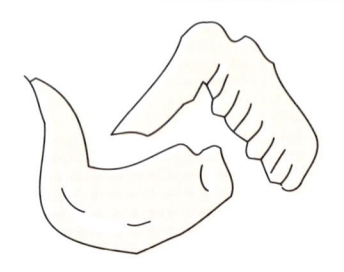

保存方法

手羽のつけ根から関節までの太い部分を手羽元、その先が手羽先。手羽先と手羽元が一緒になっている場合は、「手羽先」と呼んでいます。皮のブツブツがしっかりして盛り上がったものが新鮮。冷蔵室での保存は1～2日くらいです。

手羽先と大根のこっくり煮

1人分　283kcal

材料（4人分）

冷凍した鶏手羽先	8～12本
大根	1/2本
しょうが	1かけ
にんにく	1片
長ねぎ	1本
赤唐辛子	1本
固形スープ	1個
A　酒	大さじ2
砂糖	大さじ1
しょうゆ	大さじ1
サラダ油　しょうゆ	

作り方
❶手羽先は洗って半解凍にし、関節のところで切り分け、しょうゆ大さじ1をもみこんでおく。
❷大根は皮をむき、大きめの乱切りにする。
❸しょうが、にんにくはみじん切り、長ねぎはぶつ切り、赤唐辛子は種を除く。
❹鍋に油少量を入れ、手羽先、しょうが、にんにく、赤唐辛子を炒める。香りが出たら大根と長ねぎをさっと炒め、油がまわったら水1カップ1/2、固形スープ、Aを加える。
❺煮たったらアクをすくい、火を弱めて20～30分煮る。味をみてしょうゆ少量で味をととのえる。

＊メモ　最後に入れるしょうゆを好みでオイスターソースに変えるとよりコクが加わります。

ハーブチキン

1人分　271kcal

材料（4人分）
- 冷凍した鶏手羽先……………12本
- ハーブ……………………大さじ2
- 粒マスタード……………大さじ1
- じゃがいも………………400g
- レモン……………………1/2個
- 塩　こしょう　オリーブ油

作り方
❶手羽先は解凍して水けをふき、塩小さじ1弱、こしょう少々をふる。
❷ハーブはみじん切りにする。
❸①の手羽先にマスタードをまぶし、ハーブを混ぜてオリーブ油大さじ1をかけ、10分おく。
❹じゃがいもは洗って電子レンジで4分加熱し、皮をむいてひと口大に切り、塩、こしょう各少々をふり、オリーブ油大さじ1をかける。
❺オーブンを220℃に熱しておく。天板にオーブンシートを敷き、手羽先、じゃがいもをのせてオーブンに入れ、約15分焼く。
❻器に盛り、くし形に切ったレモンを添える。
＊メモ　ハーブはタイム、オレガノ、ローズマリー、セージ、ベイリーフなど、このうちあるものを使えばよく、またはパセリだけでも結構です。

手羽先とかぼちゃのにんにく焼き

1人分　453kcal

材料（4人分）
- 冷凍した鶏手羽先……………12本
- かぼちゃ…………………1/4個
- 玉ねぎ……………………1個
- にんにく………………2〜3片
- レモン……………………1/2個
- 塩　こしょう　サラダ油

作り方
❶手羽先は解凍して水けをふき、塩小さじ1弱、こしょう少々をふる。
❷かぼちゃは4〜5mm厚さのいちょう切りにする。
❸玉ねぎは4つ割りにして薄く切る。にんにくは包丁の腹でつぶす。
❹レモンは薄切り2枚をとり、残りで果汁大さじ1を搾る。
❺ボウルにかぼちゃ、玉ねぎ、にんにくを入れ、塩小さじ1弱、こしょう少々をふり、レモン汁と油大さじ1をかけておく。
❻厚手のフライパンに油大さじ1を熱し、⑤のにんにくを中火で炒める。香りが出たら鶏肉を皮のほうを下にして入れ、両面を焼きつける。
❼鶏肉の上に野菜をのせて広げ、薄切りのレモンをのせてふたをし、火を弱めて7〜8分蒸し焼きにする。

肉類

鶏肉

CHAPTER ❶ 素材をそのまま冷凍

鶏ささみ

すじを除き、ラップで包んで冷凍

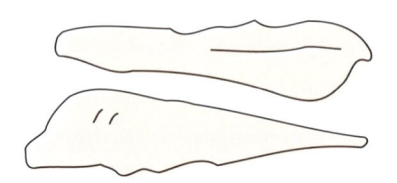

保存方法

脂肪の少ない、やわらかい部位。鶏肉の中でもとくに傷みやすいので、新鮮なものを選び、できれば買ってきた日に食べきりましょう。保存する場合は酒蒸しにするか、電子レンジで加熱してからにします。

蒸し鶏とキャベツの辛子酢

1人分　107kcal

材料（4人分）

冷凍した鶏ささみ	4本
しょうが（薄切り）	2、3枚
キャベツ	1/3個
わかめ（もどして）	100g
A　練り辛子	小さじ1〜2
ごま油	大さじ1
酢	大さじ2
しょうゆ	小さじ1
砂糖	小さじ1
塩	小さじ1/2
塩　こしょう　酒	

作り方

❶ささみは解凍し、耐熱容器にのせて塩、こしょう各少々、酒大さじ2をふり、しょうがをのせてラップをかけ、電子レンジで約5分加熱する。容器に出た蒸し汁につけたままさまし、粗くほぐして再び蒸し汁につける。

❷キャベツは洗い、濡れたままポリ袋に入れ、電子レンジで約3分加熱し、ざるにあげる。さめたら芯を切りとり、葉はざく切り、芯は薄く切る。

❸わかめはひと口大に切って熱湯にくぐらせ、水にとって水けをきる。

❹Aの練り辛子とごま油をよく混ぜ、残りの調味料を加えて混ぜる。

❺ささみ、水けを絞ったキャベツとわかめを④に入れてあえる。

ささみのしそ巻き焼き

1人分　101kcal

材料（4人分）

冷凍した鶏ささみ	6本
しょうゆ	大さじ2
みりん	大さじ1
青じそ	12枚
片栗粉　サラダ油	

作り方❶ささみは半解凍にして縦半分に切り、ボウルに入れてしょうゆとみりんにつけて約10分おく。
❷ささみをとり出して汁けをふき、片栗粉をまぶして青じそで巻く。フライパンに油大さじ1を熱し、ささみの両面を焼きつける。

チキンソテー、レモンソース

1人分　185kcal

材料（4人分）

冷凍した鶏ささみ	8本
レモン	1/2個
卵黄	1個分
さやいんげん	200g
アンチョビー	2枚
にんにく	2片
白ワイン	1/4カップ
塩　こしょう　小麦粉　オリーブ油　バター	

作り方❶ささみは解凍して斜め半分に切り、塩、こしょう各少々をふる。
❷レモンは皮の黄色い部分少量をおろし、果汁を搾る。果汁とおろした皮、卵黄を混ぜる。
❸いんげんは3～4cm長さに切り、アンチョビーとにんにくはみじん切りにする。
❹フライパンにオリーブ油大さじ3とにんにくを入れて弱火にかける。香りが出たら火からおろしてアンチョビーを混ぜ、いんげんをさっと炒める。
❺ささみの水けをふいて小麦粉をまぶす。フライパンにバター大さじ1を溶かしてささみを炒め、白ワインを入れてひと煮し、水1/2カップを加え、ふたをして弱火で蒸し煮する。
❻❺の蒸し汁を❷に混ぜてのばし、❺のフライパンにもどしてひと煮する。器に盛り、❹のいんげんを添える。

ゆで鶏の和風サラダ

1人分　58kcal

材料（4人分）

冷凍した鶏ささみ	6本
レモン	1/2個
しょうが	1かけ
貝割れ菜	1パック
わかめ（もどして）	100g
塩　しょうゆ　酒	

作り方❶ささみは解凍し、酒大さじ1をふってラップで包み、電子レンジで5～6分加熱し、そぎ切りにしてレモン汁、しょうが汁各少量をかける。
❷貝割れ菜は長さを半分に切り、わかめはひと口大に切る。残りのしょうがはせん切りにする。
❸レモン汁大さじ1と1/2を絞り、しょうゆ大さじ1/2、酒大さじ1を合わせる。
❹器に鶏肉を並べてしょうがを散らし、貝割れ菜、わかめをのせて❸をかける。

肉類　鶏肉

CHAPTER ❶ 素材をそのまま冷凍

ひき肉を冷凍する

傷みやすいので使うぶんずつ買うか、なるべく早く使いきるようにしてください。生での冷凍は注意が必要です。ひき肉が冷たいうちに下処理をして冷凍室に。フライパンなどでからいりしてから冷凍する方法もあります。

POINT

❶ 新鮮な材料を用意する。
❷ できるだけ薄く広げ、
　 凍結・解凍時間を短くする。
❸ 直接手で触れないようにする。
❹ 解凍後はすぐに加熱調理する。

保存期間の目安
2週間

① ラップを広げたところにひき肉をのせる。

② きれいに洗って水けをふいたスプーンなどでひき肉を広げる。

③ ラップでぴっちり包み、アルミトレイなどにのせて凍らせる。

④ 凍ったら冷凍用の袋に入れて冷凍室に置く。

発泡スチロールのトレイははずす
発泡スチロールは熱をとおしにくいので、凍るまでに時間がかかります。必ずトレイからとり出し、早く凍るように薄くしてラップで包みなおしてから冷凍します。

火をとおしてから冷凍する
できれば炒めたり、肉だんごにして揚げたりゆでたりして冷凍するのが理想です。加熱してから冷凍した場合の保存期間の目安は約1か月です。

解凍方法

たいていの場合、凍ったまま料理に使い、解凍も兼ねて加熱しながら火をとおします。そうでない場合は冷蔵室で自然解凍します。肉だんごやハンバーグにし、加熱してから冷凍したほうが料理しやすいし、より安全です。

合いびき肉

肉類 / ひき肉

なすのカレーミートソース

1人分　334kcal

材料（4人分）

冷凍した合いびき肉	200g
なす	8個
トマト	1個
玉ねぎ	1個
にんにく	1片
しょうが	1かけ
カレー粉	大さじ1
トマトジュース	1缶（200g）
固形スープ（チキン味）	1個
A ┌しょうゆ	小さじ2
├ウスターソース	小さじ2
└トマトケチャップ	大さじ1
揚げ油　サラダ油　酒　こしょう	

作り方 ❶なすは皮をしま目にむき、ひと口大の乱切りにする。揚げ油を190℃に熱し、なすをさっと揚げる。
❷トマトは皮を湯むきにしてざく切りにする。
❸玉ねぎ、にんにく、しょうがはみじん切り。
❹油大さじ2で玉ねぎをきつね色になるまで炒め、にんにくを加えて炒める。香りが出たらひき肉を凍ったまま加えて炒める。
❺ひき肉がほぐれたらしょうが、カレー粉を加え、トマトジュース、砕いた固形スープ、Aを順に入れる。
❻なすを⑤に入れて味がなじむまで煮、トマトを加えてひと煮し、塩、こしょう各少々で味をととのえる。

じゃがいものそぼろ煮

1人分　202kcal

材料（4人分）

冷凍した合いびき肉	100g
じゃがいも…（大）3個	（500g）
しょうが	1かけ
だし	3/4カップ
A ┌酒	大さじ2
├砂糖	大さじ2
└しょうゆ	大さじ2
グリンピース	大さじ2～3
片栗粉	

作り方 ❶ひき肉は自然解凍する。
❷じゃがいもは皮つきのままラップで包み、電子レンジで約10分加熱する。皮をむいてひと口大に切る。
❸しょうがはみじん切りにする。
❹鍋にひき肉、しょうが、Aを入れて箸5、6本でよく混ぜ、火にかける。肉に火がとおり、煮汁がほとんどなくなるまで混ぜながら煮る。
❺だしを④に加える。煮たったらじゃがいもを入れて5～6分煮、火を止めて味を含ませる。
❻味がなじんだらもう一度火にかけ、煮たってからグリンピースを入れる。片栗粉小さじ2を同量の水で溶いて混ぜ入れ、とろみをつける。

豚ひき肉

白菜とひき肉の重ね蒸し

1人分　182kcal

材料（4人分）
冷凍した豚ひき肉………200g
白菜……………………………6枚
にんじん………………………1/2本
長ねぎ…………………………1/2本
しょうが………………………1かけ
卵………………………………1個
だし（または水）………………適量
しょうが汁……………………少量
塩　片栗粉　しょうゆ　みりん

作り方❶ひき肉は解凍する。
❷白菜は葉と根元のほうを交互に重ねてラップで包み、電子レンジで100g1分の割合で加熱する。
❸にんじん、長ねぎ、しょうがはみじん切りに。
❹ひき肉に③、溶き卵、塩小さじ1/2を加えてよく混ぜる。耐熱容器に、1段ごとに片栗粉をふりながら白菜と交互に重ね、ラップをかけて電子レンジで約10分加熱し、そのまま5分おく。
❺片栗粉小さじ1を水大さじ1で溶く。
❻④の汁けをボウルにとり、だしを加えて1/2カップにする。小鍋に入れ、しょうゆ、みりん各大さじ1を加えて火にかける。煮たったら水溶き片栗粉でとろみをつけ、しょうが汁を入れる。
❼④を切り分けて器に盛り、⑥をかける。

麻婆豆腐

1人分　208kcal

材料（4人分）
冷凍した豚ひき肉…………100g
木綿豆腐………………………1丁半
長ねぎ…………………………1/2本
しょうが………………………1かけ
にんにく………………………1片
A ┌ 甜麺醤……………………大さじ1
　│ しょうゆ…………………大さじ1
　│ 酒…………………………大さじ1
　└ 砂糖………………………小さじ1
豆板醤…………………………小さじ1/2
スープ…………………………1/2カップ
片栗粉　サラダ油

作り方❶豆腐は1〜2cm角に切る。ざるにキッチンペーパーを敷き、豆腐をのせて水きりをする。
❷長ねぎ、しょうが、にんにくはみじん切りにする。
❸Aを合わせて混ぜておく。片栗粉小さじ1を水大さじ1で溶いておく。
❹よく油のなじんだ中華鍋に油大さじ1、豆板醤を入れて火にかけ、よく混ぜる。香りが出たら解凍したひき肉を入れてよく炒める。
❺肉の色が変わったらしょうが、にんにくを加えて炒め、③の合わせ調味料を入れて炒め、スープを加える。
❻煮たったら豆腐を入れて2〜3分煮、長ねぎを散らし、③の水溶き片栗粉を混ぜ入れてとろみをつける。

鶏ひき肉

イタリアンミートローフ

1人分　241kcal

材料（4人分）

冷凍した鶏ひき肉	200g
ハム	100g
A ／おろしチーズ	1/2カップ
生パン粉	1カップ
牛乳	1/4カップ
ナツメグ	少々
＼パセリのみじん切り	大さじ1
こしょう	

作り方❶ひき肉は自然解凍する。
❷ハムはみじん切りにするか、フードプロセッサーにかける。
❸ひき肉にハム、A、こしょう少々を加えてよく混ぜ、ひとまとめにする。
❹30cmくらいに切ったアルミ箔に③をのせて棒状に形作り、230℃のオーブンで約8分焼き、とり出して10分おく。
＊メモ　最後に油少量を熱したフライパンで表面を焼いてパリッとさせても結構です。

鶏ひき肉のつくね煮

1人分　234kcal

材料（4人分）

冷凍した鶏ひき肉	300g
卵	（小）1個
しょうがのみじん切り	少量
だし	3/4カップ
A ／砂糖	大さじ2
しょうゆ	大さじ2
＼みりん	大さじ2
みりん　しょうゆ　片栗粉	

作り方❶ひき肉は自然解凍する。
❷耐熱性のボウルにひき肉の半量、みりん小さじ1、しょうゆ小さじ1を入れて混ぜる。まん中をあけてドーナッツ状にし、電子レンジで約3分加熱する。
❸②をフードプロセッサーにかけるか、泡立て器で混ぜてなめらかにする。
❹残り半量のひき肉に卵を割り入れて混ぜ、③、しょうが、片栗粉大さじ1を加えてさらに混ぜる。
❺鍋にだし、Aを入れて煮たて、④をひと口大にまとめながら入れ、煮汁が少なくなるまで煮て、煮汁をからめる。

CHAPTER ❶ 素材をそのまま冷凍

レバー

血抜きをし、水けをよくふいて冷凍

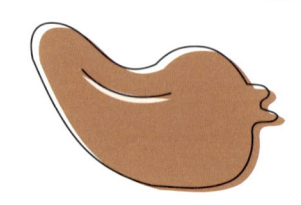

保存方法

色が鮮やかで盛り上がり、切り口がスパッとしたものが新鮮。だれた感じでパックに汁が出ているものは避けます。日もちしないので、買った日のうちに料理してください。冷凍する場合は買ってきたらすぐ、レバーが冷たいうちに処理します。

冷凍方法　　　　　　　　　　　　　　　　　保存期間の目安　2週間

早く凍るように薄く切ってから冷凍します。切り口に塩少量をふってかるくもみ、水に5分ほどさらし、水けをよくふきます。料理方法が決まっている場合は、料理方法に応じて塩とこしょう、または酒としょうゆというように調味料をからめておくのがベターです。

❶水でざっと洗い、薄く切って塩少量でもみ、水に5分ほどつける。

❷キッチンペーパーなどで水けをしっかりふく。

❸ラップでぴっちり包み、アルミトレイにのせて凍らせる。

❹凍ったら冷凍用の袋に入れ、封をして冷凍室に置く。

解凍方法

完全に解凍する前に下ごしらえをしたほうが扱いやすいので、冷蔵室に置いて半解凍に。急ぐときはラップごと電子レンジで加熱して半解凍の状態にします。

にらレバ炒め

1人分　152kcal

材料（4人分）

冷凍したレバー	200g
A　しょうが汁	少量
酒	大さじ1/2
しょうゆ	大さじ2
にら	1束
もやし	150g
オイスターソース	大さじ1
鶏ガラスープの素	小さじ1/2
サラダ油　片栗粉　ごま油	

作り方
❶レバーは半解凍にしてひと口大に切り、Aをからめて5～10分おく。
❷にらは軸の太い部分に縦に切り目を入れて3cm長さに切る。
❸もやしは根をとって水洗いし、ざるにあげて水けをきる。にらと合わせ、油大さじ1をふってざっと混ぜておく。
❹キッチンペーパーでレバーの汁けをふきとる。ボウルに入れ、片栗粉大さじ2をまぶしつける。
❺フライパンを熱してごま油大さじ1を入れ、いったん火を止める。ここにレバーを広げて並べ、再び火をつけて両面をこんがりと焼き、とり出す。
❻あとのフライパンを洗って火にかけ、ごま油大さじ1でにらともやしを炒める。油がまわったらオイスターソース、鶏ガラスープの素を加えてひと炒めし、レバーをもどして炒め合わせる。

レバーソースかつ

1人分　308kcal

材料（4人分）

冷凍したレバー	300g
牛乳	1/2カップ
中濃ソース	大さじ2
マスタード	大さじ2
パン粉	適量
小麦粉　揚げ油	

作り方
❶レバーは半解凍にし、食べやすい大きさに切ってボウルに入れ、牛乳を入れて10分以上おく。
❷キッチンペーパーでレバーの水けをふく。再びボウルに入れ、中濃ソースとマスタードを加えて混ぜ、小麦粉大さじ2をふり入れて混ぜる。
❸揚げ油を170℃に熱し、②のレバーにパン粉をつけて入れ、カラリと揚げる。

レバーのごま焼き

1人分　222kcal

材料（4人分）

冷凍したレバー	200g
しょうゆ	大さじ2
カレー粉	小さじ1/2
小麦粉	大さじ1～2
白ごま	1/2カップ強
サラダ油	

作り方
❶レバーは半解凍にしてひと口大に切り、しょうゆ、カレー粉を加えて混ぜ、10分おく。汁けをきり、小麦粉をまぶす。
❷バットにごまを広げてレバーをのせ、1切れずつていねいにまぶしつける。
❸フライパンに油を1cm高さぐらいに入れて熱し、②を入れて両面を焼く。

肉類

レバー

たんぱく質、ビタミンA、B_1、B_2、鉄が豊富でスタミナ増強、貧血解消に最適です。

CHAPTER ❶ 素材をそのまま冷凍

ハム、ベーコン、ソーセージを冷凍する

＜ハムを冷凍する＞
POINT
❶かたまりのハムなら2cmくらいの厚切りにするか、薄くスライスする。
❷4〜5枚ずつ少しずらして重ね、ラップでぴっちり包む。
❸アルミトレイにのせて凍らせる。
❹冷凍用の袋に入れて冷凍室に置く。

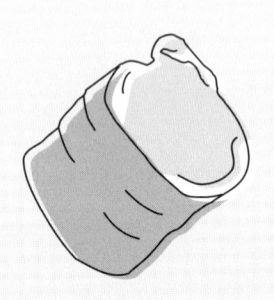

保存方法

１０℃以下の冷蔵室に置けば、開封する前の状態で2〜3か月はもちます。開封してしまったら生鮮食品と同じように考えたほうが無難、早めに食べきりましょう。長くもたせたい場合は冷凍します。

冷凍方法　　　　　　　　　　　　　　　保存期間の目安　1か月

乾燥させないことがポイント。薄切りのハムはそのままラップに包み、厚切りはせいぜい2cm厚さにして冷凍します。解凍は冷蔵室に移して自然解凍。そのままでも食べられます。

＜ソーセージを冷凍する＞　＜ベーコンを冷凍する＞

❶早く凍るように斜め、または格子状に切り目を入れて冷凍し、冷凍用の袋に入れて保存する。保存期間は約1か月。

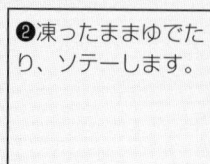

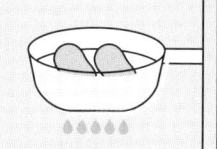

❷凍ったままゆでたり、ソテーします。

❶1枚ずつにし、端を少しずつ重ねながら並べてラップでぴっちり包んで冷凍し、冷凍用の袋に入れます。

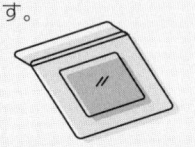

❷凍ったまま食べやすく切り、ソテーや炒めものにします。

ハムのムース

1人分 149kcal

材料（4人分）
- 冷凍したハム（薄切り）…150g
- 粉ゼラチン……1/2袋（2.5g）
- 水………………………大さじ4
- 固形スープ（チキン味）…1/2個
- 生クリーム……………大さじ4
- 白こしょう………………少々

作り方
❶ハムは半解凍にし、フードプロセッサーにかけるか、またはみじん切りにする。
❷水に粉ゼラチンをふり入れてふやかし、電子レンジに約30秒かける。熱いうちに砕いた固形スープを混ぜて溶かしておく。
❸②にハムを入れ、生クリームとこしょうを加えて混ぜ、器に入れて冷蔵室で冷やしかためる。
＊メモ　トーストしたバゲットなどに塗って食べます。

ウインナチャウダー

1人分 289kcal

材料（4人分）
- 冷凍したウインナソーセージ…6本
- 冷凍したベーコン………………2枚
- 玉ねぎ……………………………1/2個
- じゃがいも………………………2個
- にんじん…………………………1/2本
- 固形スープ………………………2個
- ベイリーフ………………………1枚
- スイートコーン（クリームタイプ）
　………（小）1缶（200g前後）
- 牛乳………………………1カップ
- サラダ油　小麦粉　塩　こしょう

作り方
❶ソーセージとベーコンは半解凍にして小口切り、玉ねぎはみじん切りにする。
❷じゃがいもとにんじんは短冊に切り、じゃがいもは水にさらす。
❸油大さじ1でベーコン、玉ねぎを炒め、小麦粉大さじ2をふり入れて1〜2分炒める。
❹③ににんじん、じゃがいもを入れて炒め、水3カップと砕いた固形スープ、ベイリーフを加える。煮たったらアクをとり、やわらかくなるまで煮る。スイートコーン、ソーセージを加えてひと煮し、温めた牛乳を加えて塩、こしょう各少々をする。

えのきたけのベーコン巻き

1人分 122kcal

材料（4人分）
- 冷凍したベーコン………………8枚
- えのきたけ………………………4袋
- 白ワイン…………………大さじ2
- レモン……………………………適量
- 塩　こしょう

作り方
❶ベーコンは自然解凍し、長さを半分ずつに切る。
❷えのきたけは根元を切り落とし、1袋分を4等分ずつにほぐしてベーコンで巻き、巻き終わりを楊枝でとめる。
❸フライパンに②を巻き終わりを下にして並べ、塩、こしょう各少々、白ワインをふり、フライパンをゆすりながら汁けをとばす。
❹器に盛り、くし形に切ったレモンを添える。

CHAPTER❶ 素材をそのまま冷凍

1尾魚を冷凍する

POINT
❶鮮度のよい魚を使う。
❷買ってきたらすぐに下処理、とくに腹わたはすぐに除く。
❸小型の魚は1尾のまま、中型以上はおろしてから。
❹水けを十分にふく。脱水シート*を使う場合はシートではさんで冷凍用の袋に入れて冷凍する。

1尾のまま冷凍

あじやあゆなど1尾づけで使う魚、わかさぎ、きすなど比較的小型の魚に。うろこやえらを除き、下処理をして、すぐに調理できる状態で冷凍します。

＜下処理＞

❶腹の部分に縦に切り目を入れ、包丁で腹わたを引き出す。

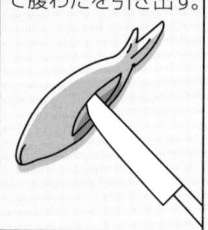

❷腹の中を流水でよく洗う。

＜冷凍方法＞

❶キッチンペーパーでおさえるようにしてよく水けをふきとる。

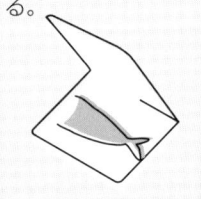

❷ラップでぴっちり包み、アルミトレイにのせ、冷凍室で凍らせる。

保存期間の目安
3週間

MEMO
フライなどには半解凍で粉をまぶして揚げる。

＜解凍方法＞

❶冷蔵室に置いて自然解凍にする。

❷急ぐときは電子レンジの生もの解凍キーで半解凍にする。

❸凍ったまま煮汁に入れる。

* 脱水シート
食品を包み、浸透圧で食品に含まれる水分を吸収させる。使えば魚がよりよい状態で保存できる。商品名はピチットなど。

二枚、三枚におろして冷凍

あじやいさき、さばなどは、用途によって二枚、または三枚におろして冷凍。
骨を除いておくと、凍るまでの時間も調理時間も短縮できます。

＜三枚におろす＞

❶頭と腹わたを除き、水洗いして水けをよくふく。

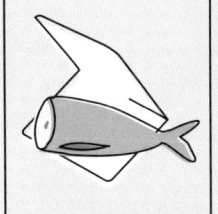

❷中骨のすぐ上に包丁を入れ、中骨に沿わせて切り進み、二枚に切り離す。

❸中骨を下にしてまな板にのせ、中骨のすぐ上を包丁で切り進めて中骨をはずす。

❹腹骨のすぐ下に包丁を入れ、斜めに動かして腹骨を薄くすきとる。

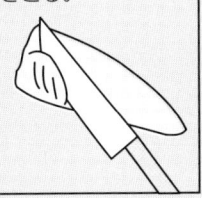

＜冷凍方法＞

❶かるく塩をふる。塩が溶けたらキッチンペーパーでふくか、脱水シートに包む。

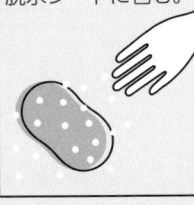

❷1尾ずつラップでぴっちり包む。

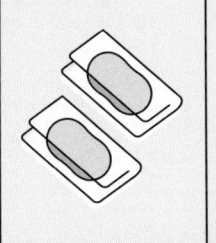

❸アルミトレイにのせ、冷凍室で凍らせる。＊＊

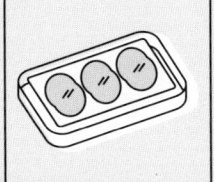

❹完全に凍ったら冷凍用の袋に入れ、冷凍室に置く。

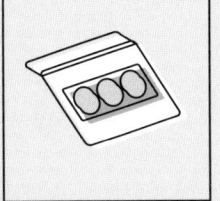

＊＊または脱水シートにはさんで冷凍用の袋に入れ、すぐに凍らせる。

保存期間の目安
2週間

＜解凍方法＞

❶冷蔵室に置いて半解凍にする。

❷急ぐときは電子レンジの生もの解凍キーで解凍するか、または袋の上から流水をかける。

MEMO
①半解凍の状態で粉やころもをつけて揚げたり、ソテーにする。
②煮る場合は、凍ったまま煮汁に入れる。

CHAPTER ❶ 素材をそのまま冷凍

あじ

三枚におろして冷凍し、自然解凍

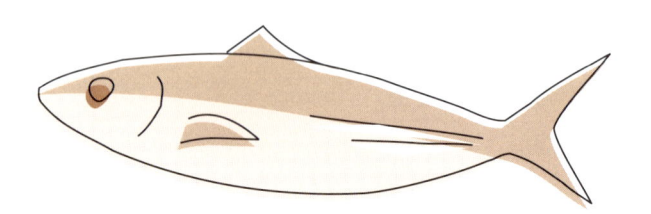

保存方法

青背ですが、身は淡泊なので白身魚に分類されます。買ってきたらすぐに、尾のほうにあるかたいうろこ（ぜいご）を除き、頭や腹わたをとって水けをふきます。中型以上なら二枚や三枚におろし、ラップで包んで冷蔵室に。１〜２日は保存できます。塩でしめてから酢じめにし、冷凍するのもよいでしょう。

さつま揚げ

1人分　288kcal

材料（4人分）

冷凍したあじ……4尾分（300ｇ）
木綿豆腐……………………………1丁
しょうが……………………………1かけ
卵……………………………………1個
A ┌ 塩………………………小さじ1/2
　├ しょうゆ………………………大さじ1
　├ みそ……………………………大さじ1
　├ 砂糖……………………………大さじ4〜5
　└ 片栗粉…………………………大さじ2〜3
揚げ油

作り方
❶あじは解凍し、皮をひいて小骨を除き、ぶつ切りにする。
❷豆腐はさっとゆでるか、または電子レンジで約３分加熱し、ふきんで包んで水けを絞る。
❸しょうがは薄切りにする。
❹しょうがと豆腐をフードプロセッサーに２０秒かけ、あじ、卵、Aを加えてさらに３０秒かける。
❺揚げ油を１６０℃に熱する。手に水をつけ、④をひと口大の小判形にまとめて入れ、色よく揚げる。

＊メモ　かためにゆでたごぼうやにんじんを芯にして包み、揚げてもよい。

あじのごま焼き

1人分　260kcal

材料（4人分）

冷凍したあじ	3尾分
しょうが汁	少量
溶き卵	1個分
洗い白ごま	1/2〜3/4カップ
長ねぎのみじん切り	大さじ3
しょうがのみじん切り	小さじ1
A 豆板醤	小さじ1/2
しょうゆ	大さじ2
酢	大さじ1と1/2
砂糖	大さじ1
ごま油	大さじ1
塩　酒　小麦粉　サラダ油	

作り方
❶あじは半解凍にし、水けをふいてひと口大に切る。
❷バットにあじを並べ、塩少々、酒大さじ1、しょうが汁をふっておく。
❸溶き卵に小麦粉大さじ2を混ぜ、あじをくぐらせてごまをまぶしつける。
❹天板に油をうすくひいてあじを並べ、230℃のオーブンで5分焼く。
❺長ねぎ、しょうがとAを混ぜる。
❻器に❹を盛って❺のたれをかける。

＊メモ　いりごまを使う場合は、焦げやすいので焦げつきそうになったら温度を下げてください。

あじのコーンごろも焼き

1人分　281kcal

材料（4人分）

冷凍したあじ	4尾分
スイートコーン（クリームタイプ）	（小）1缶（200g前後）
牛乳	3/4カップ
小麦粉	3/4カップ
塩　こしょう　小麦粉　サラダ油　バター	

作り方
❶あじは凍ったまま塩小さじ1/2、こしょう少々をふり、冷蔵室で解凍し、水けをふく。
❷スイートコーンに牛乳を加え、さらに小麦粉を加えて混ぜ、どろりとしたころもを作る。
❸あじに小麦粉を薄くまぶし、❷のころもをたっぷりつける。
❹フライパンに油とバター各大さじ1を入れて火にかける。バターが溶けたら❸を入れて中火で両面をこんがり焼く。

＊メモ　好みでケチャップやレモン汁をかける。

あじのカレーマリネ

1人分　183kcal

材料（4人分）

冷凍したあじ	4尾分
玉ねぎ	1/2個
にんじん	4cm
A だし	1/2カップ
酢　うす口しょうゆ	各1/4カップ
砂糖	大さじ1と1/2
カレー粉	小さじ1
赤唐辛子	1〜2本
こしょう　小麦粉　サラダ油　揚げ油	

作り方
❶あじはこしょう少々をふり、解凍する。
❷あじの水けをふき、小麦粉をうすくまぶして余分をはらう。
❸玉ねぎは薄切り、にんじんはせん切りにして油少量でしんなりするまで炒め、Aと小口切りにした赤唐辛子を加えてひと煮たちさせる。
❹揚げ油を180℃に熱してあじを入れ、2〜3分かけてカラリと揚げる。
❺揚げたてを❸につけて味をなじませる。

魚類

あじ

不飽和脂肪酸を多く含み、EPAやDHAを多量に含むことから血中コレステロールを減らし、生活習慣病の予防に役立ちます。

CHAPTER ❶ 素材をそのまま冷凍

いわし

手開きにし、骨を除いて上身と下身に切り分けて冷凍

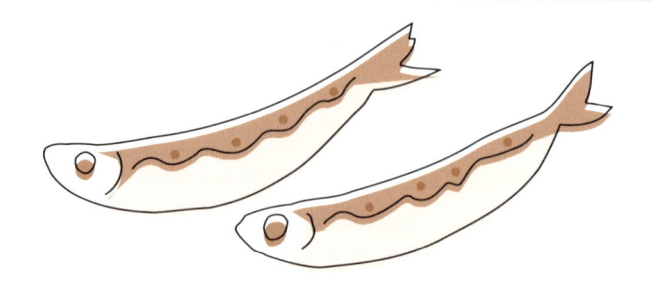

保存方法

身が締まってハリとツヤがあるのが新鮮。買ってきたらなるべく早く下ごしらえをし、ラップをかけて冷蔵室に。身がやわらかいので包丁を使わずに開くことができます。たたいてすり身にして冷凍するのもよいでしょう。

いわしとしめじのピリ辛炒め

1人分　280kcal

材料（4人分）

冷凍したいわし	4尾分
しめじ	1パック
きゅうり	1本
しょうが	1かけ
長ねぎ	1/2本
A　しょうゆ、酒、酢	各大さじ1
砂糖	大さじ1/2
こしょう	少々
スープ	大さじ2
片栗粉	小さじ1
豆板醤	小さじ1/2〜1
しょうゆ　酒　こしょう　片栗粉	
サラダ油　塩	

作り方 ❶いわしは半解凍にし、ひと口大に切ってボウルに入れ、しょうゆ、酒各大さじ1、こしょう少々を混ぜて10分おく。汁けをきり、片栗粉大さじ1と1/2を混ぜ、油大さじ2をかける。
❷しめじは石づきを除いて小房に分ける。
❸きゅうりは縦4つ割りにしてから斜め薄切りにし、塩小さじ1/4をふる。
❹しょうがは薄切り、長ねぎは斜めのぶつ切り。
❺Aを混ぜて合わせ調味料を作る。
❻フライパンに油大さじ2を熱し、いわしを入れて焼きつけ、とり出す。油少量を足し、豆板醤、長ねぎ、しょうがを炒め、❷と❸を入れ、いわしをもどして炒め合わせ、❺の合わせ調味料を混ぜる。

いわしの落とし揚げ

1人分　406kcal

材料（4人分）

冷凍したいわし……………8尾分
にんじん……………………40g
ごぼう………………………50g
ピーマン……………………2個
しょうが…………………1/2かけ
卵………………………(小)1個
A ┌ 塩………………………小さじ1/2
　│ 砂糖……………………大さじ1
　│ みそ……………………大さじ1/2
　└ 片栗粉…………………大さじ3〜4
揚げ油

作り方
❶いわしは解凍して水けをふき、包丁で細かく切ってざっとたたく。またはフードプロセッサーにかけてすり身にする。
❷にんじん、ごぼう、ピーマン、しょうがは細く切る。
❸ボウルにいわし、卵、Aを入れて混ぜ、②の野菜を加える。
❹揚げ油を160〜170℃に熱し、③をひと口大にまとめて入れ、カラリと揚げる。
＊メモ　フライパンで③を焼きつけるのもよい。

いわしのパン粉焼き

1人分　365kcal

材料（4人分）

冷凍したいわし……………8尾分
生パン粉……………………大さじ4
┌ にんにくのみじん切り…小さじ2
└ パセリのみじん切り……小さじ1
ワインビネガー……………大さじ1〜2
塩　こしょう　オリーブ油

作り方
❶いわしは解凍して水けをふき、塩小さじ1/2、こしょう少々をふる。
❷パン粉ににんにく、パセリを混ぜる。
❸耐熱容器にオリーブ油を塗っていわしを並べ、②をふってオリーブ油大さじ3〜4をかける。
❹220℃のオーブンで約10分、こんがりと焼き色がつくまで焼く。ワインビネガーを全体にふり、さらに3〜4分焼く。直火にかけられる器なら、焼き色がついたら直火にかけ、ワインビネガーをふって焼くとなおよい。
＊メモ　オレガノ、ローズマリーがあれば、刻んでパン粉に混ぜると、いっそう風味が増します。

いわしの明太子焼き

1人分　277kcal

材料（4人分）

冷凍したいわし……………8尾分
辛子明太子…………………1腹
大根おろし…………………適量
塩

作り方
❶いわしは開いて冷凍したものを使う。解凍して水けをふきとり、塩少々をふる。
❷明太子は縦半分に切って中身をしごき出す。
❸いわしの水けをふき、腹のほうに明太子1/8量ずつを塗りつけ、ふたつ折りにして脱水シートにはさみ、約1時間おく。
❹もう一度いわしの水けをふき、焼き網でこんがりと焼く。器に盛り、大根おろしを添える。

魚類

いわし

生活習慣病を予防するEPA、脳を活性化するDHAのほか、老化防止に役立つといわれる核酸が豊富です。

CHAPTER ❶ 素材をそのまま冷凍

いさき

三枚におろし、1枚ずつラップに包んで冷凍

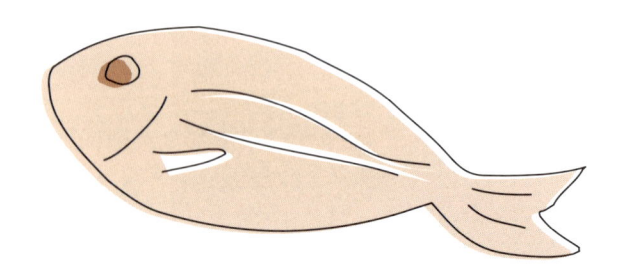

保存方法

大きいものほど味がよい。身が締まり、光沢があって目が澄んでいるのが新鮮。買ってきたらできるだけ早く下処理を。背びれのトゲがかたく、鋭いので気をつけて。ラップをかけて低温室か冷蔵室の下段に置けば2～3日は保存できます。

いさきのスープ、レモン風味

1人分　123kcal

材料（4人分）
冷凍したいさき…３００～４００ｇ
玉ねぎ……………………（小）1/2個
セロリ……………………（小）1/2本
にんじん……………………………3㎝
白ワイン………………………大さじ3
固形スープ（チキン味）…1と1/2個
レモンの薄切り……………………4枚
塩　こしょう　オリーブ油

作り方 ❶いさきは半解凍にして水けをふき、ひと口大に切って塩小さじ1/2、こしょう少々をふる。
❷玉ねぎは薄切り、セロリとにんじんはせん切りにする。セロリの葉少量はせん切りにする。
❸オリーブ油大さじ1で玉ねぎをしんなりするまで炒める。にんじん、セロリを加え、ワイン、水5カップ、砕いた固形スープを入れて5～6分煮る。
❹いい香りがしてきたら①のいさき、レモンを加えて2～3分煮、塩、こしょう各少々で味をととのえる。
❺温めた器に④を入れ、セロリの葉を散らす。
＊メモ　中骨やあらに熱湯をかけてから冷凍しておき、香草とともに煮だしてスープにすると、いっそうおいしくなります。

いさきの竜田揚げ、木の芽酢

1人分　172kcal

材料（4人分）

冷凍したいさき	300g
木の芽	大さじ1
A　うす口しょうゆ	大さじ3
酒	大さじ3
酢	大さじ3
砂糖	大さじ1
うど	1/2本

しょうゆ　酒　片栗粉　揚げ油

作り方
❶いさきは半解凍にして水けをふき、ひと口大に切る。バットなどに並べ、しょうゆ、酒各大さじ1をふり、約10分おく。
❷キッチンペーパーでいさきの汁けをふき、片栗粉をうすくまぶす。
❸揚げ油を180℃に熱し、②のいさきをカラリと揚げる。
❹木の芽をみじん切りにし、Aと合わせて木の芽酢を作り、③をつける。
❺うどは皮を厚めにむいてかつらむき（または薄切り）にし、斜めに細く切って水につける。うどがくるりと丸まったらとり出して水けをきる。
❻器に④のいさきを盛って木の芽酢をかけ、⑤のよりうどを添える。

魚類　いさき

さっぱりとした白身魚。脂肪が少なく、良質のたんぱく質が含まれています。

いさきのムニエル、グレープフルーツソース

1人分　404kcal

材料（4人分）

冷凍したいさき	2尾分（300g）
冷凍したえび	（中）8尾
グリーンアスパラガス	1束
グレープフルーツ	1個
白ワイン	1/2カップ
生クリーム	1カップ
粒マスタード	小さじ2

塩　こしょう　小麦粉　サラダ油　バター

作り方
❶いさきとえびは解凍し、水けをふく。
❷いさきに塩小さじ1/2強、こしょう少々をふって約10分おく。
❸えびは背わたをとり、殻をむいて塩、こしょう各少々をふる。
❹アスパラガスはさっとゆでて3cm長さに切る。
❺グレープフルーツは果汁を搾る。
❻いさきとえびに小麦粉をまぶす。フライパンに油とバター各大さじ1を入れて火にかけ、いさきとえびを入れて両面を焼く。色づいたら⑤の果汁大さじ2〜3をかけ、ふたをしてさっと煮る。
❼別鍋にワインを入れて煮たて、火を入れてアルコールを燃やす。残りの果汁を入れて約半量に煮つめ、生クリームと粒マスタードを入れてひと煮する。⑥のいさきとえびを入れてひと煮し、アスパラガスを加えて塩、こしょう各少々で味をととのえる。

CHAPTER ❶ 素材をそのまま冷凍

さんま
頭と腹わたをとり、筒切りか三枚おろしにして冷凍

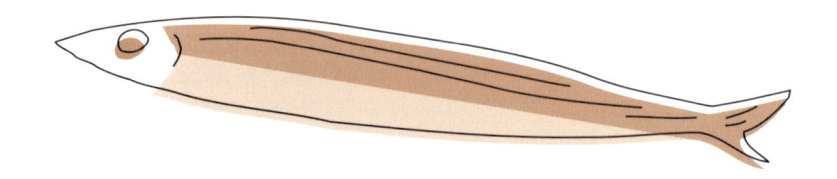

保存方法

背の部分の色が鮮やかで腹にハリがあり、銀白色に光っているものが新鮮。その日のうちに食べない場合は腹わたを除き、脱水シートで包むかラップをかけて低温室か冷凍室の下段に。2～3日中に食べきりましょう。

さんまと大根の香り煮

1人分　331kcal

材料（4人分）
筒切りにして冷凍したさんま4尾分
大根……………1/3本（400g）
ししとう………………12本
長ねぎ…………………1/2本
にんにく………………1/3片
しょうが………………1かけ
┌いり白ごま……………大さじ1
└赤唐辛子粉………………少量
しょうゆ　砂糖　みそ　酒

作り方
❶さんまは解凍し、水けをふく。
❷大根は7～8mm厚さの半月切りにする。
❸ししとうはヘタを切り落とし、縦に細く切る。
❹長ねぎは大さじ1杯分をみじん切りにし、残りを斜めのぶつ切りにする。
❺にんにくはみじん切り、しょうがはせん切りに。
❻さんまをバットに入れる。みじん切りの長ねぎ、にんにく、半ずりにしたごま、赤唐辛子粉、しょうゆ、砂糖各大さじ1と1/2、みそ大さじ3を混ぜ、さんまにからめる。
❼フライパンに大根、水1カップを入れて5～6分煮る。酒大さじ2を注ぎ、長ねぎ、さんまをのせてつけ汁をかけ、しょうがとししとうを散らして落としぶたをし、中火で15分煮る。

さんまの焼きづけ

1人分　267kcal

材料（4人分）
- 三枚におろして冷凍したさんま 4尾分
- 貝割れ菜……………………1パック
- にんじん……………………4cm
- 長ねぎ………………………1/2本
- しょうが……………………1かけ
- 赤唐辛子……………………1本
- A ┌ 酢、酒、しょうゆ……各大さじ3
　　└ 砂糖…………………大さじ1
- 塩

作り方
① さんまは解凍して水けをふき、塩小さじ1/2をふっておく。
② 貝割れ菜は根を切り、にんじんはせん切りに。
③ 長ねぎ、しょうがはせん切り、赤唐辛子は種を除いて小口切りにする。
④ さんまの塩が溶けたらもう一度水けをふき、グリル、または焼き網で両面を5分ずつ焼く。
⑤ さんまをバットに並べて②と③をのせ、Aを合わせてかける。

さんまの鍋照り焼き

1人分　384kcal

材料（4人分）
- 三枚におろして冷凍したさんま 4尾分
- しょうが汁…………………少量
- A ┌ だし（または水）……大さじ2
　　│ しょうゆ、みりん……各大さじ3
　　└ 砂糖…………………大さじ2
- 塩　酒　片栗粉　サラダ油

作り方
① さんまは半解凍にし、塩少々をふってしょうが汁、酒少量をふり、10分おく。
② さんまの水けをふいて片栗粉をまぶす。フライパンに多めの油を熱し、さんまの両面を焼く。フライパンの油をふき、Aを入れて煮からめる。
③ 器に盛って煮汁をかける。
＊メモ　しょうが、セロリ、トマトの甘酢あえを添えても。

さんまのパスタ

1人分　626kcal

材料（4人分）
- 三枚におろして冷凍したさんま 3尾分
- スパゲティ…………………300g
- 玉ねぎ………………………1個
- にんにく……………………2片
- 赤唐辛子……………………1本
- レーズン……………………大さじ3
- アンチョビー………………2枚
- 松の実………………………大さじ3
- パセリ（みじん切り）……大さじ2
- 塩　こしょう　オリーブ油

作り方
① さんまは解凍して水けをふき、3cm幅に切って塩小さじ1/2、こしょう少々をふる。
② 湯に塩大さじ2を入れてスパゲティをゆでる。
③ 玉ねぎはみじん切り、にんにくはたたきつぶし、赤唐辛子は種を除いて小口切り。レーズンは洗う。
④ フライパンにオリーブ油大さじ3、にんにく、赤唐辛子を入れて弱火にかける。香りが出たら玉ねぎを加えてしんなりするまで炒める。
⑤ さんまを加えて両面を焼きつける。火がとおったらアンチョビーをつぶして加え、松の実、レーズン、塩少々を加える。
⑥ ゆで上がったスパゲッティに⑤を混ぜ、パセリをふる。

魚類　さんま

高度不飽和脂肪酸のEPA、脳の働きをよくするというDHAが豊富。血合いにはビタミンB_{12}が含まれています。

CHAPTER ❶ 素材をそのまま冷凍

さば

三枚におろし、さらに半分に切って冷凍

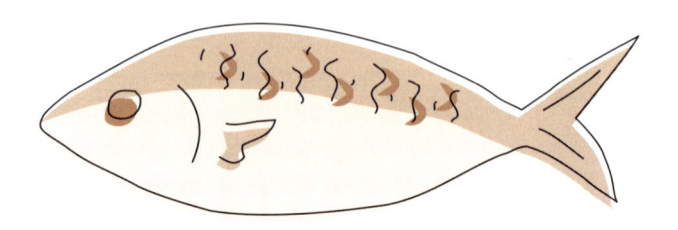

保存方法

非常に傷みやすい魚なので、買ってきた日のうちに料理してしまうのがおすすめ。そうはいかない場合は下処理をし、うす塩をして冷蔵室に置き、翌日には使いましょう。塩をしてから酢じめにし、冷蔵室に置くともう少し長くもちます。

揚げさばのおろしあえ

1人分　311kcal

材料（4人分）
冷凍したさば……………1尾分
A ┌ しょうが汁…………小さじ1
　├ しょうゆ……………大さじ3
　└ 酒……………………大さじ1
大根…………………1/2本（500g）
B ┌ 酢……………………大さじ2
　├ 砂糖…………大さじ1/2～1
　└ 塩……………………小さじ1/2
りんご………………………1/4個
みかんの皮…………………少量
大根の葉……………………適量
片栗粉　揚げ油

作り方 ❶さばは半解凍にし、大きめのそぎ切りにする。
❷バットにAを入れ、さばをつけて10分おく。
❸大根はすりおろして水けをきり、Bを加えて混ぜる。
❹りんごは芯をとって5mm角に、みかんの皮は白い部分を除いてみじん切りに。以上を③に混ぜる。
❺大根の葉はゆでて1cm幅に刻む。
❻さばの汁けをふき、片栗粉をまぶす。揚げ油を170℃に熱し、さばをカラリと揚げる。
❼揚げたさばを④の甘酢おろしであえ、器に盛って大根の葉を散らす。

＊メモ　みかんの代わりに木の芽、みょうが、ゆず、青じそなどで季節の香りを楽しんでください。

さばのカレームニエル

1人分　370kcal

材料（4人分）
三枚におろして冷凍したさば 1尾分
玉ねぎ……………………………… 1個
セロリ……………………………… 1本
にんにく…………………………… 1片
┌小麦粉………………………… 大さじ2
└カレー粉……………………… 大さじ1/2
┌トマトジュース……………………… 1缶
└白ワイン……………………… 大さじ2
固形スープ（チキン味）……… 1個
ブロッコリー……………………… 1株
塩　オリーブ油　バター

作り方 ❶さばは半解凍にし、半分に切って塩小さじ1/2強をふり、しばらくおいて水けをふく。
❷玉ねぎは半分に切って5mm幅に、セロリは斜めに5mm幅に切る。にんにくはみじん切りにする。
❸小麦粉とカレー粉を混ぜてさばにまぶす。オリーブ油大さじ2を熱し、さばを焼いてとり出す。
❹あとのフライパンで玉ねぎ、にんにくを炒め、しんなりとしたらセロリを加えてさっと炒める。トマトジュース、ワイン、固形スープを入れ、煮たったらさばをもどして2～3分煮、器に盛る。
❺ブロッコリーは小房に分け、塩少量を入れた熱湯で色よくゆでる。ゆで汁をきり、バター大さじ1をからめて④に添える。

さばの角煮

1人分　135kcal

材料（4人分）
冷凍したさば……………………… 1/2尾分
しょうが…………………………… 1かけ
┌しょうゆ……………………… 大さじ3
│酒……………………………… 大さじ3
└砂糖………………………… 大さじ1と1/2
みりん

作り方 ❶さばは半解凍にして1cm角に切る。
❷しょうがはせん切りにする。
❸鍋に水1/2カップ、しょうゆ、酒、砂糖、しょうがを入れて火にかける。煮たったらさばを入れて混ぜ、弱火にして落としぶたをする。
❹途中でアクをとり、煮汁がほとんどなくなるまで煮、みりん少量をふって煮汁をからめる。

さばのみそホイル焼き

1人分　281kcal

材料（4人分）
冷凍したさば……………………… 1尾分
しょうが…………………………… 1かけ
長ねぎ……………………………… 1本
しめじ……………………………… 1パック
貝割れ菜…………………………… 1パック
┌みそ…………………………… 大さじ4
│酒……………………………… 大さじ4
└砂糖…………………………… 大さじ2
しょうゆ

作り方 ❶さばは半解凍にして水けをふき、半身を半分ずつに切ってしょうゆ大さじ1をふる。
❷しょうがはせん切り、長ねぎは斜め薄切りに。
❸しめじは石づきを切り落として2～3本ずつに分け、貝割れ菜は根を切り落として半分に切る。
❹みそ、酒、砂糖を混ぜる。
❺約20cm角に切ったアルミ箔を4枚用意し、それぞれに長ねぎの1/4量ずつを敷き、水けをふいたさば、しめじ、しょうがをのせ、④をかけてしっかり包み、オーブントースターで10分焼く。火がとおったらとり出し、貝割れ菜を添える。

魚類　さば

生活習慣病予防に効果的なEPA、脳の働きをよくするというDHA、ビタミンAやB群、Eが豊富に含まれています。

CHAPTER ❶ 素材をそのまま冷凍

きす

腹わたを除いて1枚に開いて冷凍

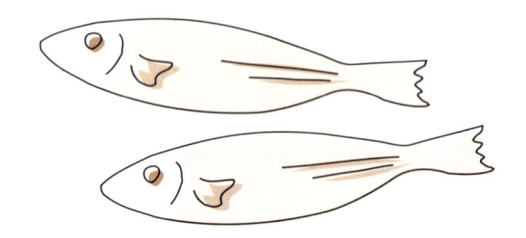

保存方法

身が締まり、ツヤがあるのが新鮮。腹わたもおいしいのでそのまま料理しますが、すぐに使わない場合は頭と腹わたを除いて一枚に開き、ラップをかけて低温室か冷蔵室の下段に。2～3日以内に食べきりましょう。

きすと野菜の天ぷら

1人分　552kcal

材料（4人分）
開いて冷凍したきす……………8尾
えび………………………………8尾
なす………………………………2個
さつまいも……………………200g
生しいたけ………………………8枚
ししとう…………………………8本
┌溶き卵………………………1個分
└小麦粉……………………1カップ
片栗粉　揚げ油

作り方 ❶きすは解凍し、水けをふく。
❷えびは背わたをとって殻をむき、腹側に2、3本の切り目を入れ、尾の先を切り落として水けを包丁でしごき出す。
❸なすは長さを半分に切って4つ割りにする。
❹さつまいもは皮つきのままラップで包んで電子レンジで約2分加熱し、1cm幅の輪切りにする。
❺しいたけは軸をとる。ししとうは柄を切り落とし、縦に1本、切り目を入れる。
❻溶き卵に冷水を加えて1カップにし、小麦粉をふり入れてさっくり混ぜる。
❼揚げ油を180℃に熱する。①～⑤の材料に片栗粉をうすくまぶして⑥のころもをつけ、揚げ油に入れてカラリと揚げる。

CHAPTER ❶ 素材をそのまま冷凍

わかさぎ
腹わたを除いて冷凍する

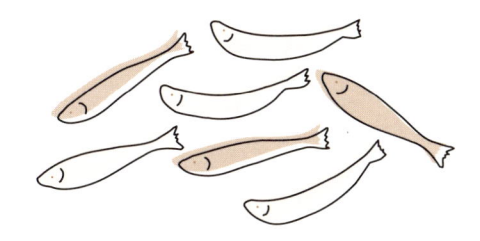

魚類　きすなど

きす、わかさぎなどは中骨ごと食べられ、カルシウムのよい供給源。鉄やビタミンB群も豊富です。

保存方法

身が締まり、腹の部分が銀白色に光っているのが新鮮。生なら腹わたごと料理しますが、保存する場合は腹部を押し、腹わたを除いて洗い、水けをふいてラップで包み、低温室か冷蔵室の下段に。2～3日で食べきります。

わかさぎの南蛮漬け

1人分　218kcal

材料（4人分）
- 冷凍したわかさぎ……………300g
- 玉ねぎ……………………………1/2個
- にんじん……………………………4cm
- 赤唐辛子……………………………1本
- A ┌ だし……………………………3/4カップ
   │ しょうゆ、酢……各1/4カップ
   └ 砂糖………………大さじ1と1/2
- 塩　こしょう　サラダ油　小麦粉　揚げ油

作り方
❶ わかさぎは解凍して水けをふき、塩、こしょう各少々をふる。
❷ 玉ねぎは薄切り、にんじんはせん切りにし、赤唐辛子は種を除いておく。
❸ 油少量で玉ねぎとにんじんをしんなりとするまで炒め、Aと赤唐辛子を加えてひと煮たちさせ、さましておく。
❹ わかさぎの水けをもう一度ふき、ポリ袋に入れ、小麦粉大さじ2を加えてふり、わかさぎに小麦粉をまぶす。揚げ油を180℃に熱し、わかさぎを入れてカラリと揚げる。
❺ 熱いうちに③につけて味を含ませる。

＊メモ　小あじで作ってもおいしい。その場合は二度揚げにして骨までやわらかくする。

CHAPTER❶ 素材をそのまま冷凍

切り身魚を冷凍する

POINT
❶塩と酒をふり、下味をつけてから冷凍する。
❷ラップまたは、脱水シートで包んで冷凍する。
❸塩ざけ、塩だらなどは酒をふり、そのまま冷凍する。
❹みそ漬けや粕漬けにして冷凍すると、より長く保存できる。

生の切り身を冷凍する

近海もの以外は冷凍品を解凍している場合が多く、そのままだと再解凍になるので味落ちします。塩と酒をふるか、脱水シートで水分を抜いておいしさを保つ工夫を。

＜冷凍方法＞

❶魚に塩、酒各少々をふって約20分おく。

❷水けをふき、1切れずつラップでぴっちり包み、アルミトレイにのせて凍らせる。

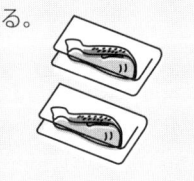

❸完全に凍ったら冷凍用の袋に入れ、封をして冷凍室に。

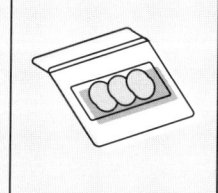

❹または魚を脱水シートで包み、冷凍用の袋に入れて凍らせる。

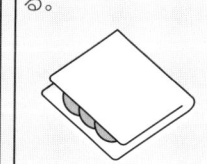

保存期間の目安
3週間

＜解凍方法＞

室温、または冷蔵室に置いて半解凍にする。

みそ漬けにして冷凍する

生ざけ、ぶり、かじき、さわらなどで。みそ床ではさむようにしてみそ漬けにし、ちょうど食べごろにしてから冷凍室に置きます。

＜冷凍方法＞

❶信州みそ1カップに砂糖1/2〜3/4カップを混ぜてみそ床を作る。

❷バットに①の半量を入れてならし、キッチンペーパーを広げて魚をのせる。

❸魚にキッチンペーパーをかぶせ、残りの①をのせてならす。

❹2〜3日おいて魚をとり出し、ラップで包んで凍らせる。完全に凍ったら冷凍用の袋に入れて冷凍室に置く。

MEMO
①みそ漬けにし、食べごろの味になってから冷凍すると、それ以上には味が濃くなりません。
②みそ床の分量は、切り身魚4切れくらいを漬けるのにちょうどよい量です。漬けたあとのみそは2、3回使えます。

＜解凍方法＞

室温か冷蔵室に置いて 半解凍にする。

保存期間の目安
1か月

酒粕に漬けてから冷凍

たら、さわらなどの白身魚、さけ、いかが酒粕とよく合います。半解凍の状態でグリルか焼き網で焼くと、香ばしさも加わります。

＜冷凍方法＞

❶酒粕300gに塩小さじ2、砂糖大さじ2、みりん大さじ3を混ぜる。
酒粕がかたい場合は電子レンジで加熱してゆるめる。

❷バットに①の半量を入れてならし、キッチンペーパーを広げる。

❸魚4切れに塩小さじ1をふってのせ、キッチンペーパー、残りの①をかぶせる。

❹2〜3日おいて魚をとり出し、ラップで包んで凍らせる。完全に凍ったら冷凍用の袋に入れて冷凍室に置く。

＜解凍方法＞

❶室温か冷蔵室に置いて半解凍にする。
❷凍ったままグリルで焼いてもよい。

保存期間の目安
1か月

CHAPTER ❶ 素材をそのまま冷凍

かじき

ラップでぴっちり包んで冷凍

保存方法

下ごしらえがいらないので料理しやすく、肉と同じような感覚で使えます。一般的なのは真かじきで、鮮やかな淡紅色をしています。光沢があり、身割れしていないものを求めましょう。低温室か冷蔵室の下段に置くと2～3日はもちます。

かじきの岩石揚げ

1人分　520kcal

材料（4人分）
- 冷凍したかじき……………3切れ
- しょうが汁……………………少量
- れんこん……………………150g
- ぎんなん（水煮）…………12粒
- きくらげ……………………4～5枚
- A ┌ 卵……………………………1個
    │ 片栗粉…………………1/2カップ
    └ ベーキングパウダー…小さじ1/2
- 塩　酢　揚げ油

作り方
❶かじきは半解凍にして水けをふき、1cm角に切って塩小さじ1/2弱、しょうが汁をふる。
❷れんこんは皮をむいて1cm角に切り、酢水につける。
❸ぎんなんは半分に割る。
❹きくらげは水でもどし、石づきをとって小さくちぎる。
❺Aの卵を溶きほぐし、片栗粉とベーキングパウダーを混ぜる。
❻揚げ油を170℃に熱する。⑤にかじき、水けをきったれんこん、ぎんなん、きくらげを混ぜ、スプーンですくって油に入れ、カラリと揚げる。

＊メモ　好みで大根おろし、天つゆなどをつけて食べる。

かじきとほうれんそうのグラタン

1人分 371kcal

材料（4人分）

- 冷凍したかじき………………3切れ
- レモン汁………………………少量
- 玉ねぎ…………………………1/2個
- A ┌ バター………………大さじ3
    │ 小麦粉………………大さじ4
    └ 牛乳…………………2カップ
- ほうれんそう…………………1束
- 白ワイン………………………少量
- おろしチーズ………大さじ3～4
- 塩　こしょう　バター　サラダ油

作り方 ❶かじきは半解凍にして3cm幅に切り、塩小さじ1/2強、こしょう少々、レモン汁少量をふり、10分ほどおいて下味をつける。
❷玉ねぎはみじん切りにし、Aのバターの半量で透きとおってくるまで炒め、残りのバター、小麦粉を加えて焦がさないように炒める。粉っぽさがなくなったら火からおろして牛乳を加え、ワイン大さじ1、塩小さじ1/2、こしょう少々を混ぜて強火にかける。煮たったら火を弱めて混ぜながら5～6分煮る。レモン汁少量を加えて混ぜる。
❸ほうれんそうをゆでて3～4cm長さに切る。小鍋に入れ、バター大さじ1、塩、こしょう各少々、水大さじ1～2を加えてソテーする。
❹かじきの水けをふき、小麦粉をまぶしてバター、油各大さじ1でソテーし、ワイン大さじ2～3をふる。
❺グラタン皿にほうれんそうを敷き、かじきを並べて②のソースをかけ、チーズをふる。220℃のオーブンで10～15分焼く。

かじきのピーマンソース

1人分 258kcal

材料（4人分）

- 冷凍したかじき………………4切れ
- レモンの薄切り………………2枚
- ピーマン………………………2個
- 赤ピーマン、黄ピーマン…各1/2個
- 玉ねぎ…………………………1個
- トマト…………………………1個
- ┌ 白ワイン…………1/4カップ
  └ ワインビネガー…1/4カップ
- 塩　こしょう　オリーブ油

作り方 ❶かじきは半解凍にして水けをふき、塩小さじ1/2、こしょう少々をふり、半分に切ったレモンをのせておく。
❷ピーマン3種は縦に7mm幅に切り、玉ねぎとトマトは薄切りにする。
❸鍋にオリーブ油大さじ2と玉ねぎを入れてよく炒め、ピーマンを加えてさらに炒める。しんなりとしたらトマトを加えてさっと炒める。
❹③にかじきをのせ、オリーブ油大さじ1、ワインとワインビネガーをかけてふたをし、7～8分蒸し煮にする。味をみて塩、こしょう各少々で味をととのえる。

魚類　かじき

脂肪が少なく、さっぱりとした白身の魚なので、フライやソテーなど油を使った料理にも向きます。

CHAPTER ❶ 素材をそのまま冷凍

かれい

ぴっちりとラップで包んで冷凍

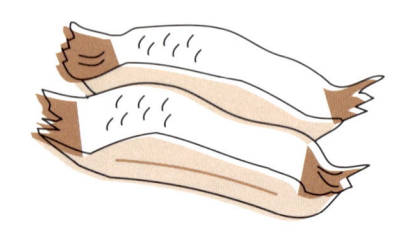

保存方法

1尾づけで買った場合はうろこを除き、腹わたをとって洗い、よく水けをふいてからラップで包み、低温室か冷蔵室の一番下に置きます。切り身の場合も同様にラップで包んで。2～3日以内に食べきりましょう。

かれいの煮つけ

1人分　141kcal

材料（4人分）

冷凍したかれい	4切れ
A　水	1カップ
しょうゆ	大さじ4
酒	大さじ2
砂糖	大さじ2
みりん	少量
ししとう	12本
しょうが	1かけ

作り方
❶かれいは半解凍にし、1尾づけなら皮めに斜め十字の切り目を入れる。
❷大きめの浅鍋にAを入れて火にかける。ひと煮たちしたら、かれいをなるべく重ねないように入れ、玉じゃくしで煮汁をかけながら煮る。
❸かれいの表面に火がとおったら落としぶたをし、煮汁が1/3量になるまで煮る。
❹ししとうは柄を切りととのえ、③の鍋の端に入れてさっと煮る。
❺器にかれいを盛って煮汁をかけ、ししとうを添え、針しょうがをのせる。
＊メモ　しょうがをごく細いせん切りにし、水にさらして水けをきったものが針しょうが。

かれいの中華蒸し

1人分　128kcal

材料（4人分）

冷凍したかれい……………4切れ
干ししいたけ………………2枚
ゆでたけのこ………………50g
赤ピーマン…………………1個
長ねぎ………………………3cm
鶏ガラスープの素………大さじ1
しょうが……………………1かけ
塩　こしょう　酒（あれば紹興酒）

作り方 ❶かれいは半解凍にして水けをふき、骨に届くまでの深い切り目を入れ、塩小さじ1/2をふって約10分おく。
❷しいたけは水につけてもどし、石づきを切り落として薄く切る。たけのこ、ピーマン、長ねぎはせん切りにする。以上を合わせて鶏ガラスープの素、こしょう少々をふる。
❸しょうがは薄切りにする。
❹かれいを器にのせ、切り目にしょうがをはさんで酒大さじ3をふり、②の野菜をのせて蒸気の上がった蒸し器に入れ、強火で10分蒸す。

＊メモ　電子レンジなら、酒をふったらラップをかけて約4分加熱し、野菜をのせてもう一度ラップをかけ、さらに約3分加熱する。

かれいのトマト煮

1人分　361kcal

材料（4人分）

冷凍したかれい……………4切れ
レモン汁……………………少量
玉ねぎ………………………1個
にんじん……………………1本
セロリ………………………1本
にんにく……………………1片
┌白ワイン………………1/2カップ
│トマト（水煮）…1缶（400g前後）
│固形スープ（チキン味）……1個
└ベイリーフ………………1枚
生クリーム………………1/2カップ
オレガノ（あれば）…………少々
塩　こしょう　小麦粉　オリーブ油

作り方 ❶かれいは半解凍にし、塩小さじ1/2、こしょう少々、レモン汁をふって10分おく。
❷玉ねぎは1cm角に、にんじん、セロリ、にんにくは1cm角の薄切りにする。
❸かれいは水けをふき、小麦粉をうすくまぶす。
❹鍋にオリーブ油大さじ2を熱してかれいを入れ、両面をこんがり焼いてとり出す。
❺あとの鍋にオリーブ油少量を足し、玉ねぎとにんにくを入れ、玉ねぎが透きとおってくるまで炒める。にんじんとセロリを加えてさらに炒める。
❻⑤にワインを入れて煮たて、トマトを缶汁ごと加え、固形スープ、ベイリーフも加えて約10分煮る。
❼かれいをもどして2～3分煮、生クリームを加える。煮たったらオレガノを入れ、塩、こしょう各少々で味をととのえる。

魚類

かれい

淡泊で消化のよい魚。ビタミンB_1、B_2が多く、肝機能を高めるアミノ酸の一種、タウリンが含まれています。

CHAPTER ❶ 素材をそのまま冷凍

さけ
ラップでぴっちり包んで冷凍

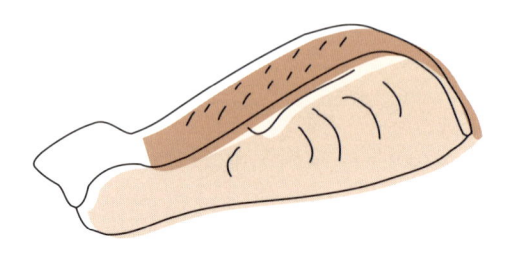

保存方法

買ってきたらすぐにトレイからはずし、ラップに包んで低温室か冷蔵室の下段に置きます。生や甘塩ざけなら2〜3日、塩ざけは4〜5日以内に食べきりましょう。焼いてからほぐし、びんなどに入れて冷蔵しておくと、いろいろ使えて重宝です。

さけずし

1人分　478kcal

材料（4人分）

冷凍した塩ざけ	2切れ
米	2カップ
だし昆布	5cm
A　酢	大さじ3
砂糖	大さじ2
塩	小さじ1
しょうがのせん切り	1かけ分
きゅうり	2本
卵	2個
いり白ごま	大さじ2
酒　塩　酢　砂糖	

作り方

❶ 米は洗い、少しかための水加減にし、酒大さじ1、だし昆布を加えて炊く。
❷ Aの酢、砂糖、塩を混ぜて合わせ酢を作り、炊きたてのご飯に混ぜてすし飯にする。
❸ さけは凍ったまま電子レンジで4〜5分加熱してほぐし、酒少量、塩少々、しょうがを混ぜる。
❹ きゅうりは小口切りにし、塩小さじ1をふってしんなりするまでおく。水けをかるく絞り、酢大さじ1、砂糖大さじ1/2をかける。
❺ 卵は塩少々、砂糖小さじ2を混ぜて電子レンジで2分加熱し、泡立て器でほぐしていり卵にする。
❻ すし飯が温かいうちに半ずりにしたごま、さけ、いり卵の半量を混ぜ、さめてからきゅうりを混ぜる。
❼ 器に盛り、残りのいり卵を散らす。

揚げざけの甘酢漬け

1人分　292kcal

材料（4人分）
- 冷凍した生ざけ……………4切れ
- 玉ねぎ……………………1個
- A ┌ 酢………………………大さじ4
　　├ 酒、砂糖、うす口しょうゆ…各大さじ2
　　└ しょうが汁……………小さじ1
- レタス……………………適量
- プチトマト………………8〜12個
- 塩　小麦粉　揚げ油

作り方
❶さけは解凍してひと口大に切り、塩小さじ1/2をふって下味をつける。
❷玉ねぎは半分に切って薄切りにする。Aを合わせて玉ねぎを加える。
❸さけの水けをふいて小麦粉をまぶし、170℃の揚げ油で揚げ、熱いうちに②につける。
❹器にレタスを敷いて③を盛り、プチトマトを添える。

さけと里いものご飯

1人分　426kcal

材料（4人分）
- 冷凍した塩ざけ……………2切れ
- しょうが汁………………1かけ分
- 米…………………………2カップ
- だし昆布…………………10㎝
- 里いも……………………300g
- だしの素…………………小さじ1/2
- 春菊………………………50g
- 酒　うす口しょうゆ

作り方
❶米は洗い、炊飯器に入れて普通の水加減にし、だし昆布を加えて30分以上おく。
❷さけはバットなどに入れ、しょうが汁と酒大さじ2をふる。
❸里いもは皮つきのまま洗って乾かし、皮をむいて7㎜厚さの輪切り、大きいものは半月に切る。
❹①の昆布をとり出して1㎝角に切る。
❺①の炊飯器にだしの素、うす口しょうゆ大さじ1、さけ、④の昆布、里いもをのせて炊く。
❻春菊は細かく刻み、ふきんに包んで水けをきる。
❼ご飯を蒸らし、さけをとり出してほぐす。さけをもどし、春菊を散らして混ぜる。

揚げざけのおろし煮

1人分　208kcal

材料（4人分）
- 冷凍した甘塩ざけ……………3切れ
- おろししょうが……………1かけ分
- しめじ……………………1パック
- 生しいたけ………………1パック
- もどしたわかめ……………50g
- 大根………………500〜600g
- だし………………………4カップ
- 片栗粉　揚げ油　酒
- うす口しょうゆ

作り方
❶さけは解凍して水けをふき、ひと口大に切っておろししょうがをまぶし、片栗粉をつける。
❷しめじは2〜3本ずつに分け、しいたけは1枚を2〜4つずつに切る。わかめはひと口大に切る。
❸大根はすりおろし、かるく水けをきる。
❹170℃の揚げ油でさけをカラリと揚げる。
❺鍋にだし、酒大さじ2を入れて煮たて、④のさけ、うす口しょうゆ大さじ2を加えて4〜5分煮る。しめじ、しいたけ、わかめを入れて煮たて、大根おろしを入れてもうひと煮たちさせる。

＊メモ　さけが塩からい場合は少し長めに煮ます。

魚類　さけ

悪玉コレステロールを減らし、生活習慣病を予防するEPAを多量に含み、ビタミンB群やDやEも豊富。

CHAPTER ❶ 素材をそのまま冷凍

たい
1切れずつラップで包んで冷凍

保存方法

ラップでぴっちり包み、低温室か冷蔵室の下段に置き、2～3日以内に食べきりましょう。脱水シートで包んだり、うす塩をしたり、みそ漬けにすると、もう少し長くもちます。

たいの香り蒸し

1人分　305kcal

材料（4人分）

冷凍したたい	4切れ
じゃがいも	3個
しめじ	1パック
ししとう	12本
しょうが	1かけ
A　にんにくのみじん切り	大さじ2
長ねぎのみじん切り	大さじ1
すり白ごま	小さじ1
コチュジャン	大さじ2
しょうゆ、ごま油	各大さじ1
砂糖	大さじ1
塩　サラダ油	

作り方 ❶たいは解凍し、塩小さじ1/2をふる。
❷じゃがいもは皮をむいて7～8mm厚さに切り、水に約5分さらす。水けをきり、塩少々をふってラップで包み、電子レンジで約3分加熱する。
❸しめじは2～3本ずつに分け、ししとうは柄を切って縦に1本の切り目を入れる。しょうがはせん切りにする。
❹Aを混ぜ合わせてたれを作る。
❺たいの水けをふき、油大さじ1を熱したフライパンで両面をこんがり焼いてとり出す。
❻あとのフライパンにじゃがいもを敷いてたいを並べ、しょうがを散らし、しめじ、ししとうを加える。フライパンの端から水1/2カップを注ぎ、❹をかけ、ふたをして弱火で約8分蒸し煮にする。

たいの菜種焼き

1人分 267kcal

材料（4人分）

- 冷凍したい……………4切れ
- ┌うす口しょうゆ…大さじ1と1/2
- └しょうが汁……………小さじ1
- 生しいたけ……………100g
- 卵………………………2個
- マヨネーズ……………大さじ4〜5
- 菜の花…………………1/2束
- A ┌練り辛子……………小さじ1
- │ だし…………………大さじ4
- │ うす口しょうゆ……大さじ1
- └みりん………………大さじ1
- 塩　こしょう

作り方

❶たいは解凍して1cm角に切り、うす口しょうゆ、しょうが汁をかけて10分おく。
❷しいたけは軸をとり、4〜6つに切る。
❸卵を溶きほぐし、塩、こしょう各少々を混ぜる。小鍋に入れて弱火にかけ、ふんわりとしたいり卵を作る。
❹たいの汁けをきってボウルに入れ、いり卵、しいたけ、マヨネーズを加えて混ぜる。
❺菜の花は塩少量を入れた熱湯でかためにゆで、水にとって冷やす。菜の花をとり出し、水けをかたく絞ってAであえる。
❻約20cm角に切ったアルミ箔4枚を用意し、それぞれに❹の1/4量ずつをのせ、きっちり包む。
❼オーブントースターで10分焼く。器に盛って菜の花を添える。

たいのクリーム煮

1人分 301kcal

材料（4人分）

- 冷凍したい……………4切れ
- 玉ねぎ…………………1/2個
- しめじ…………………1パック
- ブロッコリー…………1/2株
- ┌白ワイン……………1/4カップ
- └固形スープ（チキン味）……1個
- 生クリーム……………1/2カップ
- 牛乳……………………1/2カップ
- 塩　こしょう　小麦粉　バター
- サラダ油

作り方

❶たいは半解凍にして水けをふき、塩、こしょう各少々をふる。
❷玉ねぎは薄切り、しめじは石づきを除いて2〜3本ずつに分ける。
❸ブロッコリーは小房に分け、茎は皮をむいてひと口大の乱切りにする。
❹たいの水けをもう一度ふいて小麦粉をまぶす。鍋にバター大さじ1を入れ、たいの両面を焼いてとり出す。
❺あとの鍋に油大さじ1/2を足し、玉ねぎを入れてしんなりするまで炒める。たいをもどし、ワイン、砕いた固形スープを入れてふたをし、1〜2分蒸し煮にする。
❻❺にブロッコリー、しめじ、生クリーム、牛乳を加えてひと煮し、塩、こしょう各少々で味をととのえる。

魚類　たい

高たんぱく、低脂肪の白身魚で、うまみ成分のグルタミン酸など、アミノ酸を豊富に含みます。

CHAPTER ❶ 素材をそのまま冷凍

あさり

殻つき、むき身ともに生で冷凍

保存方法

殻つきなら生きていることを確かめて。むき身ならぷっくり盛りあがったものを。殻つきはボウルに入れてうすい塩水につけ、ぬらした新聞紙をのせて冷蔵室に置き、1日1回、塩水を換えれば2〜3日はもちます。新聞紙は毎日とり換えてください。

冷凍方法　　　　　　　　　　　　　　　　　保存期間の目安　2週間

殻つきは下記の方法で砂出しをし、水けをきって冷凍用の袋に入れ、冷凍室に置きます。むき身の場合はざっと洗って水けをきり、冷凍用の袋に平らになるように入れて冷凍室に置きます。

❶殻同士をこすり合わせて洗い、うすい塩水に2時間つけて砂出しをする。

❷ざるにあげて水けをしっかりきる。

❸冷凍用の袋に入れてしっかり封をする。

❹アルミトレイにのせて凍らせてから、冷凍室に置く。

解凍方法

すぐに火がとおるので解凍の必要はありません。凍ったまま炒めたり、煮汁に入れたりします。あさりの冷凍食品の場合も同様です。開封したら、使い残しを解かさないように素早く封をし、冷凍用の袋に入れて冷凍室にもどします。

あさりとアスパラガスのクリーム煮

1人分　259kcal

材料（4人分）

冷凍したあさり（むき身）	200g
グリーンアスパラガス	2束
玉ねぎ	1個
ハム	4枚
牛乳	1カップ1/2
固形スープ（チキン味）	1個
A　マヨネーズ	大さじ3
片栗粉	大さじ2
牛乳	1/2カップ
バター　こしょう	

作り方
❶アスパラガスは4cm長さに切る。
❷玉ねぎは1cm幅のくし形に切り、ハムは8等分に切る。
❸バター大さじ1で玉ねぎをしんなりするまで炒め、牛乳、砕いた固形スープを入れてこしょう少々をふり、凍ったままのあさり、アスパラガス、ハムを加えて1〜2分煮る。
❹Aのマヨネーズ、片栗粉、牛乳を混ぜ、③に混ぜ入れてとろみがつくまで煮る。

ボンゴレトマトソース

1人分　383kcal

材料（4人分）

冷凍したあさり（殻つき）	300g
スパゲティ	300g
プチトマト	2パック
にんにく	1片
赤唐辛子	1本
白ワイン	1/2カップ
イタリアンパセリ	1パック
塩　オリーブ油	

作り方
❶鍋に湯3ℓをわかして塩大さじ2を入れ、スパゲティをいつもよりかためにゆでる。
❷プチトマトはヘタを除いて半分に切る。
❸にんにくはみじん切り、赤唐辛子は種を除いて小口切りにする。
❹鍋にオリーブ油大さじ3とにんにく、赤唐辛子を入れて炒める。香りが出たらプチトマトと凍ったままのあさり、ワインを入れて塩をし、あさりの口が開くまで火をとおす。
❺スパゲティがゆであがったらゆで汁をきって④に入れ、炒め汁を吸わせながら混ぜて塩味をととのえ、イタリアンパセリをちぎって散らす。

あさりと小松菜の辛子あえ

1人分　32kcal

材料（4人分）

冷凍したあさり（むき身）	100g
小松菜	1束（300g）
練り辛子	小さじ1〜2
酒　しょうゆ　塩	

作り方
❶あさりは凍ったまま容器に入れ、酒大さじ1をふって電子レンジで約1分30秒加熱する。
❷練り辛子をしょうゆ大さじ1、①の蒸し汁でのばし、あさりを加える。
❸多めの湯をわかして塩少量を入れ、小松菜をゆでる。水にとってさまし、水けを絞って3cm長さに切り、もう一度水けを絞ってほぐす。
❹ボウルに小松菜を入れ、②を加えてあえる。

魚介類　あさり

貧血予防に効果的な鉄、肝臓の機能を高めるビタミンB₁₂が多く含まれています。

CHAPTER ❶ 素材をそのまま冷凍

かき

さっとゆで、水けをふきとって冷凍

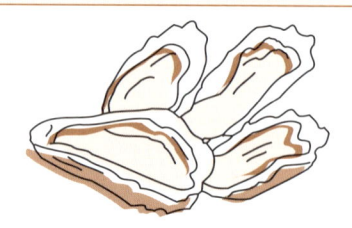

保存方法

塩水とともにパック詰めされているむき身はパックのまま保存。パックに入っていないものは洗わずにそのまま冷蔵室で保存します。この状態での保存期間は3〜4日程度です。

冷凍方法　　　　　　　　　　　　　　　　　　　保存期間の目安　1か月

❶かきをざるに入れて大根おろしをまぶしてかるくもみ、水で洗い流す。

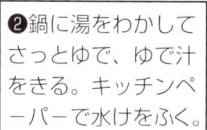

❷鍋に湯をわかしてさっとゆで、ゆで汁をきる。キッチンペーパーで水けをふく。

❸アルミトレイにかきを並べ、ラップをかぶせて冷凍室で凍らせる。

❹完全に凍ったらラップで包み、冷凍用の袋に入れて冷凍室に置く。

解凍方法

解凍する必要はありません。凍ったまま料理に使えます。そのためにも、必ず洗ってゆでてから凍らせてください。

かきの中華炒め

1人分　196kcal

材料（4人分）
冷凍したかき（むき身）	300g
しょうが汁	少量
ターサイ	300g
A スープ（または水）	大さじ1
甜麺醤	大さじ1
酒	大さじ1
しょうゆ	大さじ1
砂糖	小さじ1
サラダ油　塩　しょうゆ　酒	
こしょう　片栗粉	

作り方
❶かきはしょうが汁をかけて自然解凍し、水けをふく。
❷ターサイは3〜4cm長さのざく切りにする。
❸Aを混ぜ合わせておく。
❹油大さじ2を熱して塩小さじ1/2を加え、ターサイを強火で炒め、しょうゆと酒各大さじ1、こしょう少々をふり、ざるにあげる。
❺油大さじ2を熱し、かきに片栗粉をまぶして入れ、両面を焼きつけ、③を入れて炒め混ぜる。
❻器にターサイを敷いて⑤のかきを盛る。

かきのチャウダー

1人分　230kcal

材料（4人分）
冷凍したかき（むき身）	200g
白ワイン	大さじ2
ベイリーフ	1枚
固形スープ	2個
ベーコン	2枚
玉ねぎ	1個
にんじん	少量
じゃがいも	200g
牛乳	2カップ
バター　塩　こしょう　ナツメグ	

作り方
❶鍋に湯2カップ1/2をわかし、ワイン、ベイリーフ、固形スープを入れ、かきを凍ったまま入れる。沸騰したら火を止める。
❷ベーコン、玉ねぎは1cm角に、にんじんとじゃがいもは短冊に切る。
❸バター大さじ1でベーコンと玉ねぎを弱火でゆっくり炒め、にんじん、じゃがいもを加えてさらに炒める。
❹バターがなじんだら①のゆで汁をこして入れ、やわらかくなるまで煮、かき、牛乳を加えて塩、こしょう各少々で味をととのえる。

かき飯

1人分　531kcal

材料（4人分）
冷凍したかき（むき身）	250g
米	3カップ
昆布	15cm
油揚げ	2枚
A だし	1/2カップ
しょうゆ	大さじ1
砂糖	小さじ1
せり	1/2束
塩　酒	

作り方
❶米は洗って土鍋（または厚手の鍋）に入れ、水3カップと昆布を入れて30分以上おく。
❷油揚げはゆでて油抜きをし、縦長に半分に切って端から5mm幅に切る。Aを合わせて煮たて、油揚げを入れて煮汁がほとんどなくなるまで煮る。
❸かきはざるにあげてそのまま解凍する。
❹塩小さじ1、酒大さじ2を①に入れ、油揚げを煮汁ごと加えて火にかける。沸騰したらかきを加え、再び沸騰したら火を弱めて15分炊く。
❺せりを2cm長さに切り、ご飯に混ぜる。

魚介類　かき

ビタミン類を豊富に含む海のミルク。鉄や亜鉛などのミネラルも豊富で、肝臓の働きを助ける働きもあります。

CHAPTER ❶ 素材をそのまま冷凍

ほたて貝

水けをしっかりふきとって冷凍

保存方法

殻つきのものは、かるく触れただけで強く閉じるものが新鮮。貝柱は身が厚くて形がしっかりしていて、透明感のあるものを。殻つきはうすい塩水につけて冷蔵室に置けば2～3日もちます。殻からはずしたものは水けをふきとり、脱水シート、またはキッチンペーパーに包んでさらにラップで包み、冷蔵室で保存。3～4日が目安です。

冷凍方法

保存期間の目安　1か月

❶殻つきなら、貝柱の下に包丁を入れてはずし、ひもとわたなどをとって洗う。

❷キッチンペーパーで水けをしっかりふく。

❸アルミトレイに並べ、ラップをかぶせて凍らせる。

❹完全に凍ったらラップで包み、冷凍用の袋に入れ、冷凍室に置く。

解凍方法

冷蔵室に置いて自然解凍します。指で押してみて指のあとが残るくらいで半解凍、料理にはこの状態で使います。急ぐときはラップから出し、電子レンジで加熱して半解凍にします。

ほたて貝とチーズのフライ

1人分　401kcal

材料（4人分）
- 冷凍したほたて貝柱……… 12個
- プロセスチーズ（5mm厚さ）… 6枚
- 青じそ…………………… 12枚
- ┌ 小麦粉……………………適量
- │ 溶き卵……………………1個分
- └ パン粉……………………適量
- 塩　こしょう　サラダ油

作り方
❶貝柱は厚みを半分に切る。チーズは半分に切る。
❷貝柱2枚でチーズ1枚をはさんで塩、こしょう各少々をふり、青じそ1枚で包むようにする。残りも同様にする。
❸小麦粉、溶き卵、パン粉をつける。
❹フライパンに油を多めに入れて熱し、③の両面を揚げ焼きにしながら中まで火をとおす。

ほたてご飯

1人分　337kcal

材料（4人分）
- 冷凍したほたて貝柱……… 200g
- 米………………………… 2カップ
- だし……………………… 1カップ
- A ┌ 酒………………………大さじ2
- 　└ うす口しょうゆ………大さじ2
- 生しいたけ………………… 1パック
- しょうが…………………… 1かけ
- みつ葉……………………適量

作り方
❶米は洗って水きりし、炊飯器に入れる。
❷貝柱は半解凍にし、4つ割りにする。
❸だしとAを煮たて、貝柱を入れて沸騰後1分煮る。煮汁につけたままさめるまでおく。
❹しいたけは4つに切り、しょうがはせん切り。
❺③の煮汁をこして①に入れ、水を炊飯器の目盛りまで入れ、しいたけとしょうがを入れて炊く。
❻炊き上がったご飯に③の貝柱を混ぜ入れ、2cm長さに切ったみつ葉を散らす。

ほたて貝と甘夏のサラダ

1人分　104kcal

材料（4人分）
- 冷凍したほたて貝柱……… 200g
- A ┌ 白ワイン………………大さじ1/2
- 　│ 塩…………………………小さじ1/4
- 　└ こしょう…………………少々
- グリーンアスパラガス…… 100g
- うど………………………… 1/2本
- 甘夏………………………… 1個
- 粒マスタード………………大さじ1
- 塩　酢　こしょう　オリーブ油

作り方
❶貝柱は半解凍のときに熱湯にくぐらせて水にとり、水けをきって厚みを半分に切る。
❷Aを合わせ、貝柱をつけて味を含ませる。
❸アスパラガスは根元の部分の皮をむいて斜めの薄切りにする。①の湯に塩少量を入れ、アスパラガスを色よくゆで、ざるにあげてさます。
❹うどは4cm長さに切って皮を厚めにむき、短冊切りにして酢水にさらす。
❺甘夏は1房ずつにして薄皮をむき、半量は半分に割る。
❻残りの甘夏をつぶし、マスタード、塩小さじ1/3、こしょう少々、オリーブ油大さじ3を混ぜる。
❼②〜⑤を合わせて⑥であえる。

魚介類　ほたて貝

低脂肪なたんぱく源。アミノ酸、グルタミン酸などのうまみ成分が豊富です。

CHAPTER ❶ 素材をそのまま冷凍

えび

下処理してから冷凍、再冷凍もOK

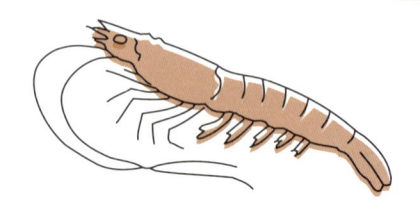

保存方法

殻つきならざっと洗い、背わたを抜いて水けをふき、ラップをかけて低温室に、むきえびならそのまま低温室に。2〜3日で食べきりましょう。冷凍品なら、凍った状態のうちに冷凍室に置きます。

冷凍方法

保存期間の目安　1か月

❶殻つきのものは水の中でよく洗い、背わたを除く。むきえびも背わたを除く。

❷鮮度が心配な場合は鍋に入れ、水と酒をふってさっとゆでる。

❸水けをふき、アルミトレイに並べてラップをかぶせ、冷凍室で凍らせる。

❹完全に凍ったらラップに包み、冷凍用の袋に入れて冷凍室に置く。

解凍方法

冷蔵室に置くか、室温に置いて自然解凍に。ポリ袋に入れ、しっかり封をして流水につけると早く解凍されます。いったん解凍してしまったえびを再冷凍しても、ほとんど味が変わりません。

えびの香り蒸し

1人分　146kcal

材料（4人分）
- 冷凍した大正えび……… 8～12尾
- にんにく………………………… 2片
- わけぎ………………………… 2～3本
- 招興酒………………………… 大さじ2
- 塩　こしょう　うす口しょうゆ
- サラダ油

作り方
1. えびは解凍し、殻つきのまま背に沿って切り目を入れ、1枚に開く。身のほうに斜め格子の切り目を入れて平らにし、身を上にして皿に放射状に並べ、塩、こしょう各少々をふる。
2. にんにくはみじん切りにし、わけぎは小口切りにする。
3. フライパンににんにくと油大さじ1/2を入れて火にかけ、焦がさないようにして香りを出す。
4. えびににんにくをのせ、招興酒をふって強火で5分蒸す。
5. フライパンで油大さじ2を熱する。
6. ボウルにわけぎを入れ、⑤の油をかける。えびの蒸し汁、うす口しょうゆを混ぜ、④にかける。

えびの四川風炒め

1人分　85kcal

材料（4人分）
- 冷凍した大正えび………… 150g
- 豆板醤………………………… 小さじ1
- しょうがのみじん切り…… 小さじ1
- A
  - トマトケチャップ…… 大さじ2
  - 酒、酢………… 各小さじ1
  - 砂糖………………… 小さじ1
- 長ねぎのみじん切り……… 大さじ2
- 塩　こしょう　酒　サラダ油

作り方
1. えびは半解凍にし、殻をむいて背わたをとり、水けをふく。塩、こしょう各少々、酒大さじ1をふって下味をつける。
2. Aを合わせて混ぜておく。
3. 中華鍋に油大さじ1を熱し、えびを入れて炒める。えびが赤くなったらとり出す。
4. あとの鍋で豆板醤としょうがを炒めて香りを出し、②を加え、えびをもどして強火で炒め合わせ、長ねぎを散らしてさっと混ぜる。

えびだんごのすまし汁

1人分　49kcal

材料（4人分）
- 冷凍した大正えび………… 100g
- しょうが……………… （小）1かけ
- A
  - 酒…………………… 大さじ1
  - 卵白………………… 1個分
  - 片栗粉………… 大さじ1と1/2
- だし……………………… 3カップ
- みつ葉………………………… 適量
- ゆずの皮……………………… 適量
- 酒　塩　うす口しょうゆ

作り方
1. えびは半解凍にして背わたをとり、殻をむいてざっと刻む。しょうがは薄切りにする。
2. フードプロセッサーかすり鉢でしょうが、えび、Aを混ぜる（すり鉢ならおろししょうがを使う）。
3. だしに酒大さじ2、塩小さじ1/2を入れて煮たて、②をひと口大に丸めて入れる。煮たったらアクをとり、ざく切りにしたみつ葉を入れ、うす口しょうゆで味をととのえる。
4. 汁椀に入れ、ゆずの皮を添える。

魚介類　えび

高たんぱくで低脂肪。殻にはキチンという成分が含まれ、整腸作用やコレステロールを低減する作用で注目されています。

CHAPTER ❶ 素材をそのまま冷凍

いか

冷凍・解凍がラク、再冷凍もできます

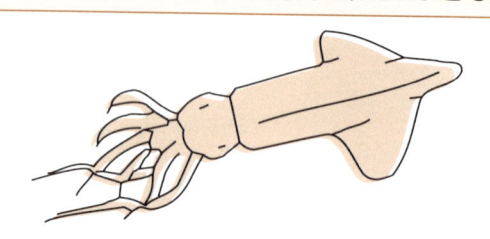

保存方法

胴の部分がふっくらとしてツヤがあり、透明感のあるものが新鮮。胴と足に分け、皮をむくなどの下処理をし、ラップで包んで冷蔵室か低温室に置いて保存します。この場合は4〜5日で食べきりましょう。

冷凍方法　　　　　　　　　　　　　　　　　保存期間の目安　1か月

足と腹わたを抜き、用途によって皮をつけたまま、または皮をむいて冷凍します。水分が少ないので冷凍、解凍による味の変化が少なく、いったん解凍したものをもう一度冷凍することもできます。

❶胴の内側に指を入れて胴から腹わたをはがし、足を引っ張って胴からはずす。

❷エンペラをはずし、そのまま下のほうに引いて皮を細く縦にはがす。

❸皮と身の間に指を押し入れ、はがした皮を手がかりにして全体の皮をはがす。

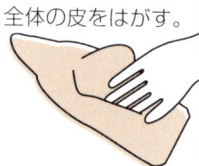

❹1枚に切り開き、水けをふいてラップで包み、冷凍する。

解凍方法

ラップに包んだまま冷蔵室に移し、自然解凍します。中心部が少しかための半解凍の状態が切りやすいようです。やわらかくなったら水けをキッチンペーパーなどでふきとってから下味をつけたり、ころもをつけたりします。

いかの韓国風あえもの

1人分　126kcal

材料（4人分）
- 冷凍したいかの胴……………1杯分
- 玉ねぎ………………………1/2個
- にんじん………………………6cm
- みつ葉…………………………1束
- A
  - すり白ごま……………大さじ1
  - コチュジャン…大さじ1と1/2
  - 砂糖……………………大さじ1
  - 酢………………………大さじ1
  - うす口しょうゆ……大さじ1/2
- 塩

作り方
❶いかは半解凍にし、包丁を寝かせて縦に1cm間隔に切り目を入れ、縦に3等分に切って横に細く切る。
❷玉ねぎは1cm幅のくし形に切り、にんじんは3cm長さの短冊切りに、みつ葉は3cm長さに切る。
❸鍋に湯をわかし、塩少量を入れてにんじん、玉ねぎを入れる。再び煮たったらいかを入れ、ひと混ぜしてすぐにざるにあげ、水けをきってさましておく。
❹Aを混ぜ合わせて③、みつ葉をあえる。

いかと里いもの煮つけ

1人分　168kcal

材料（4人分）
- 冷凍したいかの胴……………1杯分
- 里いも…………………………8個
- A
  - 砂糖……………………大さじ1
  - しょうゆ………………大さじ2
  - 酒………………………大さじ2
- だし………………………2カップ

作り方
❶いかは半解凍にし、縦半分に切って1cm幅に切る。
❷里いもは皮をむいて2cm幅の輪切りにする。
❸小鍋にAの砂糖、しょうゆ、酒を煮たてていかを入れ、色が変わる程度に煮て火を止める。
❹別の鍋にだし、里いもを入れて火にかける。煮たったら③の煮汁を加えて落としぶたをし、中火で20分ほど煮る。
❺煮汁が少なくなったら③のいかを加え、鍋をゆすりながら煮汁をからめる。

いかの鳴門巻き

1人分　81kcal

材料（4人分）
- 冷凍したいかの胴……………2杯分
- 青じそ…………………………4枚
- たらこ…………………………1腹
- プロセスチーズ（1cm角棒状）…2本
- のり…………………………1/4枚
- 酒　塩

作り方
❶いかは半解凍にし、包丁を寝かせ、皮めに縦に1cm間隔に切り目を入れ、酒大さじ1と1/2、塩小さじ1/2弱をふる。
❷切り目を入れたほうを外側にしてクルクルと巻き、ラップで包んで電子レンジで約2分加熱する。
❸切り目を入れたほうを下にして広げ、水けをふく。いか1枚には青じそとたらこ、もう1枚にはのりとチーズをのせ、手前からクルクルと巻く。巻き終わりを下にしてひと口大に切る。

魚介類　いか

低脂肪、高たんぱくの素材でビタミンEも豊富。コレステロールを下げるタウリンを含んでいます。

CHAPTER ❶ 素材をそのまま冷凍

たらこ、辛子明太子

ラップで包んで冷凍、自然解凍に

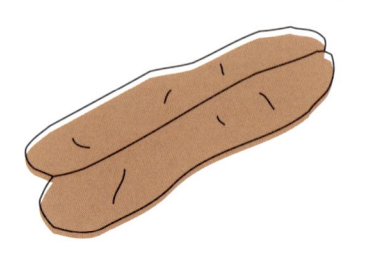

冷凍方法

たらこはすけとうだらの卵を塩漬けにしたもの、辛子明太子はそれを赤唐辛子粉などに漬けこんでいます。どちらも1腹または1/2腹ずつラップで包んで冷凍。冷蔵室に移して自然解凍します。そのまま温かいご飯などにのせて食べられます。

豚肉ときのこの明太子炒め

1人分　143kcal

材料（4人分）
- 冷凍した辛子明太子………1/2腹
- 豚薄切り肉………………100g
- 塩、こしょう……………各少々
- 酒……………………………大さじ1
- 片栗粉………………………大さじ1/2
- サラダ油……………………大さじ1/2
- 玉ねぎ………………………1/2個
- エリンギ……………………1パック
- えのきたけ…………………1袋
- みつ葉………………………1束
- 酒　サラダ油　しょうゆ

作り方
❶明太子は自然解凍する。皮めに縦の切り目を1本入れて開き、中身をしごき出して酒大さじ1を混ぜる。
❷豚肉は細く切り、塩、こしょう、酒を混ぜ、片栗粉をまぶして油をかけておく。
❸玉ねぎは薄切り、エリンギは細く切り、えのきたけは根元を切ってほぐす。みつ葉は3〜4cm長さに切る。
❹中華鍋に油大さじ1を入れ、油がぬるいうちに豚肉を入れ、ほぐしながら火をとおしてとり出す。
❺④に玉ねぎ、きのこ、みつ葉を加えて炒め、明太子を入れて炒める。きのこがしんなりしたら豚肉をもどして炒め、しょうゆ少量を混ぜる。

明太子のスープ

1人分　72kcal

材料（4人分）
- 冷凍した辛子明太子……………1腹
- あさり（むき身）………100ｇ
- ズッキーニ…………………1/2本
- 豆腐………………………………1/3丁
- 赤唐辛子………………………1～2本
- にんにく…………………………1/2片
- 固形スープ………………………1個
- 塩　酒　うす口しょうゆ　ごま油

作り方
① あさりは塩水で洗い、ざるにあげる。
② 耐熱容器にあさりを入れ、酒大さじ2をふってラップをし、電子レンジで1分30秒加熱し、ざるにとる。蒸し汁もとっておく。
③ ズッキーニは輪切り、豆腐は小袖切りにする。
④ 明太子は2cm幅に切る。赤唐辛子は種を除いてせん切り、にんにくはみじん切りにする。
⑤ 鍋に水3カップ1/2、②の蒸し汁、砕いた固形スープ、赤唐辛子、にんにく、明太子を入れて火にかけ、5～6分煮る。
⑥ ズッキーニと豆腐、あさりを⑤に加え、うす口しょうゆ少量で味をととのえ、ごま油少量をふる。

たらことわかめのスパゲティ

1人分　337kcal

材料（4人分）
- 冷凍したたらこ…………………2腹
- スパゲティ………………300ｇ
- 青じそ……………………………1束
- もどしたわかめ…………100ｇ
- 牛乳……………………1/2カップ
- バター……………………大さじ2
- 塩　酒　しょうゆ

作り方
① たらこは自然解凍する。
② 鍋にたっぷりの湯をわかして湯の1％の塩を入れ、スパゲティを入れてゆでる。
③ 青じそはせん切りにし、水にさらして絞る。
④ わかめはひと口大に切り、大きめのざるに入れておく。
⑤ たらこは縦に切り目を入れ、身をしごき出す。
⑥ ボウルにたらこを入れ、酒大さじ2を入れてほぐし、牛乳、バターを加えて混ぜる。
⑦ スパゲティがゆであがったら④のざるにあげる。
⑧ ⑥にスパゲティとわかめを加えて混ぜ、しょうゆ少量で味をととのえて青じそを混ぜる。

いかの明太子あえ

1人分　57kcal

材料（4人分）
- 冷凍した辛子明太子……………1腹
- 刺身用いか…………………1杯分
- 青じそ……………………………4枚
- 酒

作り方
① いかは細く切る。
② 明太子は自然解凍し、切り目を入れて中身をしごき出し、酒大さじ1を混ぜていかをあえる。
③ 器に青じそを敷いて②を盛る。

魚介類

たらこ

ビタミンB群、Eがたくさん含まれていますが、塩分が多いので食べすぎに注意してください。

CHAPTER ❶ 素材をそのまま冷凍

ご飯

温かいうちにラップで包み、さまして冷凍

保存方法

茶わんに入れてラップをかけるか、またはラップで包んで冷蔵室に。冷蔵室には必ずさめてから入れましょう。食べるときは、電子レンジで茶わん1杯（150g）につき、1分から1分30秒加熱。途中で1回、ご飯をほぐします。

冷凍方法　　　　　　　　　　　　　　　保存期間の目安　1か月

茶わんに1杯ずつの温かいご飯をラップに包んでさまし、冷凍用の袋に入れ、封をして冷凍室に。炊きこみご飯やおこわも同様に。乾燥させないように包装を二重にするのがポイントです。

❶ラップに茶わん1杯分の炊きたてご飯をのせて広げる。

❷湯気ごと包むつもりでラップでふんわり包む。

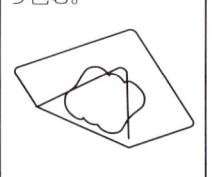

❸ふろしきを包む要領で包む。

❹さめてから冷凍用の袋に入れ、封をして冷凍室に置く。

解凍方法

ラップに包んだまま電子レンジで解凍・温めを。ご飯150gにつき3分の割合で加熱します。赤飯や炊きこみご飯も同様に。ぞうすいやおかゆには凍ったまま、熱湯に入れます。

中国風鶏がゆ

1人分　285kcal

材料（2人分）
- 冷凍したご飯………茶わんに2杯分
- 鶏むね肉……………………100g
- ┌ 長ねぎ……………………1/4本分
- └ しょうがの薄切り……1/4かけ分
- 固形スープ（チキン味）………1個
- ザーサイ…………………………適量
- 細ねぎの小口切り………………適量
- いり白ごま………………………適量
- 塩　しょうゆ　ごま油

作り方 ❶鍋に鶏肉、長ねぎ、しょうが、かぶるくらいの水を入れて火にかける。煮たったら弱火にし、アクをすくい取って10分ほど煮、そのまま さます。鶏肉をとり出して手で細く裂く。
❷①のゆで汁をこし、水を足して3カップにし、鍋にもどし、固形スープを入れて火にかける。煮たったら凍ったままのご飯を入れ、塩少々、しょうゆ少量で調味する。
❸器に入れて鶏肉をのせ、せん切りにしたザーサイ、細ねぎ、ごまを散らし、ごま油少量をふる。

うなぎ混ぜご飯

1人分　380kcal

材料（2人分）
- 冷凍したご飯………茶わんに2杯分
- うなぎの蒲焼き…………………1人分
- 卵…………………………………1個
- ┌ 蒲焼きのたれ……………………1袋
- │ しょうゆ………………大さじ1/2
- │ みりん…………………大さじ1/2
- └ 砂糖……………………小さじ1/2
- みつ葉……………………………適量
- 塩　砂糖　サラダ油

作り方 ❶うなぎの蒲焼きは縦半分に切り、1cm幅に切る。
❷卵は溶きほぐし、砂糖小さじ2、塩少々を混ぜ、油少量で薄焼き卵にし、細く切って錦糸卵にする。
❸小鍋に蒲焼きのたれ、しょうゆ、みりん、砂糖を合わせてたれを作る。
❹ご飯を電子レンジで約6分加熱してボウルに入れ、うなぎを混ぜ、ふたかラップをして蒸らす。③のたれとみつ葉（飾り用を少量残す）を混ぜて器に盛り、錦糸卵、みつ葉を飾る。

アスパラのリゾット

1人分　144kcal

材料（2人分）
- 冷凍したご飯………茶わんに2杯分
- グリーンアスパラガス………1/2束
- 玉ねぎ……………………（小）1個
- 固形スープ（チキン味）……1/2個
- おろしチーズ……………………適量
- バター　こしょう　塩

作り方 ❶アスパラガスは斜め1cm幅に切る。
❷玉ねぎはみじん切りにする。
❸バター大さじ1で玉ねぎを透きとおってくるまで炒め、アスパラガスを加えて炒める。
❹固形スープと水3/4カップを合わせてスープにし、③に加える。沸騰してから3〜4分煮、凍ったままのご飯を入れる。再び沸騰したらご飯をほぐし、こしょう少々をふって塩味をととのえる。
❺器に盛っておろしチーズをふる。

CHAPTER ❶ 素材をそのまま冷凍

もち

ついたもちは冷凍保存、凍ったまま使う

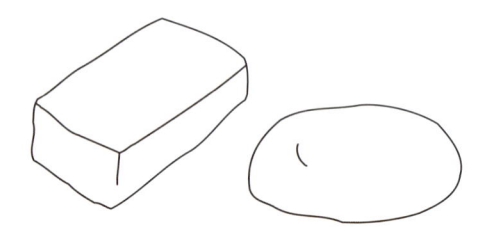

保存方法

市販の切りもちは無菌状態で1個ずつ包装されているので、そのままで1年はもちます。袋から出してしまったら、ついたもちと同様の保存を。1個ずつラップに包んで冷凍用の袋に入れ、冷蔵室で2週間、冷凍すれば6か月はもちます。

揚げもちのみぞれ煮

1人分　321kcal

材料（4人分）
- 冷凍したもち……………………8個
- しめじ…………………………1パック
- 長ねぎ……………………………1本
- みつ葉…………………………1/4束
- 大根……………1/2本（500g）
- A
  - だし……………………3カップ
  - 酒………………………大さじ2
  - 塩…………………小さじ1と1/2
  - うす口しょうゆ……………少量
- 片栗粉　揚げ油

作り方❶もちは半解凍にして半分に切り、片栗粉をまぶす。
❷揚げ油を170℃に熱し、もちを入れてカラリと揚げる。
❸しめじは石づきを切って小房に分ける。
❹長ねぎは斜め薄切り、みつ葉は3cm長さに切る。
❺大根はすりおろす。
❻鍋にAを入れて煮たて、揚げたもち、しめじ、長ねぎを入れる。再び煮たったらアクを除き、もちがやわらかくなったらみつ葉、大根おろしを加えてひと煮し、もう一度アクを除く。

もちピザ

1人分　442kcal

材料（4人分）

冷凍したもち	4個
ハム（薄切り）	4枚
ピーマン	1個
ピザソース	大さじ3
ピザ用チーズ	50g

作り方❶もちは厚みを半分に切ってから幅を半分に切り、水につけておく。
❷ハム、ピーマンは粗いみじん切りにする。
❸フライパンにバター大さじ1を入れて火にかけ、水けをきったもちを並べ、ふたをして片面を焼く。
❹こんがりと焼き色がついたら裏に返してピザソースを塗る。
❺ハムとピーマンを混ぜて④にのせ、チーズをのせてふたをし、チーズがとろけるまで焼く。

大根もち

1人分　335kcal

材料（4人分）

冷凍したもち	6個
豚薄切り肉	200g
大根	1/3本
大根の葉（茎の部分）	5㎝分
固形スープ（チキン味）	1個
けずり節	1袋（5g）
しょうゆ　サラダ油　こしょう	

作り方❶豚肉を細く切り、しょうゆ大さじ1を混ぜる。
❷大根は皮をむき、4～5㎝長さの短冊切りにする。大根の茎はさっとゆでて細かく刻む。
❸油少量で豚肉を炒め、大根を加えてさらに炒める。しんなりとしたら砕いた固形スープ、こしょう少々をふる。
❹もちは水につけておき、厚みを半分に切る。
❺炒めた材料を平らにならしてもちを凍ったまま並べ入れ、大根の茎を散らしてふたをし、もちがやわらかくなるまで蒸し焼きにする。
❻もちがすっかりやわらかくなったら火からおろし、けずり節をふる。
＊メモ　好みでしょうゆをふって食べます。

のり巻きチーズもち

1人分　401kcal

材料（1人分）

冷凍したもち	2個
とろけるタイプのチーズ	50g
のり	適量

作り方❶もちを水にくぐらせ、耐熱容器に入れ、薄く切ったチーズをのせる。ラップをかけ、電子レンジで約1分30秒加熱する。
❷チーズがとろけ、もちがやわらかくなったら木じゃくしで混ぜる。
❸②をひと口大にちぎって丸める。
❹のりを2～3㎝幅に切って③を巻き、熱いうちに食べる。

CHAPTER ❶ 素材をそのまま冷凍

ゆでうどん
包装のまま冷凍保存

冷凍方法
保存期間の目安　1か月

市販のゆでうどんは包装のまま冷凍します。乾めんをゆで、余ってしまったときは、ゆで汁をよくきって1食分ずつラップに包み、冷凍用の袋に入れて冷凍室に。煮汁には凍ったまま入れます。

鍋焼きうどん

1人分　426kcal

材料（1人分）
冷凍したゆでうどん………1人分
鶏もも肉……………………50g
かまぼこ（薄切り）………1～2枚
冷凍したしいたけ…………1枚
長ねぎ………………………5cm
卵……………………………1個
だし………………………1カップ1/4
┌ うす口しょうゆ…大さじ1と1/2
│ 酒……………………大さじ1
└ みりん………………大さじ1

作り方
❶鶏肉は2cm角に切り、長ねぎは1cm幅の斜め切りにする。
❷土鍋にだし、うす口しょうゆ、酒、みりんを入れて火にかけ、凍ったままのうどんを入れる。煮たったら鶏肉、しいたけを入れ、アクを除く。
❸うどんが温かくなったらかまぼこを入れてひと煮し、長ねぎを散らす。まん中に卵を割り入れてふたをし、火を止め、鍋の余熱を利用して半熟程度に火をとおす。

＊メモ①　好みでゆずの皮を薄くむきとって散らしたり、一味唐辛子をふるとよい。
＊メモ②　しいたけは冷凍しておいた含め煮を使ってもよく、作り方と冷凍方法は190ページにあります。

CHAPTER ❶ 素材をそのまま冷凍

中華めん
包装のまま冷凍保存

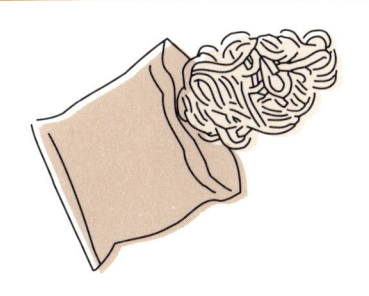

穀類 / めん類

冷凍方法　　保存期間の目安　1か月

生めん、蒸しめんともに冷凍できます。生めんは1食分ずつラップで包んで凍らせ、冷凍用の袋に入れて保存。凍ったままゆで汁に。蒸しめんは包装のまま冷凍用の袋に入れて冷凍室に。ざるに入れ、熱湯をまわしかけて使います。

ねぎそば

1人分　535kcal

材料（1人分）
- 冷凍した生めん……………1人分
- 添付のスープ………………1人分
- 豚薄切り肉…………………150g
- A ┌ しょうゆ……………少量
　　│ 酒………………………少量
　　└ サラダ油……………小さじ1
- 長ねぎ………………………1/2本
- 豆板醤………………………少量
- 香菜（あれば）……………適量
- 片栗粉　サラダ油

作り方
❶鍋にたっぷりの湯をわかす。
❷豚肉を細く切り、Aのしょうゆ、酒をもみこみ、片栗粉をまぶして油を混ぜる。
❸長ねぎは5cm長さのせん切りにする。
❹湯がわいたら生めんを凍ったまま入れ、箸でさばきながらゆでる。ゆであがるまでの間にどんぶりにゆで汁を入れ、どんぶりを温めておく。
❺油大さじ1で豆板醤を炒め、豚肉を加えてさらに炒める。豚肉がほぐれたら長ねぎを加え、添付のスープと分量の湯を入れてひと煮たちさせる。
❻めんがゆであがったらざるにあげてゆで汁をきる。❹のどんぶりに入れ、❺をかけて香菜を天盛りにする。

CHAPTER ❶ 素材をそのまま冷凍

パイ生地

アルミ箔で包み、冷凍用の袋に入れて冷凍

冷凍方法

保存期間の目安 2～3か月

下記の方法でパイ生地を作ってアルミ箔で包み、さらに冷凍用の袋に入れて冷凍します。冷蔵室に移して自然解凍し、ゆるんでから使います。冷凍品も市販されていて手軽にパイ作りを楽しめますが、手作りのおいしさは格別です。

パイ生地

全量で 2228kcal

材料（基本の量）
- 小麦粉……………………200g
- バター……………………200g
- 氷水………………大さじ5～6
- 強力粉

作り方
❶バターは1cm角に切り、冷蔵室に入れておく。
❷ボウルに冷やしておいた小麦粉、①のバターを入れ、スケッパーかナイフでバターを切りこみながらサラサラになるまで混ぜる。
❸氷水を加えてさらに混ぜ、ひとかたまりにする（ここまでフードプロセッサーを使うと手軽）。
❹ラップにとり出し、ひとまとめにして四角形にし、ラップで包んで冷蔵室に置き、30～60分寝かす。
❺のし台か、テーブルに強力粉をふり、④をのせて、めん棒で3～4mm厚さにのばし、3～4つ割りにする。この段階で冷凍する。

リトルミートパイ

1人分　256kcal

材料（8人分）
- 冷凍したパイ生地………基本の半量
- 牛ひき肉（赤身）…………２００ｇ
- 玉ねぎ………………………１個
- 赤ワイン………………………大さじ２
- トマトジュース……………１カップ
- A ┌ 固形スープ………………１個
　　│ しょうゆ…………………少量
　　└ ウスターソース…………少量
- 卵黄……………………………１個分
- サラダ油　塩　こしょう　香辛料
- 小麦粉

作り方
❶パイ生地を冷蔵室に移す。
❷玉ねぎはみじん切りにし、油大さじ１でよく炒める。うすく色づいたらひき肉を加えて炒める。ポロポロになったら小麦粉大さじ２をふり、ワイン、トマトジュース、Aを加えてゆっくり煮こむ。塩、こしょう、ナツメグなどの香辛料を好みで入れ、味をととのえて充分にさます。
❸パイ生地がゆるんだら強力粉をふった台にとり出して２～３ｍｍ厚さにのばし、１０ｃｍ角に切る。
❹生地の縁に１ｃｍ幅に卵黄を塗り、②を等分にのせて三角形か四角形に折り、生地が重なったところをフォークでおさえ、２～３か所に穴をあける。
❺天板に④を並べて表面に卵黄を塗り、２３０℃に熱したオーブンの下段で１０分焼き、色がついたら１７０℃にしてさらに１５分焼く。

穀類／パイ生地

ポテトとキャベツのキッシュ

1人分　207kcal

材料（タルト型１台・8人分）
- 冷凍したパイ生地………基本の半量
- じゃがいも（メークイン・小）３個
- キャベツ……………………４００ｇ
- ┌ 卵黄………………………２個分
　└ おろしチーズ……………大さじ３
- おろしチーズ…………大さじ２～３
- オリーブ油　バター

作り方
❶パイ生地は冷蔵庫に移して解凍し、タルト型よりひとまわり大きくのばし、型にはめる。はみ出た生地は縁の内側に折りこみ、底部をフォークでついて穴をあけ、アルミ箔を敷き、豆などの重しをのせて２００℃のオーブンで約２０分、から焼きにする。
❷じゃがいもは皮をむき、３ｍｍ厚さの輪切りにし、水にさらす。水けをきって耐熱容器に入れてふたをし、電子レンジで約５分加熱する。
❸キャベツは１ｃｍ幅に切り、オリーブ油大さじ１でしんなりするまで炒め、汁けをきってさます。卵黄とチーズを混ぜたものを加えてあえる。
❹①にキャベツを敷いてじゃがいもを並べ、おろしチーズをふってバター大さじ１を散らす。２００℃に熱したオーブンに入れ、３０～４０分焼く。

CHAPTER ❶ 素材をそのまま冷凍

野菜を冷凍する

ほとんどの野菜は加熱してから冷凍します。
加熱すると、多少のビタミンCやB群は失われますが、冷蔵庫に入れっぱなしにしておいた場合よりは損失量が少なくて済みます。

POINT
❶新鮮な材料を使う。
❷加熱してから冷凍する。
❸水分を減らしてから冷凍する。
❹充分にさましてから冷凍する。

① 新鮮な材料を使う

冷凍室は食品をリフレッシュさせる場所ではありません。ちょっと古くなったかなという野菜を、あわてて冷凍するのはバツ。新鮮で栄養価の高いうちに冷凍しましょう。

② 加熱してから冷凍する

生野菜は生きているので、解凍時に温度が上がると酸化酵素が働き、色が悪くなったりおいしさが半減します。加熱して酵素の働きを止めてから冷凍してください。

③ 水分を減らす

野菜は肉や魚に比べて水分が多く、細胞組織が粗いので、解凍すると水分が流れ出て、スカスカになりやすい性質があります。塩漬けにしたり、焼いたりしてから冷凍する方法もあります。

④ さましてから冷凍する

加熱した野菜は水にくぐらせるなどしてさまします。できれば氷水につけて冷やしてから冷凍室に入れるとなおよく、凍りはじめるまでの時間をできるだけ短くするのがポイントです。

生で冷凍できる野菜
生のまま冷凍できるのはトマトとやまいもです。大根はすりおろし、しょうがはすりおろすかみじん切りにすればOK。これらは組織がしっかりしていて低温でもあまり変化しません。

冷凍が難しい野菜
ごぼう、れんこん、たけのこのような繊維の多い野菜は、家庭での冷凍には不向きです。さつまいも、じゃがいもは解凍するとくずれてしまうのでゆでてつぶすか、揚げからて冷凍します。

葉野菜を冷凍する　　　　保存期間の目安　1か月

小松菜、ほうれんそう、モロヘイヤなど

POINT
❶たっぷりの湯でゆでる。
❷材料が絶えず湯につかっているようにする。
❸かためにゆでる（色が鮮やかになればよい）。

① たっぷりの沸騰した湯に塩少量を入れ、葉野菜を入れてさっとゆでる。

② ゆで汁をきり、冷水につけて手早くさます。ざるにあげて水けをきる。

③ 使いやすい長さに切り、もう一度水けを絞る。

④ ラップで包み、アルミトレイにのせて凍らせ、冷凍用の袋に入れて冷凍室に。

芽・花野菜を冷凍する　　　　保存期間の目安　1か月

アスパラガス、ブロッコリー・カリフラワーなど

POINT
❶たっぷりの湯でゆでる。
❷材料が絶えず湯につかっているようにする。
❸かためにゆでる（色が鮮やかになればよい）。

① たっぷりの湯でかためにゆでる。

② ざるにあげてゆで汁をきり、さます。

③ 金属製のバットかアルミトレイに並べ、ラップをかけて凍らせる。

④ 凍ったら冷凍用の袋に入れ、封をして冷凍室に置く。

■ 根菜、いも類を冷凍する
大根、ごぼうは215ページ、やまいもは126ページ、里いもは215ページにあります。
■ 実野菜を冷凍する
かぼちゃ、トマト、ピーマンなどは116ページ以降に、きゅうりとなすは215ページにあります。

CHAPTER ❶ 素材をそのまま冷凍

小松菜

かためにゆで、使いやすい長さに切って冷凍

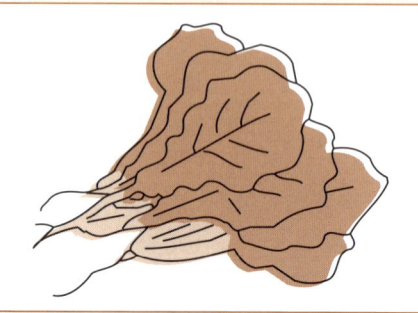

保存方法

乾燥させないことがポイント。濡らした新聞紙かキッチンペーパーに包み、さらにポリ袋をかぶせて野菜室に立てておきます。傷みやすいので2～3日以内に使いきりましょう。

小松菜と牛肉の炒めもの

1人分　322kcal

材料（4人分）

冷凍した小松菜	1/2束分（150g）
牛薄切り肉	200g
┌溶き卵	1個分
└片栗粉	大さじ1と1/2
長ねぎ	10cm
しょうが	1かけ
生しいたけ	1/2パック
A ┌スープ	大さじ2
┃オイスターソース	大さじ1
┃酒	大さじ1
┃しょうゆ	大さじ1/2
└砂糖	小さじ2
酒　しょうゆ　こしょう　サラダ油	

作り方
❶小松菜は電子レンジで約1分30秒加熱し、水けを絞る。
❷牛肉はひと口大に切り、酒大さじ1、しょうゆ小さじ1、こしょう少々を混ぜ、溶き卵を加えてもみこむ。卵をすっかり吸ったら片栗粉を混ぜ、油大さじ2をかけてかるく混ぜる。
❸長ねぎは縦半分に切って1cm幅の斜め切り、しょうがは薄切り、しいたけはそぎ切りにする。
❹Aを合わせて混ぜておく。
❺油大さじ1と長ねぎ、しょうがを合わせて温め、火を止める。牛肉を入れ、再び火をつけて炒め、肉が白っぽくなったらとり出す。
❻あとの油でしいたけ、小松菜をさっと炒め、❹を加える。煮たったら❺をもどして炒め合わせる。

小松菜のエスニック炒め

1人分　97kcal

材料（4人分）

冷凍した小松菜	1束分（300g）
長ねぎ	2本
赤唐辛子	1本
にんにく	1片
┌ 塩	少々
└ オイスターソース	大さじ1
サラダ油	

作り方 ❶小松菜は冷凍室から出しておく。
❷長ねぎは1cm幅の斜め薄切り、赤唐辛子は小口切り、にんにくはすりおろす。
❸油大さじ2～3で長ねぎをゆっくり、こんがり炒め、赤唐辛子、おろしにんにくを加える。香りが出たら塩、オイスターソースを加え、小松菜をほぐして入れ、全体を混ぜ合わせる。

小松菜と豚肉の煮びたし

1人分　55kcal

材料（4人分）

冷凍した小松菜	1束分（300g）
豚薄切り肉	100g
しょうが	1かけ
だし	1/4カップ
A ┌ しょうゆ	大さじ2弱
A │ 酒	大さじ1
A └ 砂糖	大さじ1

作り方 ❶小松菜は冷凍室から出しておく。
❷豚肉は1cm幅に、しょうがはせん切りにする。
❸小松菜がゆるんだらほぐしておく。
❹鍋にだしとAとしょうがを入れて煮たて、豚肉を入れる。豚肉の色が変わったら、小松菜を入れ、さらに3～4分煮る。

小松菜と油揚げの辛子あえ

1人分　55kcal

材料（4人分）

冷凍した小松菜	1束分（300g）
油揚げ	1枚
練り辛子	小さじ1
だし（または水）	大さじ1
┌ しょうゆ	大さじ2弱
└ みりん	大さじ1/2

作り方 ❶小松菜は電子レンジで約3分加熱し、水けを絞ってほぐしておく。
❷油揚げはオーブントースター、またはグリルでこんがり、パリッとなるまで焼き、縦長に半分に切ってから1cm幅に切る。
❸ボウルに練り辛子を入れてだしでのばし、しょうゆ、みりんを混ぜる。小松菜、油揚げを入れてあえ混ぜる。

野菜類

小松菜

カロテン、ビタミンC、鉄、カルシウムの含有量は野菜の中でもトップクラス。

CHAPTER ❶ 素材をそのまま冷凍

ほうれんそう

かためにゆで、使いやすい長さに切って冷凍

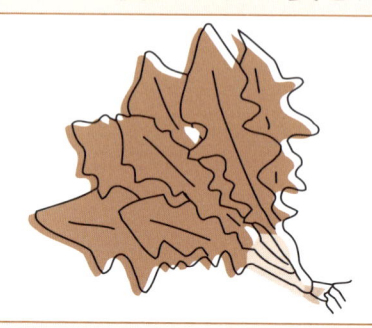

保存方法

全体を見て、葉の割合が多いものを。肉厚のほうが日もちがし、葉の切れこみが深いほうがやわらかめ。濡らした新聞紙かキッチンペーパーに包み、さらにポリ袋をかぶせて野菜室に立てた状態で保存します。3〜4日以内に食べきりましょう。

ほうれんそうとさけのグラタン

1人分 524kcal

材料（4人分）
- 冷凍したほうれんそう…1束分（300g）
- 生ざけ……………………4切れ
- A ┌ 塩………………小さじ1/2
　　├ こしょう……………少々
　　└ レモン汁……………少量
- 白ワイン…………………大さじ2
- ホワイトソース…………2カップ
- おろしチーズ……………大さじ3
- バター　サラダ油　小麦粉　塩　こしょう

＊ホワイトソースの作り方は184ページ参照。

作り方
❶ほうれんそうは冷凍室から出しておく。
❷さけは半分に切り、Aをふって10分おく。
❸フライパンに油大さじ1を入れて火にかけ、さけに小麦粉をうすくまぶして両面を焼く。白ワインをふり、ふたをして蒸し焼きにする。
❹フライパンにバター大さじ1を溶かし、ほうれんそう、塩とこしょう各少々、水大さじ1〜2を入れてソテーする。
❺容器に玉じゃくし1杯分のホワイトソースを敷き、ほうれんそうのソテーをのせて広げ、上に③のさけを並べる。その上に残りのホワイトソースをかけ、おろしチーズをふる。
❻200℃のオーブンで約10分焼く。

ほうれんそうの中華風サラダ

1人分　174kcal

材料（4人分）
- 冷凍したほうれんそう…1束分（300g）
- 豚薄切り肉……………………100g
- 卵………………………………1個
- トマト………………………（小）1個
- A
  - おろししょうが………小さじ1
  - しょうゆ………大さじ1と1/2
  - 酢、酒……………各大さじ1
  - ごま油………………大さじ1
  - 砂糖………………小さじ1
- 塩　砂糖　こしょう　サラダ油

作り方
① ほうれんそうは冷凍室から出しておく。
② 豚肉は細く切る。
③ 鍋に湯をわかし、塩少々を入れる。豚肉を入れてゆで、ほうれんそうを入れる。
④ ほうれんそうに火がとおったらざるにあげ、広げてさまし、水けを絞る。
⑤ 卵は塩少々、砂糖小さじ2を混ぜて電子レンジで2分加熱し、泡立て器でほぐしていり卵にする。
⑥ Aを混ぜ、豚肉、ほうれんそう、いり卵をあえ、器に盛る。
⑦ トマトを半月に切り、⑤の周囲に飾る。

ほうれんそうの巣ごもりココット

1人分　320kcal

材料（4人分）
- 冷凍したほうれんそう…1束分（300g）
- スモークサーモン…1パック分（100g）
- 牛乳……………………………1/2カップ
- A
  - バター、小麦粉……各大さじ2
  - 牛乳………………1/2カップ
  - 生クリーム…………1/2カップ
- 卵………………………………4個
- 塩　こしょう

作り方
① サーモンは牛乳をかけて少しおき、塩抜きをする。
② Aのバターでほうれんそうを炒めて塩、こしょう各少々をふる。小麦粉をふり入れてさらに炒め、牛乳、生クリームを加える。煮たったらスモークサーモンを入れ、塩、こしょうで味をととのえる。
③ 小さい耐熱容器4個に②を入れ、中央に卵を割り入れて電子レンジで器1個につき1分30秒加熱、またはオーブントースターで7～8分焼く。

ほうれんそうときのこのごま酢あえ

1人分　72kcal

材料（4人分）
- 冷凍したほうれんそう…1束分（300g）
- しめじ…………………1パック（100g）
- いり白ごま……………………大さじ3
- A
  - 酢……………………大さじ2
  - しょうゆ………大さじ2弱
  - うす口しょうゆ………大さじ1
- 酒

作り方
① ほうれんそうはラップのまま電子レンジで3分加熱し、水けを絞る。
② しめじは小房に分けて酒大さじ1をふり、電子レンジで約1分加熱する。
③ ごまは香ばしくいってすり、Aを混ぜる。
④ しめじを蒸し汁ごと③に混ぜ、食べる直前にほうれんそうを加えてあえる。

野菜類　ほうれんそう

カロテン、ビタミンC、鉄、カルシウムの宝庫、抗血栓作用も期待できます。

CHAPTER ❶ 素材をそのまま冷凍

モロヘイヤ

かためにゆでて冷凍、半ば凍っている状態で調理

保存方法

包装のまま野菜室に置きます。使いかけは、乾燥しないように新聞紙かキッチンペーパーで包み、さらにポリ袋に入れて野菜室に。3～4日以内に食べきりましょう。冷凍する場合は葉をむしってさっとゆで、水にとって絞り、ざく切りにします。

モロヘイヤのスープ

1人分　61kcal

材料（4人分）
- 冷凍したモロヘイヤ……100ｇ
- ベーコン……1～2枚
- にんにく……1片
- 固形スープ（チキン味）……1個
- レモン汁……小さじ1
- サラダ油

作り方 ❶モロヘイヤは冷凍室から出しておく。
❷ベーコンは細く切り、にんにくはみじん切りにする。
❸モロヘイヤが半解凍のときにみじん切り、またはフードプロセッサーにかける。
❹鍋に油大さじ1、にんにく、ベーコンを入れて炒める。香りが出たら水3カップ、砕いた固形スープを加える。
❺煮たったらモロヘイヤを加え、さらにひと煮たちさせてレモン汁をふる。

モロヘイヤのみそ汁

1人分　101kcal

材料（4人分）
- 冷凍したモロヘイヤ………100g
- 豚薄切り肉……………100g
- にんにく………………1片
- だしの素………………小さじ1
- サラダ油　みそ

作り方
❶豚肉は細く切る。
❷にんにくは薄く切る。
❸鍋に油小さじ1、②のにんにくを入れて弱火で炒める。
❹香りが出たらにんにくをとり出し、豚肉を入れて炒める。
❺豚肉が白っぽくなったら水3カップ、だしの素を入れて煮たて、浮いてくるアクをすくう。
❻みそ大さじ3を⑤の煮汁で溶く。
❼再び煮たったら凍ったままのモロヘイヤを加え、⑥のみそを加えてひと煮たちさせる。

モロヘイヤの納豆あえ

1人分　58kcal

材料（4人分）
- 冷凍したモロヘイヤ………100g
- 納豆……………2パック（100g）
- 練り辛子………………小さじ1
- けずり節………………1袋（5g）
- しょうゆ

作り方
❶モロヘイヤは電子レンジで約1分加熱し、1cm幅に切る。
❷納豆に練り辛子、しょうゆ大さじ1を混ぜ、モロヘイヤ、けずり節を加えてざっと混ぜ、味をととのえる。

モロヘイヤとちくわの辛子あえ

1人分　30kcal

材料（4人分）
- 冷凍したモロヘイヤ………100g
- ちくわ…………………1本
- しめじ…………1パック（100g）
- A ┌ 練り辛子……………大さじ1
-   │ しょうゆ………大さじ1と1/2
-   └ みりん……………大さじ1/2
- 酒

作り方
❶モロヘイヤはラップのまま電子レンジで約1分加熱し、3cm長さに切る。
❷ちくわは5mm厚さの小口切りにする。
❸しめじは小房に分けて酒大さじ1をふり、電子レンジで約1分加熱する。
❹Aを混ぜ合わせて①～③をあえる。

野菜類　モロヘイヤ

100gで1日の所要量をはるかに超えるカロテン、ビタミンC、カルシウム、鉄を含みます。

CHAPTER ❶ 素材をそのまま冷凍

アスパラガス

かためにゆで、さまして冷凍

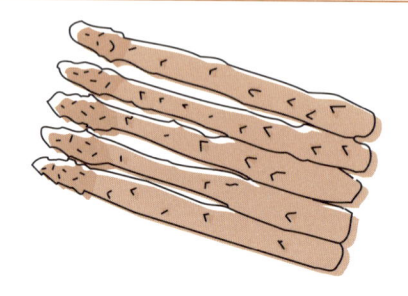

保存方法

穂先がしっかり締まり、茎の部分にハリとツヤのあるものを。ラップで包み、野菜室に立てて保存。横にすると、縦方向に立ちあがろうとし、そのぶん栄養を消耗するので要注意。新鮮なうちがおいしいので2～3日以内に食べきりましょう。

アスパラガスのガーリック炒め

1人分　84kcal

材料（4人分）

冷凍したアスパラガス	1束分
エリンギ	（大）1本
赤ピーマン	1個
にんにく	1片
アンチョビー	2枚
塩　オリーブ油	

作り方❶アスパラガスは電子レンジで約1分加熱し、3㎝長さに切る。
❷エリンギは長さを半分に切り、アスパラガスと同じくらいの太さに切る。
❸赤ピーマンは縦半分に切って種を除き、縦1㎝幅に切る。にんにくはみじん切りにする。
❹鍋に湯をわかして塩少々を入れ、エリンギ、赤ピーマンをさっとゆでてざるにあげる。
❺フライパンにオリーブ油大さじ2、にんにくを入れて炒める。香りが出たら火を止めてアンチョビーを入れ、ヘラでつぶす。
❻アンチョビーが細かくなったらアスパラガス、赤ピーマン、エリンギを加えて味をからめる。

アスパラガスの目玉焼きのせ

1人分 148kcal

材料（4人分）
- 冷凍したアスパラガス………1束分
- 卵……………………………4個
- おろしチーズ………………適量
- バター　塩　こしょう　オリーブ油

作り方
❶アスパラガスは凍ったまま、バター大さじ2で炒める。熱くなったら塩、こしょう各少々をふり、食べやすく切って器に盛る。
❷あとのフライパンにオリーブ油大さじ1を入れ、卵を1個ずつ割り入れる。縁がかたまってきたら水少量を入れてふたをし、半熟程度の目玉焼き4個を作る。アスパラガスの上にのせ、おろしチーズをたっぷりふる。

＊メモ　チーズはできればパルメザンチーズのおろしたてをかけて。卵の黄身をくずし、アスパラガスにからめながら食べます。

和風アスパラサラダ

1人分 95kcal

材料（4人分）
- 冷凍したアスパラガス………1束分
- にんじん……………………1本
- すり白ごま…………………大さじ2
- A ┌ マヨネーズ………………大さじ3
  ├ 酢…………………………大さじ1/2
  └ しょうゆ…………………小さじ1
- 塩

作り方
❶アスパラガスは冷凍室から出す。
❷にんじんは3～4cm長さの拍子木切りにする。
❸鍋に湯をわかして塩少々を入れ、にんじんを2～3分ゆでてアスパラガスを加え、さっとゆでる。ざるにあげ、アスパラガスは4cm長さに切る。
❹すりごまにAを混ぜてごまマヨネーズを作り、アスパラガスとにんじんをあえる。

アスパラ巻きの照り焼き

1人分 195kcal

材料（4人分）
- 冷凍したアスパラガス………2束分
- 牛もも肉（薄切り）………300g
- A ┌ 砂糖………………………大さじ2
  ├ しょうゆ…………………大さじ3
  └ みりん……………………大さじ1
- 甘酢しょうが………………適量
- 片栗粉　サラダ油

作り方
❶アスパラガスは電子レンジで約1分加熱する。
❷牛肉はアスパラガスの本数に合わせて分け、1枚に広げて片栗粉をふる。アスパラガスを穂先と根元を交互にのせて巻き、片栗粉をまぶす。
❸Aを混ぜ合わせる。
❹フライパンに油大さじ1を熱し、②を巻き終わりを下にして入れ、ころがしながら全体に焼き色をつける。
❺余分な油をふき、③の調味料を加えて煮、火を強めて煮汁をからめる。
❻食べやすく切って盛り、甘酢しょうがを添える。

野菜類　アスパラガス

カロテン、ビタミンB群、C、Eが多く、活力を高めるアスパラギン酸を含みます。

CHAPTER ❶ 素材をそのまま冷凍

ブロッコリー

かためにゆでて冷凍、凍ったまま調理する

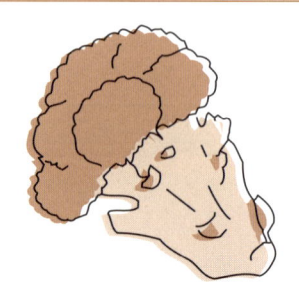

保存方法

つぼみが締まっていてこんもりと盛りあがり、密集しているものを。ポリ袋に入れ、しっかり封をして野菜室に。2〜3日以内、色が変わらないうちに食べきりましょう。茎の部分も皮をむいて薄切りか乱切りにし、青味として活用します。

ブロッコリーとかにのうま煮

1人分　113kcal

材料（4人分）

冷凍したブロッコリー	1株分
かに風味かまぼこ	4〜5本
卵	1個
長ねぎ	1/2本
しょうが	1かけ
固形スープ（チキン味）	1個
酒　片栗粉　塩　こしょう	
サラダ油	

作り方
❶ブロッコリーは冷凍室から出し、かに風味かまぼこはほぐしておく。
❷長ねぎは縦半分に切って1cm幅の斜め切りにする。しょうがはせん切りにする。
❸水1カップ1/4、固形スープ、酒大さじ1を合わせておく。
❹片栗粉小さじ1を水大さじ1で合わせる。
❺卵をほぐして塩、こしょう各少々を混ぜる。油大さじ1でいり卵にし、かに風味かまぼこ、しょうが、長ねぎ、③を加える。
❻煮たったらブロッコリーを加え、再び煮たったら④の水溶き片栗粉を混ぜ入れてとろみをつける。

ブロッコリーの中華風茶わん蒸し

1人分　154kcal

材料（4人分）

冷凍したブロッコリー……1/2株分
干ししいたけ…………………3枚
ハム……………………………4枚
卵………………………………3個
固形スープ（チキン味）………1個
A ┌あさりのむき身………100g
　│しょうが……………………1かけ
　└固形スープ（チキン味）…1個
ごま油　塩　サラダ油　酒
しょうゆ　片栗粉

作り方
❶しいたけは水でもどし、薄切りにしてごま油小さじ1で炒める。
❷ハムは5mm幅に切る。
❸大きめの鉢に①、②、ブロッコリーを入れる。
❹鍋に水2カップと固形スープを合わせ、ひと煮たちさせてさます。
❺ボウルに卵をほぐして④を混ぜ、こし器でこしながら③に流し入れる。
❻沸騰している蒸し器に⑤を入れ、初めは強火で3分、火を弱めて15〜20分蒸す。
❼この間にあんを作る。あさりはうすい塩水で洗い、しょうがはせん切りにする。油小さじ1でしょうがを炒め、あさり、酒大さじ2を入れて蒸し煮にし、水1カップ、砕いた固形スープ、しょうゆ小さじ1を入れる。煮たったら片栗粉大さじ1を水大さじ1で溶いて混ぜ入れ、とろみをつける。
❽蒸しあがった⑥に⑦のあんをかける。

野菜編
ブロッコリー

カロテン、ビタミンC、カルシウム、鉄が多く、食物繊維も含んでいます。

ブロッコリーのカレーシチュー

1人分　290kcal

材料（4人分）

冷凍したブロッコリー………1株分
鶏もも肉………………………1枚
玉ねぎ…………………………1個
にんにく………………………1片
赤唐辛子………………………1本
┌白ワイン………………1/4カップ
└固形スープ（チキン味）……1個
カレールウ（市販品）………4人分
牛乳……………………1カップ1/2
塩　こしょう　小麦粉　サラダ油

作り方
❶鶏肉はひと口大に切り、塩、こしょう各少々をふって小麦粉をまぶす。
❷玉ねぎは1cm幅のくし形に切り、にんにくは薄切り、赤唐辛子は種を除く。
❸鍋に油大さじ1、にんにく、赤唐辛子を入れて火にかける。香りが出てきたら玉ねぎ、鶏肉を炒める。
❹鶏肉の色が変わったら白ワインを入れてひと煮し、水1カップ、固形スープを加えて2〜3分煮、カレールウも加えて煮る。
❺仕上げに牛乳、凍ったままのブロッコリーを入れ、ブロッコリーが熱くなるまで煮る。
＊メモ　好みでしょうゆ、またはウスターソースを加えてもよいでしょう。

CHAPTER ❶ 素材をそのまま冷凍

かぼちゃ

電子レンジで加熱するか、蒸して冷凍

保存方法・冷凍方法

丸のままなら常温に、ゆうに2～3か月はもちます。切ったものは種の部分から傷みはじめるのでとり除いてラップをかけ、野菜室に置きます。使いやすい大きさに切っておくと便利。1週間以内に食べきりましょう。冷凍する場合は1個を4つ割りにして種の部分を除き、電子レンジで加熱し、さめてからひと口大に切って冷凍します。

かぼちゃのコロッケ

1人分 315kcal

材料（4人分）
- 冷凍したかぼちゃ………500g
- ハム……………………100g
- パセリ（みじん切り）…大さじ1/2
- 小麦粉……………………適量
- 卵…………………………1個
- パン粉…………………1カップ強
- 塩　こしょう　揚げ油

作り方 ❶かぼちゃはラップに包んだまま電子レンジで5分加熱し、温かいうちにつぶす。
❷ハムはみじん切りにする。
❸①のかぼちゃにハム、パセリを合わせ、塩小さじ1/2、こしょう少々を混ぜて8等分し、小判形など好みの形にする。
❹卵を溶きほぐす。
❺③に小麦粉をまぶして④の卵液にくぐらせ、パン粉をつける。揚げ油を170℃に熱して入れ、カラリと揚げる。
＊メモ　ハムの代わりにツナ、からいりしたひき肉を使ってもおいしい。

パンプキンスープ

1人分　134kcal

材料（4人分）
- 冷凍したかぼちゃ……………200g
- 玉ねぎ…………………………1/2個
- トマト（完熟）………………1/2個
- 固形スープ（チキン味）………1個
- 牛乳……………………………2カップ
- バター　塩　こしょう

作り方❶玉ねぎは薄切りにし、耐熱容器に入れる。バター大さじ1を加え、電子レンジで約3分加熱する。
❷トマトはヘタと種を除いてざく切りにする。
❸①にかぼちゃ、トマト、砕いた固形スープを入れてふたかラップをし、再び電子レンジで約5分加熱し、かぼちゃの皮とトマトの皮を除く。
❹③に塩、こしょう各少々を混ぜ、なめらかに仕上げたいときはミキサーにかける。
❺④に牛乳を混ぜて味をととのえる。
＊メモ　④の段階まで作って冷凍しておくと手早く作れます。牛乳を混ぜてから温めてもおいしい。

かぼちゃのサラダ

1人分　194kcal

材料（4人分）
- 冷凍したかぼちゃ……………400g
- ピクルス…………………………1本
- ゆで卵……………………………1個
- パセリのみじん切り（あれば）適量
- マヨネーズ…………………大さじ4
- 牛乳………………………大さじ1～2

作り方❶かぼちゃはラップに包んだまま電子レンジで約6分加熱して解凍する。
❷ピクルス、ゆで卵はみじん切りにする。
❸マヨネーズ、牛乳を混ぜ合わせ、①と②をあえる。あれば、パセリのみじん切りをふる。

かぼちゃのココナツミルク煮

1人分　97kcal

材料（4人分）
- 冷凍したかぼちゃ……………400g
- ココナツミルク……………1カップ
- 砂糖……………………………大さじ2

作り方❶鍋にココナツミルクと砂糖を入れて火にかける。
❷煮たったら凍ったままのかぼちゃを入れ、沸騰後7～8分煮る。

野菜類　かぼちゃ

カロテン、ビタミンC、E、カリウムが豊富。食べる量が多いので、ビタミンの供給源として優れています。

CHAPTER ❶ 素材をそのまま冷凍

トマト

丸のままか横半分に切って冷凍、加熱調理に

保存方法・冷凍方法

野菜室で保存する場合はヘタを上にして。他の食品をのせたりするとつぶれることがあるので注意してください。冷凍する場合はヘタをくり抜き、丸ごと冷凍室に。水洗いするだけで皮がむけます。または横半分に切って種を除いて冷凍。約1か月もちます。

冷製トマトサラダパスタ

1人分 410kcal

材料（4人分）

冷凍したトマト	2個
玉ねぎ	1/8個
A　オリーブ油	大さじ2〜3
塩	小さじ1
砂糖	小さじ1
スパゲティ（細いもの）	300g
レタス	2枚
ピーマン	1/2個
卵	2個
塩	

作り方 ❶トマトは凍ったまま水洗いして皮をむき、半解凍の状態でざく切り。玉ねぎもざく切りにする。
❷トマト、玉ねぎ、Aをミキサーにかける。
❸レタスは1cm幅に、ピーマンはせん切りにする。
❹卵は半熟よりややかためにゆでる（七ぶゆで）。
❺鍋に湯をわかして塩少量を入れ、スパゲティを入れてやわらかめにゆでる。
❻スパゲティがゆであがったら氷水にとって冷やし、水けをよくきる。レタス、ピーマンと混ぜて器に盛り、②をかけて半熟卵をのせる。

＊メモ　スパゲティはそうめんくらいの細いものを。代わりにそうめんでもおいしい。

鶏肉のトマトソース煮

1人分　429kcal

材料（4人分）
- 冷凍したトマト……………2個
- 鶏もも肉（ぶつ切り）……600g
- 玉ねぎ………………………1個
- にんにく……………………1片
- 白ワイン……………大さじ3〜4
- ┌固形スープ（チキン味）……1個
- └ブーケガルニ………………1束
- ミックスベジタブル………2カップ
- 塩　こしょう　小麦粉　サラダ油
- しょうゆ　ウスターソース

作り方
❶トマトは凍ったまま水洗いして皮をむき、半解凍の状態でざくざくに刻む。
❷鶏肉は水けをふき、塩小さじ1、こしょう少々をふって5〜10分おき、もう一度水けをふく。
❸ポリ袋に小麦粉大さじ2を入れ、鶏肉も入れて全体に小麦粉をまぶす。
❹玉ねぎ、にんにくはみじん切りにする。
❺鍋に油大さじ2を熱し、鶏肉を皮のほうを下にして入れ、両面をこんがり焼いてとり出す。
❻あとの鍋に玉ねぎ、にんにくを入れてよく炒め、鶏肉をもどし、ワインをふり入れ、ふたをして1〜2分蒸し煮にする。トマト、砕いた固形スープ、ブーケガルニを入れ、煮たったらアクをとり、ミックスベジタブルを加えて15分煮る。
❼しょうゆ、ウスターソース、塩、こしょう各少々で味をととのえる。

いり卵とトマトのスープ

1人分　87kcal

材料（4人分）
- 冷凍したトマト………………1個
- 卵………………………………2個
- もどしたわかめ……………20g
- 長ねぎ………………………少量
- 鶏ガラスープの素…………小さじ2
- サラダ油　酒　塩　こしょう

作り方
❶トマトは凍ったまま水洗いして皮をむき、半解凍の状態でざく切りにする。
❷わかめは水でもどしてひと口大に切り、長ねぎは縦半分に切ってから斜めに細く切る。
❸鍋に油大さじ1を熱し、溶きほぐした卵を流し入れてふんわりとしたいり卵にし、水3カップ、鶏ガラスープの素、酒大さじ1〜2を加える。煮たったらアクを取り、わかめ、トマトを加えてひと煮し、塩、こしょう各少々で味をととのえ、長ねぎを散らす。

野菜類

トマト

ビタミンはCのほか、毛細血管を丈夫にするPが多く、免疫力を高める色素のリコピンが豊富です。

CHAPTER ❶ 素材をそのまま冷凍

オクラ、ピーマン
さっとゆでて冷凍する

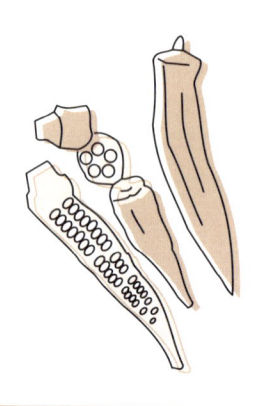

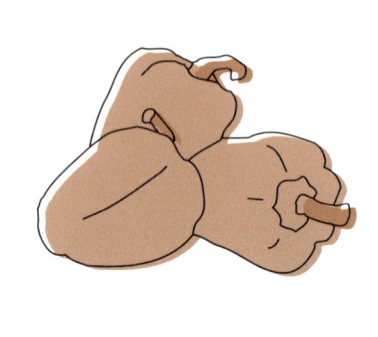

保存方法・冷凍方法

オクラは黒ずみがなく、ピーマンはハリがあって瑞々しいものを。両方ともラップで包んで野菜室に。冷凍する場合はオクラは塩をすりこんでゆで、ピーマンは縦半分に切って種を除き、かためにゆでて冷凍用の袋に。1か月はもちます。

オクラとうなぎのとろろあえ

1人分　111kcal

材料（4人分）

冷凍したオクラ	1パック分
うなぎの蒲焼き	1尾分
梅干し	2個
青じそ	1束
長いも	200g

作り方❶オクラは電子レンジで温めるか、またはさっと熱湯にとおし、小口切りにする。
❷うなぎは電子レンジかオーブントースターで温め、ひと口大に切る。
❸梅干しは種を除いて細かく刻み、青じそは縦半分に切ってせん切りにする。
❹長いもは皮をむき、ポリ袋に入れてめん棒などでたたきつぶす。
❺長いもに①～③を加えてざっと混ぜる。

オクラの豆乳冷や汁

1人分 83kcal

材料（4人分）
- 冷凍したオクラ……………1パック分
- トマト……………………………1個
- しょうが………………………1/3かけ
- 豆乳………………………………2カップ
- めんつゆ（濃縮タイプ）…小さじ4
- 塩

作り方 ❶オクラは電子レンジで温めるか、またはさっと熱湯にくぐらせ、小口切りにして塩少々をふる。
❷トマトは横半分に切って種の部分を除き、1cm角に切って塩少々をふる。
❸しょうがはすりおろして絞り汁小さじ1をとる。
❹豆乳にめんつゆ、トマト、しょうが汁を混ぜて味をととのえ、オクラを混ぜる。

ピーマンともやしのナムル

1人分 62kcal

材料（4人分）
- 冷凍したピーマン………………5個
- もやし……………………………150g
- ┌ いり白ごま…………………大さじ1
- │ ごま油………………………大さじ1
- └ しょうゆ……………………小さじ1
- 塩　こしょう

作り方 ❶ピーマンは凍ったまま横に5mm幅に切る。
❷もやしは洗って水けをきる。
❸耐熱容器にもやしを入れ、ピーマンをのせる。塩小さじ1/4、こしょう少々をふり、ラップをかけて電子レンジで約2分30秒加熱し、水けをきる。
❹ごまは半ずりにしてごま油、しょうゆを混ぜ、もやしとピーマンをあえる。

ピーマンのみそ煮

1人分 132kcal

材料（4人分）
- 冷凍したピーマン………………5個
- 豚薄切り肉………………………100g
- ┌ 酒……………………………大さじ1
- A │ 砂糖…………………………大さじ1
- └ しょうゆ……………………大さじ1/2
- ┌ みそ…………………………大さじ1と1/2
- └ みりん………………………大さじ1
- サラダ油

作り方 ❶ピーマンは凍ったままひと口大に切る。
❷豚肉もひと口大に切る。
❸鍋に油大さじ1を熱し、豚肉を炒める。色が変わったらピーマンを加えてさっと炒め、Aの調味料を入れて2〜3分煮る。
❹みそをみりんで溶いて③に加え、味がなじむまで煮る。

野菜類　オクラなど

オクラに特有のネバネバの成分は食物繊維で、便秘、生活習慣病を予防。ピーマンはビタミンCが豊富です。

CHAPTER ❶ 素材をそのまま冷凍

にがうり、ズッキーニ
大きめに切り、ゆでたり炒めたりしてから冷凍

保存方法・冷凍方法

にがうり、ズッキーニとも使いかけは切り口をラップでおおって野菜室に。にがうりは半分に割り、種の部分をすくいとって大きめに切り、ゆでるか焼いて冷凍。ズッキーニは薄切りにしてかためにゆでてからラップに包んで冷凍。保存期間は約1か月。

ゴーヤチャンプルー

1人分　291kcal

材料（4人分）

冷凍したにがうり	1本分
木綿豆腐	1丁
豚バラ薄切り肉	100g
卵	2個
けずり節	10g
塩　サラダ油　しょうゆ	

作り方

❶豆腐はひと口大に切り、キッチンペーパーを広げたざるに並べ、塩小さじ1/4をふって水きりをする。

❷にがうりは冷凍室から出し、少しゆるんだところで薄切りにする。

❸豚肉は3cm幅に切る。卵は溶きほぐす。

❹油（ごま油でもよい）大さじ2を熱して豆腐をこんがりと炒め、いったんとり出す。

❺あとの油で豚肉を炒め、にがうりを加えて炒め、塩少々をふる。油がなじんだら豆腐をもどして溶き卵を流し入れ、しょうゆ大さじ1を鍋肌から入れて全体を炒め混ぜ、けずり節をふる。

にがうりのみそ炒め

1人分　171kcal

材料（4人分）
- 冷凍したにがうり……………1本分
- にんじん………………………1/2本
- 豚薄切り肉……………………150g
- しょうが………………………1かけ
- A ┌ みそ……………大さじ1と1/2
　　├ 砂糖……………………大さじ1/2
　　└ しょうゆ………………小さじ1
- サラダ油

作り方
❶にがうりは冷凍室から出し、半解凍の状態で5mm幅の薄切りにする。
❷にんじんは3〜4cm長さの短冊切り、豚肉は細く切り、しょうがはせん切りにする。
❸Aを合わせて混ぜておく。
❹フライパンに油大さじ1としょうがを入れて火にかける。香りが出たら豚肉を炒める。
❺豚肉の色が変わったらにんじん、にがうりを加えて炒め、③を入れて炒め合わせる。

ズッキーニと牛肉の炒めもの

1人分　216kcal

材料（4人分）
- 冷凍したズッキーニ…………200g
- 牛薄切り肉……………………150g
- しょうが………………………少量
- にんにく………………………少量
- ┌ 砂糖……………………小さじ1/2
- └ しょうゆ………………大さじ1
- 赤唐辛子………………………1本
- アミの塩辛……………………小さじ1
- ごま油　サラダ油

作り方
❶ズッキーニは半解凍で薄切り、しょうがとにんにくはすりおろす。
❷牛肉はひと口大に切り、砂糖、しょうゆ、おろししょうがとにんにくをもみこむ。
❸赤唐辛子は種を除き、細切りにする。
❹②の牛肉にごま油小さじ1を混ぜる。
❺フライパンに油大さじ2、赤唐辛子を入れて火にかける。油が熱くなったら牛肉を手早く炒め、ズッキーニを入れて炒め合わせ、アミの塩辛を加えて炒め合わせる。

ズッキーニのオムレツ

1人分　282kcal

材料（4人分）
- 冷凍したズッキーニ…………400g
- 卵………………………………6個
- トマト（完熟）………………1個
- にんにく………………………1片
- 塩　こしょう　オリーブ油

作り方
❶ズッキーニは半解凍で薄切りにする。
❷卵は溶きほぐし、塩、こしょう各少々を混ぜる。
❸トマトは横半分に切って種の部分を除き、1cm角に切る。
❹にんにくはたたきつぶす。
❺フライパンにオリーブ油大さじ3、にんにくを入れて火にかける。香りが出たらズッキーニを加えて温める程度に炒め、にんにくをとり出す。塩少々をふり、トマトを加えてざっと炒める。
❻②の卵を流し入れ、混ぜながら半熟程度に火をとおし、ふたをしてかるく焼き、裏に返してさっと焼く。

野菜類　にがうりなど

にがうりはビタミンC、カリウムが豊富、ズッキーニはカリウムを多めに含みます。

CHAPTER ❶ 素 材 を そ の ま ま 冷 凍

さやいんげん、さやえんどう

かためにゆでて冷凍、凍ったまま料理

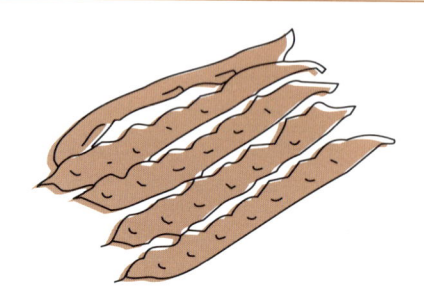

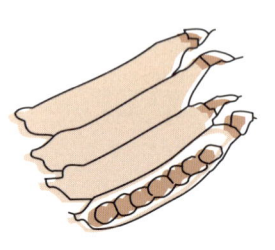

保存方法・冷凍方法

ラップでしっかり包んで野菜室に。さやの端が黒ずむ前に使いきりましょう。冷凍するときは塩少量を入れた熱湯でかためにゆでる。ざるにあげてゆで汁をきり、食べやすく切り、ラップに包んで冷凍室に。保存期間の目安は約1か月です。

いんげんの明太子炒め

1人分　111kcal

材料（4人分）

冷凍したさやいんげん……200g
玉ねぎ……………………1/2個
豚薄切り肉………………100g
A ┌ 塩、こしょう…………各少々
　│ 酒………………………大さじ1
　└ 片栗粉…………………大さじ1/2
辛子明太子………1/2腹（50g）
サラダ油　酒　しょうゆ

作り方
❶さやいんげんは冷凍室から出しておく。
❷玉ねぎは1cm幅のくし形に切る。
❸豚肉は細く切り、Aの塩、こしょう、酒を混ぜ、片栗粉をまぶし、油大さじ1/2を混ぜる。
❹明太子は身をしごき出し、酒大さじ1を混ぜる。
❺フライパンを熱して油大さじ1を入れ、油がぬるいうちに豚肉を入れてほぐす。ほぐれたら強火にし、①、②を入れて炒め、水大さじ2を加える。さやいんげんが温まったら明太子を加えて炒め煮にする。
❻しょうゆを鍋肌から入れて大きく炒め混ぜる。
＊メモ　明太子の塩味によってしょうゆの量を加減してください。

いんげんのごまよごし

1人分 44kcal

材料（4人分）
- 冷凍したさやいんげん……100g
- いり黒ごま……………………大さじ2
- だし……………………………大さじ1
- しょうゆ　砂糖　みりん

作り方 ❶さやいんげんはラップのまま電子レンジで3〜4分加熱するか、またはさっとゆでてゆで汁をきる。
❷黒ごまはよくすり、だし、しょうゆ大さじ1と1/2、砂糖大さじ1/2、みりん小さじ1を加えて混ぜ、さやいんげんをあえる。

さやえんどうと鶏肉の卵とじ

1人分 264kcal

材料（4人分）
- 冷凍したさやえんどう……100g
- 鶏もも肉…………………………1枚
- 生しいたけ……………………1パック
- にんじん…………………………3cm
- 卵…………………………………3個
- だし……………………………1/2カップ
- A ┌ 砂糖……………………大さじ1と1/2
　 │ 酒………………………大さじ1と1/2
　 └ うす口しょうゆ…大さじ1と1/2
- 片栗粉

作り方 ❶鶏肉は1cm角に切る。
❷しいたけは石づきを切ってひと口大にそぎ切り、にんじんは3cm長さの短冊切りにする。
❸卵を溶きほぐし、片栗粉大さじ1を水大さじ1で溶いて卵に混ぜ入れる。
❹鍋にだし、Aの調味料を入れて火にかける。煮たったら鶏肉を入れてひと煮し、しいたけ、にんじんを加える。再び煮たったら火を弱めて10分煮、さやえんどうを凍ったまま入れ、強火にする。
❺煮汁が少なくなったら③の卵液を流し入れ、ヘラで混ぜながら半熟程度に火をとおす。

さやえんどうと牛肉の炒めもの

1人分 231kcal

材料（4人分）
- 冷凍したさやえんどう……100g
- 牛薄切り肉……………………200g
- 溶き卵…………………………1/2個
- しょうが………………………1かけ
- 長ねぎ…………………………10cm
- 豆板醤…………………………小さじ1/2
- A ┌ スープ…………………大さじ2
　 │ オイスターソース……大さじ1
　 │ 酒………………………大さじ1
　 │ しょうゆ………………大さじ1/2
　 └ 砂糖……………………小さじ2
- しょうゆ　酒　こしょう　片栗粉
- サラダ油

作り方 ❶牛肉はひと口大に切り、しょうゆ小さじ1、酒大さじ1、こしょう少々を混ぜ、溶き卵を入れてもみこむ。卵液をすっかり吸いこんだら片栗粉大さじ1と1/2を混ぜ、油大さじ1をかけて混ぜる。
❷しょうがは薄切り、長ねぎは縦半分に切って1cm幅の斜め切りにする。
❸Aを合わせて混ぜる。
❹油大さじ1を熱していったん火を止め、豆板醤、長ねぎ、しょうがを炒める。香りが出たら再び火にかけて①の牛肉を炒め、さやえんどうを凍ったまま入れてさらに炒める。油がなじんだら③の合わせ調味料を加えて炒め合わせる。

野菜類　さや豆類

さやいんげん、さやえんどうはともにはカロテン、ビタミンB群、Cが多く、食物繊維も豊富です。

CHAPTER❶ 素材をそのまま冷凍

やまいも

薄く切って、またはすりおろして冷凍

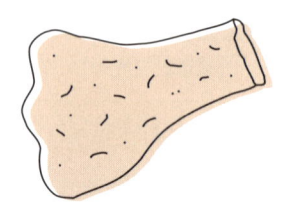

保存方法

皮をつけたままおがくずの中に入れるか、新聞紙に包み、直射日光のあたらない涼しいところに置きます。密封した状態で売っているものは、冷蔵室に。2〜3週間はもちます。切ったものはラップに包んで野菜室に置きますが、1週間以内に食べきります。

冷凍方法　　　　　　　　　　　　　　　保存期間の目安　1か月

長いも、やまといも、つくねいもともに冷凍に向きます。薄く切るか、せん切りにすれば冷凍できます。すりおろす場合はポリ袋に直接すり入れると手軽。薄くのばして凍らせ、必要なぶんずつ折りとって使います。

❶水けをよくふき取り、おろし器かすり鉢ですりおろす。

❷冷凍用ポリ袋に入れ、1cm程度の薄いシート状にのばす。

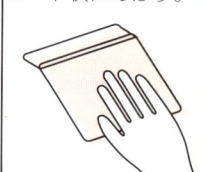

❸封をしてアルミトレイにのせ、冷凍室で凍らせる。

＊メモ　すりおろしたやまいもはお好み焼きの生地に入れたり、のりで巻いて揚げてもおいしい。

解凍方法

室温にしばらくおき、ゆるんだら半ば凍った状態で切ります。すりおろしたものも室温に置き、半解凍の状態で調理。急ぐときはポリ袋に入れたまま電子レンジの解凍キーで解凍します。

長いもとチンゲンサイのにんにく炒め　1人分　68kcal

材料（4人分）

薄切りにして冷凍した長いも　200g
チンゲンサイ　2株
にんにくのみじん切り　1片分
赤唐辛子の小口切り　1本分
鶏ガラスープ　1/4カップ
ナンプラー　少量
ごま油　塩　片栗粉

作り方
❶長いもは半解凍にしてせん切りにする。
❷チンゲンサイの葉はざく切り、軸は4つに切る。
❸ごま油大さじ1ににんにく、赤唐辛子を入れて火にかける。香りが出たらチンゲンサイの軸を入れてさっと炒め、スープを加えてひと煮する。長いもとチンゲンサイの葉を入れ、ナンプラーを入れて混ぜ、長いものシャキシャキ感を生かすように手早くいためる。

まぐろの山かけ　1人分　121kcal

材料（4人分）

おろして冷凍したやまといも　200g
まぐろ（赤身）　150g
┌うす口しょうゆ　大さじ2
└はちみつ　大さじ1
あさつき　3〜4本
おろしわさび　少量
塩　しょうゆ

作り方
❶うす口しょうゆとはちみつを合わせ、5cm角に切ったまぐろをつけておく。
❷やまといもは自然解凍にし、塩小さじ1/4を混ぜる。
❸まぐろの汁けをかるくきって②のやまといもであえ、小口切りにしたあさつきを混ぜる。
❹器に盛ってわさびを添える。食べるときにしょうゆをかける。

やまいもだんごの落とし汁　1人分　213kcal

材料（4人分）

おろして冷凍したやまといも　200g
┌片栗粉　大さじ2
└細ねぎの小口切り　2〜3本分
鶏もも肉　1/2枚
ごぼう　50g
にんじん　50g
えのきたけ　1袋
だし　4カップ
サラダ油　酒　塩　うす口しょうゆ

作り方
❶鶏肉はひと口大に切り、ごぼうはささがきにして水につける。にんじんはせん切り、えのきたけは長さを3つに切る。
❷やまといもは自然解凍し、片栗粉、細ねぎを混ぜる。
❸鍋に油大さじ1を熱し、鶏肉を炒める。色が変わったらごぼう、にんじんを炒め、だし、酒大さじ2、塩小さじ2を加える。
❹煮たったらアクをとり、やまといもを箸でつまみながら入れて2〜3分煮る。えのきたけを入れてひと煮し、うす口しょうゆで味をととのえる。

野菜編　やまいも

でんぷんの消化を助ける酵素、アミラーゼやジアスターゼ、胃壁などの粘膜の傷を修復するムチンを含みます。

きのこを冷凍する

濡れていると傷みやすいので、湿りけのない鮮度の高いものを選んでください。冷蔵室に置いてもあまり日もちしないので、冷凍がおすすめ。冷凍、解凍するとしんなりとなりますが、うまみは増えます。煮たり、炒めたりする料理には大丈夫。凍ったまま煮汁などに入れる場合もあります。きのこの保存方法としては、日に干して乾燥させることもあります。

POINT
❶新鮮な材料を使う。
❷石づきなど食べられない部分を除く。
❸生のまま冷凍する。
❹冷凍用の袋に入れ、乾燥させない。

生しいたけを冷凍する　　　　　　保存期間の目安　1か月

石づきを切り落とし、カサの内側を上にして乾燥させないようにして冷凍します。さっと焼いてから、炒めてから、ゆでてから冷凍する方法もあり、加熱してから冷凍したほうが長もちします。

＜冷凍方法＞

❶石づきを切り落とし、カサの上をかるくたたいて汚れを落とす。

❷汚れが多いようなら、濡らしてかたく絞ったふきんでふく。

❸冷凍用の袋に入れて封をし、冷凍室に置く。

＊メモ　しいたけを冷蔵庫で保存する場合は胞子が落ちないように、カサの内側を上にしてトレイに並べ、ラップをかけます。

しめじ、舞たけを冷凍する　　保存期間の目安　1か月

小房に分けて冷凍します。ひだの間などにおがくずが入っていることがあるので、きのこ同士をかるく打ちつけるようにして落として冷凍。濡らさないようにするのがポイントです。

＜冷凍方法＞

❶半分に分け、きのこ同士をかるく打ち合わせておがくずを落とす。

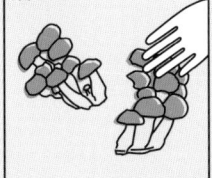

❷しめじは1～3本ずつの小房に分け、石づきを切り落とす。

❸冷凍用ポリ袋に入れて封をし、冷凍室に置く。

＊メモ　舞たけの場合も同様に、小分けにし、冷凍用の袋に入れて冷凍します。えのきたけは根元を切り、冷凍用の袋に入れて冷凍します。

エリンギ、マッシュルームを冷凍する　　保存期間の目安　1か月

厚みがあるので薄切りにし、早く凍るようにするのがポイント。縦半分に割り、かるく焼く、または炒めてから冷凍する方法もあり、このほうが解凍後の味落ちが少なく、おいしいようです。

＜冷凍方法＞

❶乾いたふきんかキッチンペーパーで表面をかるくふく。

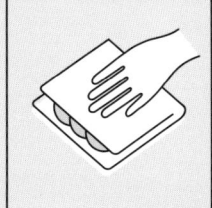

❷薄切りにするなど、使いやすい大きさに切る。

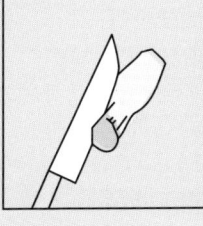

❸冷凍用の袋に入れて封をし、冷凍室に置く。

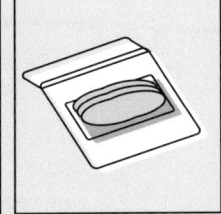

＊メモ　マッシュルームの場合は石づきを切り落とし、薄切りにします。色が変わりやすいのでレモン汁をかけてから冷凍用の袋に入れて冷凍室に置きます。

CHAPTER ❶ 素材をそのまま冷凍

しいたけ
石づきを切って冷凍、自然解凍する

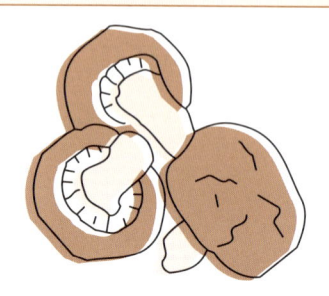

保存方法

肉厚で軸がしっかりとして白いものを。濡らさないことが保存のポイントで、カサの内側を上向きにして室温に置き、自然に乾燥させます。カサの内側を下にすると胞子が落ち、すぐにしぼんでしまうので注意を。3～4日で使いきりましょう。

しいたけのかのこ揚げ

1人分　277kcal

材料（4人分）
- 冷凍した生しいたけ……2パック分
- むきえび……………………150g
- 長ねぎ………………………1/2本
- しょうが……………………1かけ
- 豚ひき肉……………………150g
- 卵………………………(小)1個
- 片栗粉　塩　しょうゆ　揚げ油

作り方
❶しいたけは自然解凍し、キッチンペーパーではさんで水けをとり、5mm角に切る。バットに広げ、片栗粉大さじ2をまぶす。
❷えびは背わたがついていたらとり除き、粗みじんに切る。
❸長ねぎ、しょうがはみじん切りにする。
❹ボウルにひき肉、えび、長ねぎ、しょうがを入れ、卵を割り入れ、塩小さじ3/4、しょうゆ小さじ1、片栗粉大さじ2を加えて粘りが出るまでよく混ぜる。
❺④をスプーンでひと口分ずつすくって丸め、しいたけで包むようにしてまとめる。
❻揚げ油を170℃に熱し、⑤を1個ずつ入れて中まで火がとおるように揚げる。

きのこのスパゲッティ

1人分　334kcal

材料（4人分）
- 冷凍した生しいたけ……1パック分
- 冷凍したマッシュルーム…3〜4個
- スパゲティ……………………300g
- 玉ねぎ……………………………1個
- にんにく…………………………2片
- パセリ……………………………2茎
- 赤唐辛子…………………………1本
- 塩　オリーブ油　こしょう

作り方
❶しいたけとマッシュルームは室温に置き、半解凍の状態で薄切りにする。
❷鍋に湯3カップをわかして塩大さじ2を入れ、スパゲティをゆで始める。
❸玉ねぎは5mm幅に切り、にんにくは薄切り、パセリはみじん切りにする。赤唐辛子は種をとる。
❹オリーブ油大さじ1でにんにく、赤唐辛子を炒め、玉ねぎを加えて炒める。
❺玉ねぎが透きとおってきたらしいたけ、マッシュルームを加えて炒める。
❻スパゲティがゆで上がったらざるにあげ、ゆで汁をきって❺に入れ、炒め合わせる。塩、こしょう各少々で味をととのえる。
❼器に盛ってパセリをふる。

しいたけの陣笠煮

1人分　210kcal

材料（4人分）
- 冷凍した生しいたけ…………12枚
- 豚ひき肉………………………200g
- 長ねぎのみじん切り………大さじ3
- しょうがのみじん切り…大さじ1/2
- 溶き卵……………………1/2個分
- だし………………………………1カップ
- A ┌ 酒……………………………大さじ2
　　├ 砂糖、みりん………各大さじ2
　　└ しょうゆ……………………大さじ2
- さやえんどう…………………12枚
- 塩　しょうゆ　砂糖　片栗粉

作り方
❶しいたけは自然解凍する。
❷ひき肉に長ねぎ、しょうが、溶き卵、塩小さじ1/2、しょうゆ小さじ1、砂糖小さじ1、片栗粉大さじ1を加えて粘りが出るまでよく混ぜ、12等分する。
❸しいたけのカサの内側（ヒダのほう）に片栗粉適量をまぶし、②をのせてこんもりと形作る。
❹鍋にだしとAを合わせて煮たて、③を肉のほうを上にして並べ入れる。煮たったら中火にし、途中で上下を入れかえて中まで火がとおるようにゆっくり煮る。煮汁が少なくなったら鍋をゆすって煮汁をからめる。
❺さやえんどうはすじをとり、塩少々を入れた熱湯でさっとゆで、④と盛り合わせる。

きのこ　しいたけ　ビタミンB群を豊富に含み、血中コレステロールを減らし、血圧の上昇を防ぐエリタデニンを含みます。

CHAPTER ❶ 素材をそのまま冷凍

しめじ

小房に分けて冷凍、自然解凍する

保存方法

カサの色が濃くて丸みがあり、軸がしっかりして白いものを。冷蔵室に入れる場合は包装のまま、使い残りはラップでしっかり包みます。包装から出し、室温に置いて自然に乾燥させても日もちします。3～4日で使いきりましょう。

しめじといかのマリネ

1人分　144kcal

材料（4人分）

- 冷凍したしめじ……………2パック分
- いか………………………（小）2杯
- もどしたわかめ………………20g
- 青じそ…………………………1束
- A
  - しょうゆ……………大さじ2
  - 酢、サラダ油………各大さじ2
  - しょうが汁…………小さじ2
- 酒

作り方
❶しめじは自然解凍する。
❷いかは足と胴に分け、胴は細い輪切りにする。足は吸盤を除いて2、3本ずつに分ける。
❸平鍋にしめじを入れて平らに広げ、いかをのせて酒大さじ2をふる。ふたをし、強火にかけて蒸し煮にする。
❹Aを混ぜ合わせてドレッシングを作り、いかとしめじを汁ごとつけて冷やしておく。
❺わかめはひと口大に切り、熱湯にさっとくぐらせて水にとり、水けをきる。青じそは縦半分に切って横にせん切りにする。
❻食べるときにわかめと青じそを④に加えてさっと混ぜる。

きのこの炊きこみご飯

1人分　408kcal

材料（4人分）
- 冷凍したしめじ………1パック分
- 冷凍したエリンギ……1パック分
- 米…………………………2カップ
- 酒…………………………大さじ1
- だし昆布……………………10cm
- 鶏もも肉……………1枚（200g）
- にんじん……………………1/2本
- みつ葉………………………適量
- うす口しょうゆ

作り方
1. 米は炊く30分以上前に洗って炊飯器に入れ、普通の水加減にして酒、昆布を入れておく。
2. 鶏肉は1cm角に切り、うす口しょうゆ大さじ2をもみこんでおく。
3. にんじんはいちょう切りにする。
4. 鶏肉に凍ったままのしめじ、エリンギ、にんじんを加えて混ぜ、①に加えて炊く。
5. みつ葉をざく切りにし、炊き上がったご飯に加えてざっと混ぜる。

きのこのクリームスープ

1人分　161kcal

材料（4人分）
- 冷凍したしめじ………1パック分
- 冷凍したマッシュルーム…1パック分
- 冷凍したしいたけ…………2～3枚
- 玉ねぎ………………………1/2個
- 長ねぎ………………………1/2本
- にんにく……………………1/2片
- トマト…………………………1個
- 固形スープ（チキン味）………2個
- 牛乳…………………………1カップ
- 生クリーム…………………大さじ3
- パセリのみじん切り……………少量
- バター　小麦粉　塩　こしょう

作り方
1. しいたけは解凍して薄切りにする。水4カップで固形スープを溶いてスープにする。
2. マッシュルームは解凍する。
3. 玉ねぎは薄切り、長ねぎは小口切り、にんにくはたたきつぶす。
4. トマトは皮を湯むきにして横半分に切り、種を除く。少量を5mm角に切って浮き身用にし、残りはざく切りにする。
5. バター大さじ3で③を炒め、しんなりとしたらしいたけ、しめじ、マッシュルームを加えて炒める。油がまわったらざく切りのトマト、①のスープを加える。煮たったらアクを除き、火を弱めて25～30分煮る。
6. 温めた牛乳を⑤に入れ、塩、こしょう各少々で味をととのえる。生クリームを混ぜて火を止め、バター大さじ1を落とす。
7. 器に入れ、角切りにしたトマトとパセリを浮かべる。

＊メモ　好みで生クリームは入れなくてもかまいません。

きのこ

しめじ

ビタミンB群が豊富。抗ガン作用のある不消化性多糖類、β-グルカンを含んでいる点で注目されています。

CHAPTER ❶ 素材をそのまま冷凍

エリンギ

薄切りにして冷凍、自然解凍する

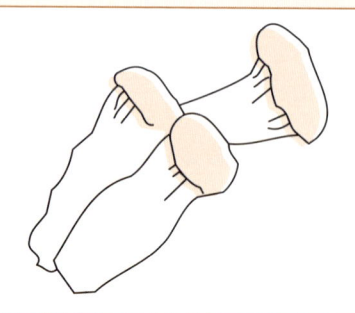

保存方法

軸の部分が太くてしっかりし、汚れや傷みのないものを。冷蔵室に入れる場合は包装のまま、使い残りはラップでしっかり包みます。包装から出し、室温に置いて自然に乾燥させても日もちします。3～4日で使いきりましょう。

きのこと豆腐のうま煮

1人分　182kcal

材料（4人分）
- 冷凍したエリンギ………1パック分
- 冷凍したしめじ…………1パック分
- 木綿豆腐……………………………1丁
- 豚薄切り肉……………………100g
- 長ねぎ………………………………1本
- さやえんどう……………………12枚
- 赤ピーマン…………………………1個
- A
  - 酒、しょうゆ………各大さじ1
  - 砂糖……………………小さじ1
  - 砕いた固形スープ………1個分
  - こしょう…………………少々
- オイスターソース…………大さじ2
- しょうゆ　酒　片栗粉　サラダ油

作り方
❶豆腐は縦長に半分に切り、1cm幅に切る。キッチンペーパーではさんでざるに並べておく。
❷豚肉は2cm幅に切り、しょうゆ、酒各小さじ1、片栗粉大さじ1/2を混ぜ、油大さじ1をかける。
❸長ねぎは斜めの薄切りにする。
❹赤ピーマンは種を除いてひと口大に切る。
❺水3/4カップとAを混ぜておく。
❻フライパンに油大さじ2を熱し、豆腐を焼きつけてとり出す。油少量を足し、豚肉と長ねぎを炒め、オイスターソースを混ぜ、豆腐をもどす。
❼きのことピーマンを❻に加えて炒め合わせ、❺の合わせ調味料を入れて5～6分、途中でさやえんどうを加えて煮る。片栗粉小さじ1を同量の水で溶き、加減を見ながら加え、ひと煮する。

きのこの香りご飯

1人分　361kcal

材料（4人分）
冷凍したエリンギ……… 1パック分
米……………………………… 2カップ
桜えび…………………… 1/2カップ
いり白ごま……………………大さじ2
青のり………………………………少量
ごま油　しょうゆ　酒　塩

作り方❶ご飯はややかための水加減で炊く。
❷エリンギは2cm幅に切ってごま油大さじ1で炒め、しょうゆと酒各大さじ1と1/2を加える。
❸桜えびはラップなしで電子レンジで1〜2分加熱するか、またはからいりして細かくほぐす。
❹ご飯が炊きあがったらエリンギ、桜えび、ごまを加えて混ぜ、塩少々で味をととのえる。
❺器に盛り、青のりをふる。

きのこのスープ

1人分　80kcal

材料（4人分）
冷凍したエリンギ……… 1パック分
冷凍したえのきたけ………… 1袋分
玉ねぎ………………………… 1/2個
ベーコン……………………………2枚
白ワイン……………………… 大さじ2
固形スープ（チキン味）……… 2個
パセリのみじん切り………………少量
オリーブ油　塩　こしょう

作り方❶エリンギは細かく切り、えのきたけは長さを半分に切る。
❷玉ねぎは薄切り、ベーコンは5mm幅に切る。
❸鍋にオリーブ油大さじ1、ベーコン、玉ねぎを入れて炒める。玉ねぎがしんなりとしたらエリンギ、えのきたけを入れてさっと炒め、水4カップ、ワイン、砕いた固形スープを加える。
❹煮たったらアクをとり、火を弱めて10分煮、塩、こしょう各少々で味をととのえる。
❺温めた器に④を入れ、パセリをふる。
＊メモ　えのきたけは袋のまま冷凍室に入れて冷凍保存しておきます。

エリンギのリヨネーズ

1人分　123kcal

材料（4人分）
冷凍したエリンギ……… 2パック分
玉ねぎ……………………………… 1個
ベーコン……………………………2枚
赤（または白）ワイン……大さじ3
バター　塩　こしょう

作り方❶玉ねぎは薄切りにする。
❷ベーコンは1cm幅に切る。
❸フライパンにバター大さじ1を熱し、ベーコンと玉ねぎをよく炒める。玉ねぎが透きとおって甘みが出てきたら、凍ったままのエリンギを加えて炒める。
❹バターがよくなじんだらワインを加え、ふたをして2〜3分煮る。
❺ふたをあけて煮汁をとばし、塩、こしょう各少々で味をととのえる。

きのこ

エリンギ

ビタミンB群の中でもとくにB₂が豊富。B₂は成長の促進に役立ち、脂肪の燃焼を助けます。

CHAPTER ❶ 素材をそのまま冷凍

舞たけ

小房に分けて冷凍、自然解凍する

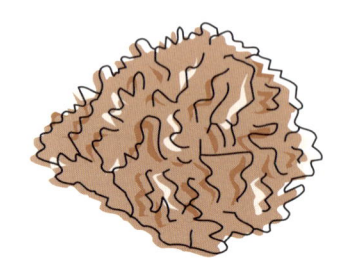

保存方法

カサの色が淡い黄褐色のものから灰色のものまであります。軸が白く、しっかりとしたものが良品。冷蔵室には包装のままで。包装から出し、室温に置いて乾燥させるとおいしさが凝縮して日もちするようになります。3〜4日で使いきりましょう。

舞たけの混ぜご飯

1人分　392kcal

材料（4人分）
冷凍した舞たけ……………1パック分
豚薄切り肉…………………150g
しょうが……………………1かけ
春菊…………………………少量
ご飯…………………………4人分
サラダ油　バター　しょうゆ

作り方 ❶舞たけは解凍し、キッチンペーパーでおさえて水けをふく。
❷豚肉は1cm幅に切る。
❸しょうがはせん切りにする。
❹春菊は細かく刻んで水けをきる。
❺鍋に油大さじ1、しょうがを入れて火にかける。香りが出たら豚肉を加えて炒める。
❻豚肉の色が変わったらバター大さじ2を入れ、舞たけ、しょうゆ大さじ2を入れ、ふたをして2〜3分蒸し煮にする。
❼ご飯に⑥と春菊を加えて混ぜる。

舞たけと鶏肉の豆板醤炒め

1人分　236kcal

材料（4人分）
- 冷凍した舞たけ………1パック分
- 冷凍したしめじ………1パック分
- 鶏もも肉………………1枚
- 溶き卵…………………1/2個分
- きゅうり………………1本
- 長ねぎ…………………1本
- しょうが………………1かけ
- 豆板醤…………………小さじ1/2
- A
  - しょうゆ、酒、酢…各大さじ1
  - 砂糖……………………大さじ1/2
  - こしょう………………少々
  - 鶏ガラスープの素…小さじ1/2
- 塩　酒　こしょう　片栗粉　サラダ油

作り方
1. 舞たけ、しめじは解凍し、キッチンペーパーでおさえて水けをふく。
2. 鶏肉はひと口大に切り、塩小さじ1/2、酒大さじ1/2、こしょう少々、溶き卵を混ぜ、片栗粉大さじ2をまぶして油大さじ2を混ぜる。
3. きゅうりは縦半分に切り、斜めの薄切りにして塩少々をふる。しんなりとしたら水洗いして水けをきる。長ねぎは斜め薄切り、しょうがは薄切りにする。
4. 片栗粉小さじ1に水大さじ2を混ぜ、Aを合わせて混ぜておく。
5. 油大さじ1で鶏肉を炒めて火をとおし、いったんとり出す。あとの油で長ねぎ、しょうが、豆板醤を炒め、香りが出たらきゅうり、舞たけ、しめじを加えて強火で炒める。
6. 油がまわったら鶏肉をもどし、④を加えて炒め合わせる。

舞たけの味つき天ぷら

1人分　408kcal

材料（4人分）
- 冷凍した舞たけ………2パック分
- 冷凍した豚薄切り肉………150g
- A
  - しょうゆ……………大さじ2
  - みりん………………大さじ1/2
  - しょうが汁…………少量
- 卵………………………1個
- 小麦粉　塩　酒　揚げ油　片栗粉

作り方
1. 舞たけは解凍し、キッチンペーパーなどでおさえて水けをふく。
2. 豚肉は長さを半分に切り、Aをかけて10分おく。とり出して汁けをきる。
3. 卵を溶きほぐして水1/2カップを混ぜ、小麦粉3/4カップ、塩小さじ1/2、酒大さじ1を混ぜる。
4. 揚げ油を火にかけて160℃に熱する。
5. 舞たけに片栗粉大さじ1をまぶし、③のころもをつけ、揚げ油に入れてカラリと揚げる。続いて豚肉に③のころもをつけて揚げる。

きのこ　舞たけ

ビタミンB群が豊富。ガン細胞の増殖を防ぐMDーフラクションが含まれているということで注目されています。

CHAPTER ❶ 素材をそのまま冷凍

ゆで大豆
一度にゆで、冷凍しておくと重宝

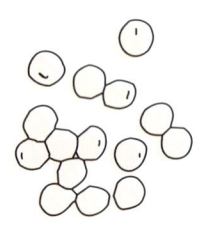

冷凍方法　　　　　　　　　　　保存期間の目安　1か月

大豆はひと晩水につけ、つけ汁ごと鍋に入れてやわらかくなるまで約1時間ゆでます。圧力鍋なら、圧力がかかってから約5分で、ふっくらとやわらかに。さましてから、ゆで汁をきり、冷凍用の袋に入れて冷凍室に置きます。

大豆の五目煮
1人分　285kcal

材料（4人分）
- 冷凍したゆで大豆……2カップ強
- 昆布……5cm
- 鶏もも肉……1/2枚
- こんにゃく……1/2枚
- にんじん……50g
- れんこん……50g
- ごぼう……50g
- 酢　サラダ油　砂糖　しょうゆ

作り方
❶昆布は水1カップにつけてもどし、1cm角に切ってもう1度もどし汁につける。
❷鶏肉は1cm角に切る。
❸こんにゃくは1cm角に切ってさっとゆでる。
❹にんじん、れんこんは1cm角に切り、れんこんは酢水につける。ごぼうは皮をこそげて乱切りにし、水にさらす。
❺油大さじ1で鶏肉を炒める。白っぽくなったらこんにゃく、❹の野菜を炒め、昆布をつけ汁ごと加える。煮たったら凍ったままの大豆を汁ごと入れ、砂糖大さじ6を加えて10分煮、しょうゆ大さじ3を加えて弱火で15〜20分煮る。

＊メモ　みかんの皮の白いところを薄くむき、せん切りにしたものを散らすと香りが加わります。

大豆の落とし焼き

1人分　226kcal

材料（4人分）
- 冷凍したゆで大豆………1カップ
- ツナ……………………（小）1缶
- しょうがのみじん切り……大さじ1
- 細ねぎの小口切り…………大さじ3
- 溶き卵……………………2個分
- 小麦粉……………………大さじ3
- だし………………………大さじ3
- サラダ油　しょうゆ　みりん　砂糖

作り方
❶ゆで大豆は電子レンジで熱くなるまで加熱し、フードプロセッサー、またはすり鉢ですりつぶす。
❷ボウルに①、ツナ、しょうが、細ねぎ、溶き卵、小麦粉を入れて混ぜ、4～8つに分けて丸める。
❸フライパンに油少量を熱し、②をのせて平らに押しつぶし、両面を色よく焼く。
❹だしにしょうゆ、みりん各大さじ1と1/3、砂糖大さじ1/2を合わせて火にかけ、煮たったら③を入れて煮からめる。

大豆の梅煮

1人分　290kcal

材料（4人分）
- 冷凍したゆで大豆………2カップ強
- 鶏もも肉……………………1枚
- にんじん……………………1/2本
- こんにゃく…………………1枚
- 梅干し………………………4個
- 砂糖　しょうゆ　みりん

作り方
❶鶏肉はひと口大に切り、にんじんは乱切り、こんにゃくはひと口大にちぎってゆでる。
❷鍋に凍ったままの大豆、水1カップを入れて火にかけ、梅干し、にんじん、こんにゃくを入れる。煮たったら鶏肉を入れ、弱火で20分煮る。
❸梅干しがとろけそうになったら種を除き、砂糖1/2カップを加えて煮、みりん、しょうゆ各少量を入れて煮含める。

大豆カレー

1人分　401kcal

材料（4人分）
- 冷凍したゆで大豆………2カップ強
- 豚薄切り肉…………………150g
- トマト………………………1個
- ピーマン……………………2個
- 玉ねぎ………………………1個
- にんにく……………………1片
- 牛乳…………………………1カップ
- カレールウ…………………3人分
- サラダ油　塩　こしょう

作り方
❶豚肉はひと口大に切る。トマト、ピーマンは1cm角に切り、玉ねぎ、にんにくはみじん切りにする。
❷油大さじ2で玉ねぎとにんにくを炒め、豚肉を炒める。肉の色が変わったら大豆を凍ったまま入れ、水2カップを加え、10～15分煮る。
❸牛乳、カレールウを加える。沸騰したら火を弱めてさらに5～6分煮、トマト、ピーマンを加え、塩、こしょう各少々で味をととのえる。

豆類　大豆

ビタミンB群、コレステロールを下げるサポニン、骨粗しょう症を予防するイソフラボンが豊富です。

CHAPTER ❶ 素材をそのまま冷凍

納豆

パックのまま冷凍、自然解凍に

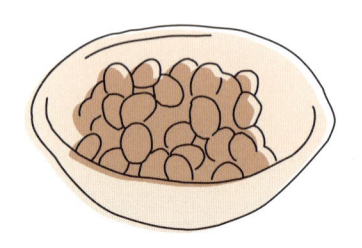

冷凍方法　　　　　　　　　　保存期間の目安　1か月

常備しておき、毎日でも食べたい食品です。2～3日で食べるのなら冷蔵室に。安売りしているときに買って冷凍しておきましょう。冷凍・解凍しても、ほとんど味が変わりません。パックのまま冷凍し、冷蔵室、または室温で自然解凍します。

じゃこ納豆

1人分　62kcal

材料（4人分）

冷凍した納豆…2パック（100g）
ちりめんじゃこ…………大さじ4
長ねぎ………………………10cm
練り辛子……………………少量
青のり………………………少量
すり白ごま…………………適量
しょうゆ

作り方 ❶納豆は自然解凍する。
❷ちりめんじゃこは、大きいものならざっと刻んでおく。
❸長ねぎは小口切りにし、キッチンペーパーで包んで水の中でもみ、水けを絞る。
❹納豆に②、③、練り辛子、すりごま、しょうゆ小さじ2を混ぜ、青のりをふる。

＊メモ①　ちりめんじゃこに塩けがあるので、そのぶん、しょうゆをひかえめにします。
＊メモ②　納豆は漬けものともよく合います。たくあん、野沢菜漬け、高菜漬けなど。細かく刻み、水で洗って水けを絞り、④と同様に。刻んだキムチを加えてもおいしい。

納豆チャーハン

1人分　396kcal

材料（2人分）
- 冷凍した納豆……1パック（50g）
- ご飯……………………茶わんに2杯
- ちりめんじゃこ……………大さじ2
- 細ねぎの小口切り……………適量
- サラダ油　塩　こしょう　しょうゆ

作り方
❶納豆は解凍し、しょうゆ小さじ1を混ぜておく。
❷よく油のなじんだ中華鍋（またはフライパン）に油大さじ1を熱し、納豆を入れてよく炒め、ちりめんじゃこを加えてさらに炒める。
❸②にご飯を加えてほぐし、細ねぎを加えてさっと炒め、塩、こしょう各少々で味をととのえる。鍋肌からしょうゆ少量を入れてひと炒めする。

納豆サラダ

1人分　157kcal

材料（4人分）
- 冷凍した納豆…2パック（100g）
- キャベツ………………………300g
- 青じそ……………………5～6枚
- マヨネーズ…………大さじ4～5
- しょうゆ………………大さじ1
- マスタード……………………少量

作り方
❶納豆は自然解凍する。
❷キャベツ、青じそはせん切りにし、それぞれ別に水につけてパリッとさせ、よく水けをきる。
❸納豆にマヨネーズ、しょうゆ、マスタードを混ぜる。
❹キャベツと青じそを混ぜ、器に盛って③をかけ、ざっと混ぜて食べる。

納豆の天ぷら

1人分　345kcal

材料（4人分）
- 冷凍した納豆(小粒)1パック（50g）
- ちくわ……………………（小）4本
- 細ねぎ……………………4～5本
- ミックスベジタブル………1カップ
- 天ぷら粉……………3/4カップ
- 塩………………………小さじ1/4
- 水………………………1/4カップ
- 揚げ油

作り方
❶ちくわは小口から薄切りにし、細ねぎは小口切りにする。
❷天ぷら粉、塩を合わせ、水を混ぜてころもを作り、納豆、凍ったままのミックスベジタブル、ちくわ、細ねぎを加えてざっと混ぜる。
❸揚げ油を170℃に熱し、②をスプーンですくって落とし入れ、カラリと揚げる。
＊メモ　ころもに味がついているので、このまま食べます。レモン汁をかけてもよいでしょう。

豆類　納豆

大豆と同じ成分のほか、血液をサラサラにする作用の高いナットウキナーゼを含みます。

CHAPTER ❶ 素材をそのまま冷凍

油揚げ

乾燥させないようにして冷凍

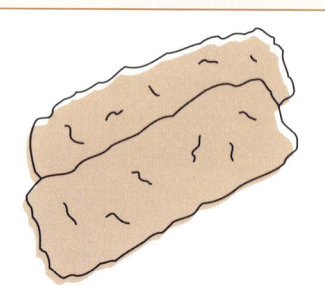

冷凍方法　　　　　　　　　　保存期間の目安　1か月

開封してなければそのまま、使いかけはラップに包み、さらに冷凍用の袋に入れて冷凍。解凍と油抜きをかね、ゆでてから使います。いなりずし用に味つけして煮たものは密閉容器などに入れて冷凍しておくと重宝します。

いなりずし

1人分　625kcal

材料（4人分）
冷凍した油揚げ	10枚
だし	1カップ1/2
A 酒	大さじ2
砂糖	大さじ4
しょうゆ	大さじ3
米	2カップ
だし昆布	5cm
酒	大さじ2
ちりめんじゃこ	大さじ2
いり白ごま	大さじ1
酢　砂糖　塩	

作り方❶油揚げは凍ったまま半分に切り、よくゆでてざるにあげ、袋状に開く。
❷鍋にだし、油揚げを入れて煮たて、Aの酒、砂糖を加えて2〜3分煮、しょうゆを加えてさらに15分ほど煮る。火を止めてそのまま味を含ませ、さめたらざるに広げておく。
❸米は洗ってかための水加減にし、昆布、酒を加えて炊く。
❹酢大さじ3、砂糖大さじ2、塩小さじ1を合わせ、③に混ぜてすし飯にする。
❺すし飯にちりめんじゃこ、ごまを混ぜ、12等分して俵形にかるくにぎる。
❻②の油揚げをかるく絞り、⑤を詰めて形をととのえる。

信田巻き揚げ

1人分　316kcal

材料（4人分）

- 冷凍した油揚げ……………3枚
- 豚ひき肉……………150g
- 卵……………………1個
- ┌オイスターソース……大さじ1
- └塩……………………小さじ1/4
- にんじん……………………4cm
- ピーマン……………………2個
- もやし………………150g
- ┌にんにくのみじん切り…小さじ1
- │しょうがのみじん切り…大さじ1
- └長ねぎのみじん切り……大さじ1
- 豆板醤………………小さじ1/2
- ┌トマトケチャップ……大さじ2
- A│酢、しょうゆ………各小さじ1
- └砂糖…………………小さじ1
- 固形スープ…………………1/2個
- 片栗粉　揚げ油　サラダ油

作り方

❶油揚げは凍ったままゆでて解凍し、3辺を切って1枚に開く。

❷ひき肉に卵を割り入れ、オイスターソース、塩を加え、粘りが出るまでよく混ぜる。

❸にんじん、ピーマンはせん切りにし、もやしと一緒にして片栗粉大さじ1をまぶし、②に加えて混ぜ、3等分する。

❹油揚げを広げ、③をのせて向こう側3cmほどを残して広げ、のり巻きの要領で巻き、巻き終わりを楊枝でとめる。

❺揚げ油を170℃に熱し、④を入れてゆっくり、中まで火がとおるように揚げる。

❻あんを作る。油大さじ1でにんにく、しょうが、長ねぎ、豆板醤を炒め、A、水1/2カップ、砕いた固形スープを加えて炒める。片栗粉小さじ1を水大さじ1で溶いて混ぜ入れ、とろみをつける。

❼信田巻き揚げを食べやすく切って器に盛り、⑥のあんをかける。

豆腐と同様にたんぱく質、ビタミンB群などが豊富。油のうまみが加わります。

かぶと油揚げの煮びたし

1人分　137kcal

材料（4人分）

- 冷凍した油揚げ……………2枚
- 小かぶ………………………1束
- だし……………………1カップ1/2
- ┌酒、うす口しょうゆ…各大さじ2
- └砂糖…………………大さじ2
- サラダ油

作り方

❶油揚げは熱湯をかけ、縦長に半分に切って1cm幅に切る。

❷かぶは葉を切り落とし、皮をむいて1個を6～8つに切る。葉の部分適量は3cm長さに切る。

❸鍋に油大さじ1を熱してかぶをよく炒め、油揚げを入れてさらに炒める。油がまわったらだし、酒、うす口しょうゆ、砂糖を加えて煮る。

❹かぶに透明感が出てきたらかぶの葉の部分も入れ、煮汁がほとんどなくなるまで煮る。

CHAPTER ❶ 素材をそのまま冷凍

おから

ポリ袋に入れて冷凍

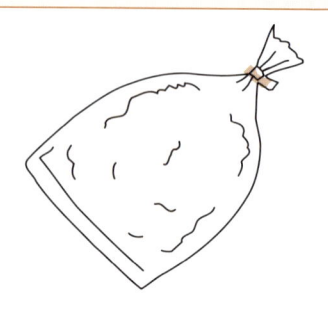

冷凍方法　　　　　　　　　保存期間の目安　1か月

冷蔵室では2〜3日しかもちません。1回に使うぶんずつ冷凍用の袋に入れて冷凍。この状態で1か月もちます。火をとおしてから冷凍してもよく、だし少量を加えて温め、いり煮してさましたものを冷凍用の袋に入れ、冷凍室に置きます。

うの花いり

1人分　143kcal

材料（4人分）
冷凍したおから……………200g
干ししいたけ………………2〜3枚
にんじん……………………3cm
ごぼう………………………50g
細ねぎ………………………2〜3本
ほたて貝柱（水煮）……（小）1缶
だしの素……………………小さじ1強
サラダ油　酒　うす口しょうゆ
砂糖　酢

作り方 ❶しいたけは水でもどし、軸をとって薄切りにする。もどし汁もとっておく。
❷にんじんはせん切り、ごぼうはささがきにして水につける。細ねぎは2〜3cm長さに切る。
❸鍋に油大さじ1を入れ、しいたけ、にんじん、ごぼうを炒め、材料がひたる程度のもどし汁を加える。煮たったら酒大さじ2、うす口しょうゆ大さじ2、砂糖大さじ1と1/2を加えて2〜3分煮る。
❹水1カップ、だしの素を③に入れ、ほたて貝柱も缶汁ごと加え、おからを凍ったまま入れて木じゃくしで混ぜながら煮る。
❺煮汁がなくなったら細ねぎを加え、酢大さじ1を入れてひと混ぜする。

おからのキッシュ風

1人分　201kcal

材料（6人分）

冷凍したおから	150g
豚ひき肉	100g
ほうれんそう	1/2束
玉ねぎ	1/2個
にんにく	1片
牛乳	1カップ
固形スープ（チキン味）	1個
卵	3個
ピザ用チーズ	4枚
塩　バター　こしょう　ナツメグ	

作り方
❶おからは耐熱容器に入れ、ラップなしで電子レンジで約3分加熱し、いったんとり出して混ぜ、さらに約2分加熱する。
❷鍋に湯をわかして塩少量を入れ、ほうれんそうを色よくゆで、水にとって3cm長さに切り、水けをしっかり絞る。
❸玉ねぎ、にんにくをみじん切りにする。
❹バター大さじ1で玉ねぎをしんなりするまで炒め、にんにく、ひき肉を加えてさらに炒める。
❺ひき肉がポロポロになったら牛乳、砕いた固形スープ、こしょうとナツメグ各少々を入れて煮たて、おからを加えてひと煮する。
❻溶き卵に⑤とほうれんそうを混ぜる。
❼パイ皿にバターをうすく塗り、⑥を流し入れてチーズをたっぷり散らし、180℃に熱したオーブンに入れて25分焼く。

おからのカップケーキ

1人分　397kcal

材料（4人分）

冷凍したおから	100g
バナナ	1本
卵	1個
牛乳	1カップ
メープルシロップ	大さじ3
ホットケーキの素	1袋（200g）
レーズン	大さじ3
バター	

作り方
❶おからは凍ったまま耐熱容器に入れ、バター大さじ2をのせ、ラップをかけて電子レンジで約3分加熱する。
❷バナナは1cm厚さの輪切りにする。
❸卵を溶きほぐし、牛乳、メープルシロップを混ぜ、ホットケーキの素、①のおからを加えてよく混ぜ、バナナ、レーズンを入れてさっと混ぜる。
❹カップケーキの型に③を入れるか、またはオーブンシートを敷いた天板に流し入れ、180℃に熱しておいたオーブンで25分かけて焼く。
＊メモ①　メープルシロップがなければはちみつか、砂糖大さじ3を混ぜてもよいでしょう。
＊メモ②　油をうすくひいたホットプレートに③を丸く流し入れ、ホットケーキのように焼く方法もあります。

豆類　おから

ビタミンB群、カルシウム、鉄を含み、低脂肪で食物繊維が豊富です。

CHAPTER ❶ 素材をそのまま冷凍

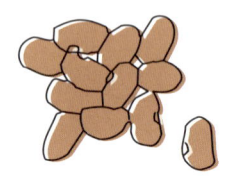

ゆであずき
甘く煮て冷凍

冷凍方法　　　　　　　　　　　保存期間の目安　1か月

あずきを洗ってたっぷりの水とともに火にかけ、2、3回ゆでこぼしながら約1時間やわらかくゆでます。ゆで汁をきって鍋にもどし、元のあずき1カップに対し、砂糖1カップを加え、さらにやわらかくなるまで煮、さまして冷凍用の袋に。200gずつにして冷凍しておくと使いやすく、おやつ作りに重宝します。

かぼちゃとあずきのいとこ煮　　1人分　135kcal

材料（4人分）
- 冷凍したゆであずき………200g
- かぼちゃ………………………250g
- A
  - 水……………………………1カップ
  - 砂糖…………………………大さじ3
  - 塩……………………………小さじ1/2
  - だしの素……………………小さじ1/2

作り方
❶ かぼちゃは種の部分をスプーンでとり除き、ひと口大に切る。
❷ 鍋にAの水、砂糖、塩、だしの素を入れて火にかける。煮たったらかぼちゃを入れ、やわらかくなるまで煮る。
❸ かぼちゃがやわらかくなったらあずきを凍ったまま入れ、あずきがすっかりやわらかくなるまで煮る。味をみて、塩味が足りなければ、塩少々で味をととのえる。
＊メモ　冷凍したかぼちゃを使う場合は、Aを合わせて煮たてたところに入れ、凍ったあずきも入れ、やわらかく煮ます。

小倉ミルクゼリー

1人分　162kcal

材料（4人分）

冷凍したゆであずき………200g
粉ゼラチン………2袋（10g）
水………………1/2カップ
牛乳………………1カップ1/2
サラダ油

作り方
❶水に粉ゼラチンをふり入れてふやかし、湯せんにかけるか、または電子レンジで1分加熱してゼラチンを溶かす。
❷牛乳を①に少しずつ入れてよく混ぜ、ゆであずきを混ぜ入れる。容器ごと氷水につけてとろみがつくまで冷やす。
❸流し缶、またはおべんとう箱などに油を塗って②を流し入れ、冷蔵室に置いて冷やしかためる。

そば蒸しようかん

1人分　138kcal

材料（4人分）

冷凍したゆであずき………200g
そば粉………………大さじ4

作り方
❶ゆであずきは自然解凍にする。
❷そば粉、水大さじ3を①に加えてよく混ぜる。
❸ラップに②をのせてかまぼこの形にまとめ、ラップで包んで電子レンジで約4分加熱する。
❹③を巻きすで巻いて形をととのえ、そのままさます。さめたら食べやすく切り分ける。
＊メモ①　ゆでたあずきが粒あんくらいにかたい場合は水大さじ1を増やします。
＊メモ②　②をスプーンですくい、樹脂加工のフライパンに落とし、5cmくらいの円形に広げて焼く方法もあります。

抹茶白玉

1人分　350kcal

材料（4人分）

冷凍したゆであずき………200g
白玉粉………………200g
抹茶…………………小さじ1
砂糖…………………小さじ1
栗の甘露煮……………5〜6粒

作り方
❶ボウルに白玉粉を入れ、水約1カップを少しずつ加えて耳たぶくらいのかたさに練る。
❷①の半量に抹茶と砂糖を加えて練り混ぜる。残り半量はそのまま。
❸鍋にたっぷりの湯をわかし、②をひと口くらいのだんごに丸め、中央をへこませて入れる。浮きあがってから2〜3分煮、冷水にとってさます。水けをきり、栗の露をかけて冷やしておく。
❹器に③の白玉だんごと半割りにした栗を盛り、自然解凍したあずきをかける。

豆類

あずき

ビタミンB₁が豊富。鉄、カリウム、食物繊維も多く含まれ、疲労回復や夏バテ解消に役立ちます。

CHAPTER ❶ 素材をそのまま冷凍

その他の豆

やわらかくゆで、ゆで汁をきって冷凍

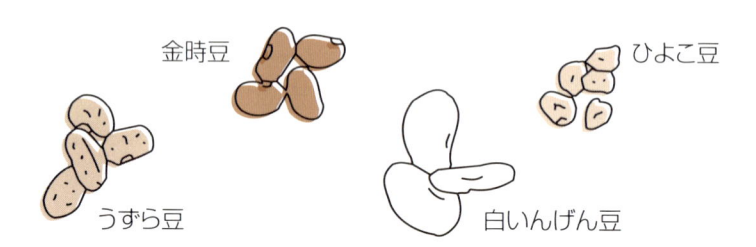

金時豆　　　　　　　　　　ひよこ豆

うずら豆　　　　白いんげん豆

冷凍方法　　　　　　　　　　　保存期間の目安　1か月

たっぷりの水につけてひと晩おき、水をかえて火にかけ、やわらかくなるまで約1時間ほどゆでます。ゆで汁につけてさまし、ゆで汁をきってからポリ袋に入れて冷凍。甘くしない豆の料理が手軽に。甘く煮て冷凍すると煮豆として楽しめます。

＊このページの料理は上記の豆のどれでも、好みの豆で作れます。

豆と鶏肉のオレンジソース煮　　　1人分　453kcal

材料（4人分）
冷凍した豆……………1カップ
鶏手羽先………………4本
玉ねぎ…………………1/2個
オレンジ………………2個
白ワイン………………1/4カップ
オレンジジュース……1カップ
生クリーム……………1カップ
塩　こしょう　小麦粉　サラダ油

作り方❶手羽先は関節で切り、塩小さじ1／2強、こしょう少々をふって10分おく。
❷玉ねぎはみじん切りにする。オレンジは薄皮をむいて身を出す。皮は白い部分をとり、せん切りにしてよくゆで、ゆで汁をきる。
❸手羽先の水けをふいて小麦粉をうすくまぶし、油大さじ1で両面をこんがり焼いてとり出す。
❹あとの油で玉ねぎをしんなりするまで炒め、手羽先をもどし、ワインをふってふたをし、2〜3分蒸し煮する。
❺豆を凍ったまま入れ、オレンジジュースとオレンジの身を入れ、ふたをして15〜20分煮る。
❻生クリームを加えてほどよく煮詰め、塩、こしょう各少々で味をし、オレンジの皮を散らす。

豆のミートカレー

1人分 399kcal

材料（4人分）
- 冷凍した豆……………2カップ強
- 牛ひき肉………………200g
- 玉ねぎ…………………2個
- にんにく………………1〜2片
- しょうが………………1かけ
- A
  - カレー粉……………大さじ1
  - 赤ワイン……………1/2カップ
  - トマトジュース1缶（200g）
  - しょうゆ……………小さじ1
  - ウスターソース……小さじ1
  - トマトケチャップ…大さじ1
- サラダ油　塩　こしょう　香辛料

作り方
❶玉ねぎ、にんにく、しょうがはみじん切りにする。
❷鍋に油大さじ2と玉ねぎを入れ、強火できつね色になるまで炒め、にんにくを加えて炒める。
❸ひき肉を加えてさらに炒める。ひき肉がパラパラになったらしょうがのみじん切りを加え、Aを入れてひと煮たちさせる。
❹③に豆を凍ったまま入れる。
❺再び煮たったら弱火にしてさらに20分煮、塩、こしょう各少々で味をととのえ、ナツメグ、クローブ、オールスパイスなどを好みで入れる。

＊メモ　豆は大豆、レンズ豆なども合います。

豆と豚肉の甘辛煮

1人分 185kcal

材料（4人分）
- 冷凍した豆……………2カップ強
- 豚薄切り肉……………100g
- しょうが………………1かけ
- 砂糖……………………大さじ2
- しょうゆ………………大さじ2
- サラダ油　しょうゆ　みりん

作り方
❶豚肉は1cm幅に切り、しょうがはせん切りにする。
❷油大さじ1でしょうがを炒める。香りが出たら豚肉を加えてさらに炒める。
❸豚肉が白っぽくなったら凍ったままの豆を入れ、ひたひたに水を加える。煮たったら砂糖、しょうゆを加えて15〜20分煮、しょうゆとみりん各少々で味をととのえる。

＊メモ　豆は大豆、花豆なども。

豆のマリネ

1人分 302kcal

材料（4人分）
- 冷凍した豆……………2カップ強
- 玉ねぎ…………………1/2個
- バルサミコ（または酢）大さじ3
- オリーブ油……………大さじ6
- 塩………………………小さじ1弱
- バジル（またはパセリ）…2〜3枚
- レタス…………………適量
- きゅうり………………適量

作り方
❶豆は凍ったまま鍋に入れ、水1カップを加えて火にかけ、温まったらざるにあげる。
❷玉ねぎはみじん切りにする。
❸バルサミコ、オリーブ油、塩を合わせてよく混ぜ、玉ねぎを混ぜたところに①の豆を温かいうちに入れて味を含ませながら冷やす。あれば、バジルを刻んで混ぜるとなおよい。
❹レタスは食べやすくちぎり、きゅうりは斜め薄切りにする。
❺④を器に盛って③をかける。

豆類

ビタミンB₁、ビタミンB₂が多く、食物繊維も豊富に含んでいます。

CHAPTER ❶ 素材をそのまま冷凍

フルーツを冷凍する
食べやすいように下ごしらえして冷凍

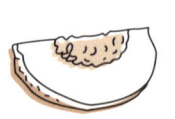

りんご　　　　　保存方法

1個ずつキッチンペーパーで包みます。たくさんあるときは段ボールに新聞紙を敷いてひと並べし、上に新聞紙を広げてりんごを並べて、をくり返します。この状態で冷暗所に置けば1か月くらいはもちます。

冷凍方法　　　　　　　　　　　　　保存期間の目安　2〜3か月

そのままでの冷凍は無理ですが、すりおろしてからなら大丈夫。すりおろしたものにレモン汁を混ぜ、冷凍用の袋に入れて冷凍。薄切りにして砂糖、レモン汁、白ワインをかけ、電子レンジで加熱、汁ごと冷凍しておくとデザートになります。

みかん　　　　　保存方法

箱入りのものは底のほうがつぶれていることがあるので、いったん全部をとり出して上下を入れかえましょう。このとき傷んだものがあったらとり除きます。冷暗所に置き、2週間を目安に食べきりましょう。

冷凍方法　　　　　　　　　　　　　保存期間の目安　2〜3か月

そのまま冷凍することもできますが、食べやすさを考えたら皮をむき、ひと房ずつに分けて凍らせたほうがよいでしょう。アルミトレイにラップを敷いて並べ、凍ったら冷凍用の袋に入れます。

ぶどう　　保存方法

室温におくとなり口から傷み、巨峰のような大粒のぶどうは、ポロポロと実がはずれてしまいます。乾燥させないことがポイントで、ラップでしっかり包んで冷蔵室に置き、4～5日以内に食べるようにします。

冷凍方法　　　　　　　　　　　　　　　　保存期間の目安　2～3か月

甘味の強い巨峰などは冷凍がおすすめ。アルミトレイにラップを敷き、ぶどうを1粒ずつ並べて凍らせ、凍ってから冷凍用の袋に入れておきます。食べるときにさっと水洗いすると皮がペロリとむきやすくなります。

メロン　　保存方法

下のほうからいいにおいがしてきたら食べごろ。それまでは室温に置きます。食べる3～4時間前に冷蔵室に入れて冷やします。冷蔵室に入れっ放しにすると冷えすぎて甘味をあまり感じなくなってしまいます。

冷凍方法　　　　　　　　　　　　　　　　保存期間の目安　2～3か月

食べごろを過ぎる前に冷凍します。皮をむいて食べやすくカットし、ラップを敷いたアルミトレイに並べて冷凍。凍ったら冷凍用の袋に入れて。凍ったままシャーベットのように食べますが、甘味が少なければレモン汁やシロップをかけます。

バナナ　　保存方法

冷蔵室を苦手とするフルーツの代表。低温に合うと黒くなり、ドロドロになってしまいます。室温に置いて3～4日以内に食べきりましょう。売っているもので皮に黒い斑点が出ているものは甘い証拠、日もちはしませんがお買い得です。

冷凍方法　　　　　　　　　　　　　　　　保存期間の目安　2～3か月

皮をむけば冷凍できます。ひと口大に切り、レモン汁をかけてからラップでぴっちり包んで冷凍室に。凍ったまま食べるとアイスクリームのような食感です。牛乳かヨーグルトとともにミキサーにかけると、おいしいスムージーになります。

CHAPTER ❶ 素材をそのまま冷凍

オレンジ

薄皮をむき、ひと房ずつにして冷凍

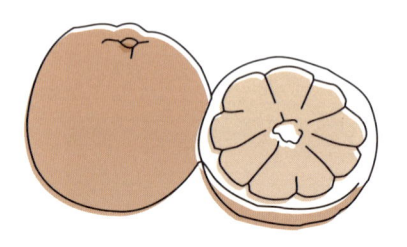

冷凍方法

保存期間の目安　1か月

冷凍する場合は、そのまま食べられるように皮と薄皮をむき、ひと房ずつにします。ラップを敷いたアルミトレイに並べて凍らせ、冷凍用の袋に入れて冷凍室に。かたまりになりそうになったらほぐしておくと、食べたいぶんずつとり出せます。

オレンジアイス

1人分　418kcal

材料（4人分）
冷凍したオレンジ…………200g
バニラアイスクリーム……750㎖

作り方 ❶アイスクリームは容器のふたをあけ、かたく凍っている場合は電子レンジで30〜60秒加熱してやわらかくする。

❷オレンジは凍ったままミキサーかフードプロセッサーにかけてアイスクリームと混ぜる。すぐに食べないときは再び冷凍室にもどして再冷凍することもできる。

＊メモ①　ミキサーにかけてなめらかにしたオレンジはヨーグルトにかけてもよいし、牛乳と混ぜてもおいしくなります。

＊メモ②　キーウイ、マンゴーも皮をむいて薄切りにし、冷凍しておいて、同様にしてアイスクリームに混ぜてもおいしいものです。

CHAPTER ❶ 素材をそのまま冷凍

いちご

洗ってヘタをとり、冷凍する

果物類 フルーツ

冷凍方法　　　　　　　　保存期間の目安　1か月

冷凍する場合はそのまま食べられるように洗ってヘタをとります。大きいものは早く凍るように縦半分に切るのもよいでしょう。ラップを敷いたアルミトレイに並べて凍らせ、冷凍用の袋に入れて冷凍室に置きます。

いちごのヨーグルトゼリー

1人分　164kcal

材料（4人分）

冷凍したいちご	350g
ヨーグルト	1カップ1/2
粉ゼラチン	2袋（10g）
砂糖	3/4〜1カップ
洋酒（ラム酒など）	大さじ1

作り方
❶いちごは凍ったままフードプロセッサーかミキサーにかけて細かくし、砂糖、洋酒を混ぜておく。
❷水1/2カップに粉ゼラチンをふり入れて5分おく。電子レンジにかけるか湯せんにかけて溶かし、ヨーグルトを混ぜる。
❸②に①のいちごを加えて混ぜる。
❹ゼリー型にサラダ油（分量外）を塗り、③を流し入れて冷蔵室で冷やしかためる。

＊メモ　①でシャーベット状態にしたいちごは、そのまま食べても。凍ったままのいちごとアイスクリームを一緒にフードプロセッサーにかけてもおいしいデザートになります。

CHAPTER ❶ 素材をそのまま冷凍

ブルーベリー

洗って水けをふき、そのまま冷凍

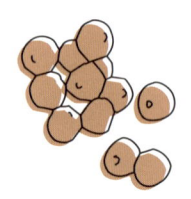

冷凍方法　　　　　　　　保存期間の目安　1か月

紫色の色素に疲れ目をいやす効果があるとして、人気急上昇中のフルーツです。そのまま食べられるものなので、冷凍する場合も、なんの手間もかかりません。冷凍用の袋に入れ、冷凍室に置くだけです。

パンナコッタのブルーベリーソース　1人分　407kcal

材料（4人分）
- 冷凍したブルーベリー……200g
- 粉ゼラチン…………2袋（10g）
- 白ワイン……………1/4カップ
- 砂糖……………………大さじ4〜5
- 砂糖……………………1/2カップ
- 牛乳……………………3/4カップ
- 生クリーム…………1カップ1/2

作り方
❶ ブルーベリーは凍ったままワイン、砂糖を混ぜておく。
❷ 水1/2カップに粉ゼラチンをふり入れて5分おき、電子レンジにかけるか湯せんにかけて溶かす。熱いうちに砂糖を混ぜて溶かし、牛乳を混ぜ、生クリームを少しずつ混ぜ入れる。
❸ 大きいボウルに氷水を入れ、②を容器ごとつけて混ぜながら冷やす。トロリとなったら流し缶かプリン型などに流し入れ、冷蔵室で冷やしかためる。
❹ ③を型からとり出して器に盛り、①をかける。
＊メモ　ラズベリーも使うとかわいい。作り方はブルーベリーと同じです。

CHAPTER ❶ 素材をそのまま冷凍

果物類　フルーツ

アボカド
種と皮を除いて冷凍する

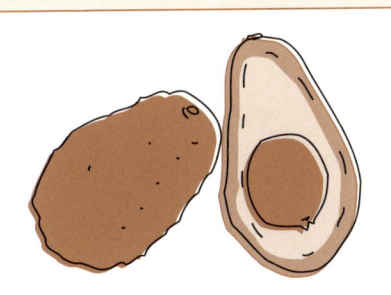

冷凍方法　　　　　　　　　保存期間の目安　1か月

横に切り目を入れて半分に割り、種をとり出し、皮をむいて冷凍。薄く切ってから冷凍すると早く凍ります。ラップを敷いたアルミトレイに並べ、凍ってから冷凍用の袋に入れて。食べるときは自然解凍にします。

アボカドのムース
1人分　269kcal

材料（4人分）
冷凍したアボカド…1個分（100g）
レモン汁……………………大さじ1
砂糖………………………大さじ5〜6
生クリーム………………1/2カップ
ラム酒………………………大さじ1
スライスアーモンド…………適量

作り方 ❶凍ったままのアボカド、レモン汁、砂糖をミキサーかフードプロセッサーにかける。
❷生クリームを泡立て器でふんわりと半立てにし、①に加え、ラム酒を加えて混ぜる。
❸冷やしておいた器に②を盛り、アーモンドを散らす。
＊メモ　アボカドはデザートにするほか、刺身のようにも楽しめます。角切りにしてまぐろと一緒にわさびじょうゆであえたり、手巻きずしにすし種として巻いてもおいしいものです。

CHAPTER ❶ 素材をそのまま冷凍

香味野菜を冷凍する

料理をひきたててくれる香味野菜ですが、1回に使う分はほんの少しなのに傷みやすく、次に使おうとしても、使えないことがよくあります。新鮮さを長もちさせる方法をご紹介しましょう。

青じそ
保存方法　ティッシュで包んで水にくぐらせ、さらにラップで包んで野菜室に。4～5日はもちます。
冷凍方法　洗って水けをふき、1枚ずつ冷凍してから冷凍用の袋に入れて冷凍室に置きます。1週間以内に食べきりましょう。

木の芽
保存方法　濡らしたキッチンペーパーにはさみ、ラップに包んで冷蔵庫に。冷蔵庫の中で行方不明にならないよう密閉容器などに入れておく。
冷凍方法　冷蔵保存と同じにして冷凍室に。使うときは水で洗うだけで解凍できます。保存の目安は1か月。

しょうが
保存方法　使いかけはぴっちりラップで包み、野菜室に。4～5日はもちます。
冷凍方法　みじん切りにしたり、おろしたりして薄くし、ラップで包み、冷凍室に。必要なぶんずつ折りとって使う。1か月はもちます。

にんにく
保存方法　網などに入れ、つるしておけば長もちします。春から初夏にかけては芽が出やすいので冷蔵室に。1片ずつにして皮をむき、根の部分はそのままにして密閉容器に入れておくとすぐに使えて便利です。
冷凍方法　みじん切りにするか、またはすりおろし、薄くしてラップに包み、冷凍室に置く。必要なぶんずつ折りとって使う。薄皮をむいて丸のまま冷凍してもよく、凍ったまま使います。1か月はもちます。

パセリ
保存方法　水を入れたコップに挿し、ふんわりとラップをかけて冷蔵庫のドアポケットに。これで4～5日はもちます。
冷凍方法　軸をはずし、水けをふきとって冷凍用の袋に入れて冷凍室。凍ったら手でもんで細かくし、びんなどに入れて冷凍室に置きます。

ゆず、すだちなど
保存方法　きずがなければ室温に、しなびてくるまで使えます。使いかけはラップでぴっちり包んで冷蔵室に置きます。
冷凍方法　皮を薄くむきとり、キッチンペーパーに並べて冷凍用の袋に。果汁の冷凍、丸ごとの冷凍もできます。2～3か月以内に。

わさび
保存方法　キッチンペーパーで包み、さらにラップで包んで冷蔵室に。この状態で約1週間から10日はもちます。
冷凍方法　すりおろすと風味が少なくなるので、形のままの冷凍がおすすめ。ラップで包み、冷凍用の袋に入れて冷凍。1か月以内に。

CHAPTER ②
料理を冷凍してアレンジ

&

保存・解凍・料理法

料理によっては1度にたくさん作ったほうがおいしいものがあります。また、作るときに手がかかるので、そのたびに作るにはめんどうなものもあります。そんなものは冷凍が便利。材料表記は1回分になっていますが、2倍量、3倍量で作って冷凍しておくのもよいでしょう。

CHAPTER ❷ 料理を冷凍してアレンジ

ハンバーグ

時間のあるときに作りおきを

冷凍方法　　　　　　　　　　保存期間の目安　1か月

材料表は4人分ですが、この2倍、3倍量で作って冷凍しておくとなにかと重宝します。ハンバーグがすっかりさめてからラップで包み、さらに冷凍用の袋に入れてしっかり封をし、冷凍室に置きます。

ハンバーグ

1人分　398kcal

材料（4人分）

牛ひき肉（赤身）	300g
豚ひき肉（赤身）	100g
玉ねぎ	1/2個
溶き卵	1個分
生パン粉	1カップ
A　しょうゆ	小さじ1/2
ウスターソース	小さじ1/2
トマトケチャップ	大さじ1
塩	小さじ1/2
こしょう、ナツメグ	各少々
サラダ油	

作り方
❶玉ねぎはみじん切りにし、油大さじ1で透きとおってくるまで炒めるか、または電子レンジで、ラップなしで約3分加熱し、さましておく。
❷ボウルにひき肉、①の玉ねぎ、溶き卵、パン粉、Aを入れてよく混ぜ、4等分する。
❸②の1個分をかるくまとめ、片手から片手にキャッチボールの要領で打ちつけるようにして空気を抜き、小判形にまとめて中央を少しくぼませる。残りも同様にする。
❹フライパンに油大さじ1を熱して③を入れ、下側がかたまったらフライパンを動かしながら中火で焼く。ほどよい焼き色がついたら裏に返してふたをし、火を弱めて中までじっくり火をとおす。

ハンバーグ、アンナ風

1人分　472kcal

材料（4人分）
冷凍した基本のハンバーグ……4個
玉ねぎ………………（小）1/2個
トマト………………（小）1/2個
ピーマン………………………1個
スライスしたチーズ…………4枚

作り方❶玉ねぎとトマトは薄切りにする。
❷ピーマンはヘタと種を除き、横に輪切りにする。
❸フライパンに凍ったままのハンバーグを並べて入れ、玉ねぎ、トマト、ピーマンをのせ、チーズをかぶせるようにのせてふたをし、弱火でチーズがとろけるまでゆっくり蒸し焼きにする。
＊メモ　または耐熱皿にハンバーグをのせ、同様に玉ねぎ、トマト、ピーマン、チーズをのせて電子レンジで約3分、ハンバーグが熱くなり、チーズがとろけるまで加熱します。

煮こみハンバーグ

1人分　550kcal

材料（4人分）
冷凍した基本のハンバーグ……4個
赤ワイン……………………大さじ3〜4
デミグラスソース………………1缶
A ┌ トマトケチャップ……大さじ1
　│ ウスターソース………小さじ2
　│ ベイリーフ………………1枚
　└ おろし玉ねぎ…………小さじ2
じゃがいも……………………3個
塩　こしょう

作り方❶鍋にワイン、デミグラスソース、Aを入れて火にかける。煮たったらハンバーグを凍ったまま入れ、中火で約10分煮こみ、塩、こしょう各少々で味をととのえる。
❷じゃがいもはひと口大に切ってやわらかくゆで、ゆで汁をきって粉ふきにする。
❸①を盛って粉ふきいもを添える。

ハンバーグのおろしかけ

1人分　432kcal

材料（4人分）
冷凍した基本のハンバーグ……4個
大根………………1/4本（250g）
青じそ………………………5〜6枚
酢　砂糖　塩

作り方❶ハンバーグはラップのまま電子レンジで約10分、器の底が熱くなるまで加熱する。または油少量をひいたフライパンに入れ、ふたをして蒸し焼きにする。
❷大根はすりおろし、かるく水けをきる。
❸青じそは柄を切り落とし、細切りにする。
❹大根おろしに酢大さじ2、砂糖大さじ1、塩小さじ1/2を混ぜ、青じそを混ぜる。
❺器にハンバーグを盛って④をのせる。

料理編　ハンバーグ

CHAPTER ❷ 料理を冷凍してアレンジ

ゆで豚

チャーハンやあえものなどに

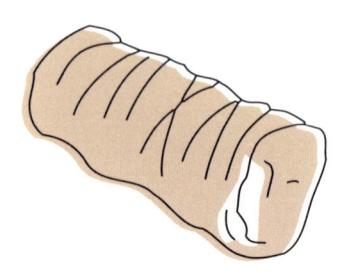

冷凍方法　　　　　　　　　保存期間の目安　1か月

バラ肉や肩ロース肉のかたまりで作ります。ゆでるのに時間はかかりますが、ゆでておけば利用度は高く、常備しておくとなにかと便利。薄切りにし、ラップで包んで凍らせ、冷凍用の袋に入れて封をし、冷凍室に置きます。

ゆで豚　　　　　　　　　　　　全量で　2025kcal

材料
豚かたまり肉（400ｇ）…2～3本
しょうが……………………………少量
長ねぎの葉の部分………2～3本分

作り方
❶鍋にたっぷりの水を入れて火にかける。７０℃くらいになったら豚肉、しょうが、長ねぎの葉の部分を入れる。
❷①が沸騰したら火を弱め、浮いてくるアクを除き、そのまま６０～８０分ゆでる。
❸豚肉をとり出して竹ぐしを深くさし入れ、澄んだ汁が出てきたらゆで汁にもどし、そのままさめるまでおく。
❹充分にさめたら豚肉をとり出し、薄切りにする。
＊メモ　豚肉はロース、バラ肉などで。豚肉をゆで汁につけたままさますと、しっとりと仕上がります。ゆで汁はこしてスープに。牛乳パックなどに入れて冷凍しておくと、いつでもスープとして使えます。

ゆで豚のごまレーズンソース

1人分　123kcal

材料（4人分）

冷凍したゆで豚	200g
きゅうり	1本
いり黒ごま	大さじ3
レーズン	大さじ3
A　だし	大さじ3
しょうゆ	大さじ3
酢	大さじ1

作り方 ❶ゆで豚は自然解凍する。
❷きゅうりはピーラー（皮むき器）で縦に薄くむき、冷水につけてパリッとさせ、水けをきる。
❸レーズンは水洗いし、ラップをかけて電子レンジで30秒加熱し、やわらかくする。
❹ごまはフードプロセッサーですり、レーズンを加え、さらにすり混ぜてペースト状にする。
❺④にだし、しょうゆ、酢を加えて混ぜる。
❻きゅうりをふたつ折りにして器の周囲にグルリと盛り、中央にゆで豚を盛り、⑤をかける。
＊メモ　好みで豆板醤を加えてもおいしい。

ゆで豚と玉ねぎのソース漬け

1人分　291kcal

材料（4人分）

冷凍したゆで豚	300g
玉ねぎ	2個
A　中濃ソース	1/2カップ
ウスターソース	1/4カップ
酢	1/4カップ
サラダ油	1/4カップ
レタス	適量

作り方 ❶玉ねぎは薄切りにする。
❷Aを混ぜ合わせて玉ねぎを加え、ゆで豚を凍ったまま漬けて解凍しながら味を含ませる。
❸レタスは食べやすくちぎって冷水につけ、パリッとさせて水けをきる。
❹器にレタスを敷いて②を盛る。
＊メモ　ご飯によく合い、カリカリに焼いたトーストにレタスとともにのせてもおいしい。

ゆで豚とキムチの葉包み（ボッサム）

1人分　176kcal

材料（4人分）

冷凍したゆで豚	200g
白菜のキムチ（浅漬け）	1/4株
アミの塩辛	大さじ2
キャベツ	4～8枚
サンチュ	20枚
青じそ	20枚
春菊	適量

作り方 ❶ゆで豚は自然解凍する。
❷キャベツは電子レンジで加熱し、しんなりさせる。
❸春菊はやわらかい葉を摘む。
❹材料全部を盛り合わせる。サンチュにキャベツ、青じそを重ねてのせ、ゆで豚にアミの塩辛少量をつけてのせ、さらにキムチ、春菊ものせ、サンチュで巻いて食べる。
＊メモ　サンチュは韓国原産の幅広な葉野菜、サニーレタスで代用できます。

CHAPTER ❷ 料理を冷凍してアレンジ

鶏の酒蒸し

あえもの、めん類のトッピングに

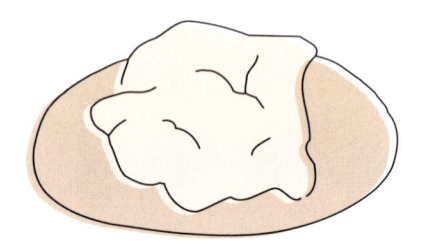

冷凍方法　　　　　　　　　保存期間の目安　1か月

鶏もも肉のほか、むね肉、ささみでも作れます。蒸しあがったらそのままさまし、1枚ずつラップで包んで冷凍用の袋に入れ、しっかり封をして冷凍室に。蒸し汁もスープとして利用できます。

鶏の酒蒸し

全量で　675kcal

材料

鶏もも肉（またはむね肉）……2枚
にんにくの薄切り……………1片分
レモンの薄切り………………1枚
塩　こしょう　酒

作り方 ❶鶏肉の両面に塩小さじ1、こしょう少々をふって10分おく。
❷耐熱皿に鶏肉を皮を下にしてのせ、にんにく、レモンをのせ、酒大さじ2をふる。ラップをし、電子レンジで約8分（鶏肉100gにつき2分の割合）で加熱し、そのままさます。
＊メモ　鍋で蒸し煮にしてもよい。その場合は、塩、こしょうをした鶏肉を、皮めを上にして鍋に入れ、にんにく、レモンをのせ、酒をふってきっちりふたをし、10分ほど蒸し煮にします。

棒々鶏（バンバンヂィ）

1人分　185kcal

材料（4人分）

冷凍した鶏肉の酒蒸し	1枚
春雨	30g
卵	1個
きゅうり	1本
にんじん	3cm
すり白ごま	大さじ1と1/2
長ねぎのみじん切り	大さじ1
しょうが汁	少量
スープ	大さじ1と1/2
A しょうゆ、酢	各大さじ1と1/2
砂糖	大さじ1/2
ごま油	大さじ1/2
塩　酢　ごま油　砂糖　サラダ油	

作り方 ❶鶏の酒蒸しは電子レンジでかるく温め、げんこつでたたいてから細く裂く。
❷春雨は熱湯でもどしてざく切りにし、塩、酢、ごま油各少々を混ぜて下味をつける。
❸卵は溶きほぐして塩少々、砂糖小さじ1を混ぜ、油少量で薄焼き卵を焼き、細く切る。
❹きゅうりは斜め薄切りにしてせん切りにする。
❺にんじんはせん切りにして水大さじ1、塩少々をふり、電子レンジで約1分加熱する。
❻すりごまに長ねぎ、しょうが汁、スープ、Aを混ぜてたれを作る。
❼器に春雨を敷いて①、③〜⑤を盛り、たれをかける。

チキンマリネ

1人分　303kcal

材料（4人分）

冷凍した鶏の酒蒸し	2枚
にんじん	（小）1/2本
玉ねぎ	（小）1/2個
セロリ	1/2本
A レモン汁	大さじ2
マスタード	小さじ1
オリーブ油	大さじ4
塩	小さじ3/4

作り方 ❶にんじんは薄切りにして花型で抜き、耐熱容器に入れて水1/4カップを注いで電子レンジで約3分加熱する。
❷玉ねぎは薄切り、セロリは縦半分に切って薄切りにする。以上を水にさらし、水けをきる。
❸Aと②を混ぜ合わせる。
❹鶏の酒蒸しを電子レンジでかるく温め、ひと口大に切って③に漬ける。

チーズチキン

1人分　227kcal

材料（4人分）

冷凍した鶏の酒蒸し	2枚
チーズ（薄切り）	4枚
バター	

作り方 ❶鶏の酒蒸しは自然解凍、または電子レンジで加熱して解凍する。
❷鶏肉の厚みに切り目を入れ、チーズをはさむ。
❸フライパンにバター大さじ1を溶かし、鶏肉を皮めを下にして入れ、ふたをしてこんがりと焼き色がつくまで焼く。
＊メモ　スパゲティなどを添えて盛ります。

料理編　鶏の酒蒸し

CHAPTER ❷ 料理を冷凍してアレンジ

肉だんご

煮もの、酢豚風にと大活躍

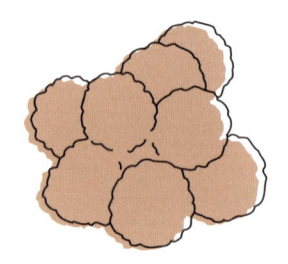

冷凍方法

保存期間の目安　1か月

ひき肉に香味野菜を入れてだんごにし、中まで火がとおるように揚げ、十分にさまし、冷凍用の袋に入れ、しっかり封をして冷凍室に置きます。豚ひき肉のほか、合いびき肉、鶏ひき肉で作ってもよいでしょう。

肉だんご

全量で　979kcal

材料（4人分）

- 豚ひき肉（赤身）………300ｇ
- 卵………………………………1個
- 長ねぎのみじん切り………1/2本分
- しょうがのみじん切り……大さじ1
- 塩　こしょう　片栗粉　揚げ油

作り方 ❶ボウルにひき肉を入れ、卵を割り入れ、長ねぎ、しょうが、塩小さじ1/2、こしょう少々を入れ、粘りが出るまでよく混ぜ、片栗粉大さじ1と1/2を加えてさらによく混ぜる。

❷揚げ油を170℃に熱し、①を梅干し大に丸めて入れる。全部を入れたら油をかき混ぜながらまんべんなく火がとおるようにし、肉だんごがカラリとなって色づいたら、網じゃくしなどですくい出して油をきる。

＊メモ　このまま、練り辛子などをつけて食べてもおいしい。冷凍保存する場合は、この2倍量、3倍量などで作っておくと、いろいろな料理に使えます。

肉だんごの酢豚風

1人分　326kcal

材料（4人分）

冷凍した肉だんご	基本の半量
干ししいたけ	3〜4枚
玉ねぎ	1個
ピーマン、赤ピーマン	2〜3個
にんにく	1片
しょうが	1かけ
A 砂糖	大さじ3
しょうゆ	大さじ3
酢	大さじ2
片栗粉	大さじ1と1/2
サラダ油	

作り方 ❶しいたけは水でもどし、石づきを切り落として4等分に切る。もどし汁をとっておく。
❷玉ねぎは2cm幅のくし形に切って横半分に切る。ピーマンと赤ピーマンはひと口大の乱切りにし、にんにくとしょうがは薄切りにする。
❸肉だんごは電子レンジで約3分加熱する。
❹①のもどし汁3/4カップにAを混ぜる。
❺油少量でにんにく、しょうがを炒める。香りが出たらしいたけ、玉ねぎ、ピーマン2種を炒め、④を加える。とろみがついたら肉だんごを入れて味をからめる。

肉だんごの甘辛煮

1人分　291kcal

材料（4人分）

冷凍した肉だんご	基本の量
しめじ	1パック
ししとう	12本
だし	2カップ
A しょうゆ、みりん	各大さじ2
砂糖	大さじ2

作り方 ❶しめじは小房に分ける。
❷ししとうは指先、または包丁で縦に1本、切り目を入れる。
❸鍋にだし、Aの調味料を入れて火にかける。煮たったら凍ったままの肉だんご、しめじを加え、煮汁が少なくなるまで煮、ししとうを入れてひと煮する。

ミートボールスープ

1人分　450kcal

材料（4人分）

冷凍した肉だんご	基本の半量
玉ねぎ	1/2個
にんにく	1片
にんじん	（小）1本
じゃがいも	2個
ベイリーフ	1枚
スイートコーン（クリームタイプ）	（小）1缶（240g前後）
牛乳	1カップ
パセリのみじん切り	少量
バター　塩　こしょう	

作り方 ❶玉ねぎとにんにくはみじん切りにする。
❷にんじんは7〜8mm角に切る。じゃがいもは1cm角に切って水にさらす。
❸鍋にバター大さじ2を熱して玉ねぎとにんにくを色づけないように炒める。香りが出たらにんじん、じゃがいもを順に加えて炒め、油がまわったら水3カップ、ベイリーフを入れ、沸騰したら火を弱めてアクをとる。
❹肉だんごを凍ったまま入れ、スイートコーンを加えてさらに煮る。野菜がやわらかくなったら、電子レンジで温めた牛乳を加えてひと煮し、塩、こしょう各少々で味をととのえ、パセリをふる。

CHAPTER ❷ 料理を冷凍してアレンジ

肉そぼろ

応用範囲の広い素材、ご飯に混ぜても

冷凍方法

保存期間の目安　1か月

冷凍がむずかしいひき肉も味をつけ、火をとおしておくと日もちします。うす味にしておくといろいろな料理の応用がきいて便利。1回に使いやすい量に小分けし、ラップで包んで冷凍用の袋に入れて封をし、冷凍室に置きます。

肉そぼろ

全量で　554kcal

材料（基本の量）
- 豚ひき肉……………………200g
- しょうゆ………………大さじ1/2
- 酒………………………大さじ1/2

作り方 ❶ひき肉を鍋に入れてしょうゆ、酒を加え、箸数本でかき混ぜる。
❷①を火にかけ、汁けがなくなってポロポロになるまでいり煮する。

＊メモ①　調味料を混ぜてから火にかけると、鍋につきにくく、細かいそぼろになります。

＊メモ②　豚ひき肉だけではなく、牛ひき肉、鶏ひき肉でも作れます。

＊メモ③　そぼろご飯用には、この分量に砂糖大さじ1、しょうゆ大さじ1、しょうがのみじん切りをプラスします。

そぼろとコーンのクリーム煮

1人分　294kcal

材料（4人分）
- 冷凍した肉そぼろ……………基本の量
- 玉ねぎ………………………………1個
- にんにく………………………………1片
- トマト…………………………………1個
- スイートコーン（粒）……1カップ
- ┌牛乳………………………1カップ1/2
- └固形スープ（チキン味）……1個
- バター　小麦粉　塩　こしょう

作り方
1. 玉ねぎとにんにくはみじん切りにする。
2. トマトは皮を湯むきにし、横半分に切って種を除き、1cm角に切る。
3. スイートコーンは缶汁をきる。
4. バター大さじ2で玉ねぎとにんにくを炒める。しんなりとしたら小麦粉大さじ2をふり入れ、焦がさないように2〜3分炒める。
5. ④に牛乳、砕いた固形スープを入れ、肉そぼろを凍ったまま加えて混ぜながら煮る。肉そぼろがほぐれたらスイートコーンを加える。
6. 煮たったら弱火にし、トマトを加えてひと煮し、塩、こしょう各少々で味をととのえる。

クリーム煮のグラタン風

1人分　537kcal

材料（4人分）
- そぼろとコーンのクリーム煮4人分
- マッシュポテトの素………………1袋
- ┌牛乳………………………1カップ1/2
- │バター……………………………大さじ1
- │塩……………………………小さじ1/3
- └こしょう……………………………少々

作り方
1. グラタン皿にそぼろとコーンのクリーム煮（上記の料理）を入れる。
2. 耐熱性のボウルに牛乳、塩、こしょうを入れて混ぜ、電子レンジで約3分加熱し、バター、マッシュポテトの素を入れて混ぜる。
3. ①の周囲に②のマッシュポテトを絞り出し、オーブン、またはオーブントースターでかるい焼き色がつくまで焼く。

肉そぼろと豆腐の中華煮

1人分　213kcal

材料（4人分）
- 冷凍した肉そぼろ……基本の1/2量
- 木綿豆腐……………………………1丁1/2
- 長ねぎ………………………………1/2本
- しょうが……………………………1かけ
- にんにく………………………………1片
- スープ…………………………1/2カップ
- A┌甜麺醤、しょうゆ、酒、砂糖
- 　└……………………………各大さじ1
- 豆板醤…………………………小さじ1/2
- ごま油　片栗粉

作り方
1. 豆腐は2cm角に切り、キッチンペーパーを広げたざるにのせて水きりする。
2. 長ねぎ、にんにく、しょうがはみじん切りに。
3. Aを混ぜ合わせておく。
4. 片栗粉小さじ1を水大さじ1で溶く。
5. ごま油大さじ1に豆板醤を入れて火にかける。香りが出たらしょうが、にんにくを炒め、肉そぼろを凍ったまま入れ、スープ、③を加える。煮たったら豆腐を入れて2〜3分煮、長ねぎを散らし、水溶き片栗粉を混ぜ入れてとろみをつける。

CHAPTER ❷ 料理を冷凍してアレンジ

シュウマイ

時間のあるときに作りおきを

冷凍方法　　保存期間の目安　1か月

一度にたくさん作って冷凍しておくと、なにかと重宝です。蒸し上がったら充分にさまし、ラップに包んでから冷凍用の袋に入れ、冷凍室に。凍ったまま蒸し器で蒸すか、電子レンジで温めて食べます。

シュウマイ

1人分　217kcal

材料（4人分）

- 豚ひき肉……………………200g
- 玉ねぎ………………………1/4個
- 溶き卵………………………1/2個分
- A
  - 片栗粉……………………大さじ1
  - 酒…………………………大さじ1
  - しょうゆ…………………小さじ1
  - 砂糖………………………小さじ1
  - 塩…………………………小さじ1/2
- シュウマイの皮………1袋（24枚）
- グリンピース………………24粒

作り方

❶ 玉ねぎは細かいみじん切りにする。

❷ ボウルにひき肉、①の玉ねぎ、溶き卵、Aの材料全部を入れ、粘りが出るまでよく混ぜる。

❸ 左手にシュウマイの皮1枚を広げ、②を大さじ1杯くらいすくいとって皮に押しつけるようにのせて包み、表面を平らにならし、グリンピースをかるく押しこむ。残りも同様にする。

❹ 蒸し器の上段にオーブンシートを敷いてシュウマイを並べる。

❺ 蒸し器の下段で湯をわかし、沸騰したら⑤をのせて強火で約8分蒸す。

＊メモ　好みで辛子じょうゆ、または酢じょうゆをつけて食べます。

シュウマイ入り茶わん蒸し

1人分　174kcal

材料（4人分）
- 冷凍したシュウマイ……………8個
- 卵………………………………2個
- 牛乳……………………2カップ
- 塩…………………小さじ1/2弱
- しょうが汁……………………少量

作り方 ❶卵は溶きほぐし、牛乳、塩小さじ1/2弱を混ぜてこし器でこす。
❷蒸し茶わん4個にシュウマイを2個ずつ、凍ったまま入れ、①の卵液を等分に注ぐ。
❸沸騰している蒸し器に②を入れてふたをし、初めは強火で2～3分蒸し、次に火を弱めて15～20分蒸す。竹ぐしを中心部にさし入れ、澄んだ汁が出てきたらしょうが汁をふる。

シュウマイの3色ごろも揚げ

1人分　256kcal

材料（4人分）
- 冷凍したシュウマイ…………12個
- 小麦粉……………大さじ1と1/2
- 水…………………大さじ1と1/2
- 桜えび……………………大さじ1/2
- いり黒ごま………………大さじ1/2
- 青のり……………………大さじ1/2
- 揚げ油

作り方 ❶桜えびは細かく刻む。
❷小麦粉と水を合わせてよく混ぜ、3等分する。それぞれに桜えび、ごま、青のりを混ぜて3色のころもを作る。
❸揚げ油を180℃に熱し、凍ったままのシュウマイに②のころもをつけて入れ、カラリと揚げる。
＊メモ　そのまま、または辛子じょうゆをつけて食べます。

シュウマイの野菜蒸し

1人分　131kcal

材料（4人分）
- 冷凍したシュウマイ…………12個
- もやし……………………100g
- にんじん…………………1/2本
- 長ねぎ………………………1本
- 酢　しょうゆ

作り方 ❶もやしは根をとって洗い、水けをきる。
❷にんじんは4cm長さの短冊に切り、長ねぎは1cm幅の斜め切りにする。
❸器にもやし、にんじん、長ねぎを敷き、凍ったままのシュウマイを並べる。
❹沸騰した蒸し器に③を入れ、ふたをして約10分蒸す。またはラップをかけ、電子レンジで約3分加熱する。
❺酢としょうゆ各大さじ1を混ぜて④に添える。

料理編　シュウマイ

CHAPTER ❷ 料理を冷凍してアレンジ

チャーハン
時間のあるときに作りおきを

冷凍方法　　　　　　　　　　　　保存期間の目安　1か月

1人分ずつ冷凍しておくと利用しやすいもの。残りご飯もチャーハンにしておくと、すぐに食べられます。チャーハンがすっかりさめてからラップで包み、冷凍用の袋に入れ、しっかり封をして冷凍室に置きます。

チャーハン
1人分　415kcal

材料（4人分）
- ご飯……………………………4人分
- 玉ねぎ…………………………1/2個
- ベーコン………………………3枚
- にんじん………………………3cm
- 生しいたけ……………………2枚
- 卵………………………………3個
- 鶏ガラスープの素………小さじ1強
- サラダ油　塩　こしょう　しょうゆ

作り方
❶ 玉ねぎ、ベーコン、にんじん、しいたけはみじん切りにする。
❷ 油大さじ1で①を炒める。
❸ 卵をほぐしてご飯をよく混ぜ、②を混ぜる。
❹ 油大さじ2を熱し、③を入れてパラパラになるまで炒める。スープの素を入れてさらに炒め、鍋肌からしょうゆ少量を入れて香りを出し、塩とこしょう各少々で味をととのえて全体を混ぜ合わせる。

レタスチャーハン

1人分　425kcal

材料（1人分）
- 冷凍したチャーハン……………1人分
- レタス………………………………1/4個
- しょうゆ

作り方 ❶チャーハンは凍ったままフライパンに入れて火にかけ、かたまりがほぐれて温かくなるまで炒める。焦げつきそうなら火を弱める。
❷レタスはざく切りにし、チャーハンがほぐれたところに入れてざっと炒め、しょうゆを鍋肌から入れてざっと混ぜる。
＊メモ　目玉焼きをのせてもおいしい。

チャーハンのにらあんかけ

1人分　495kcal

材料（1人分）
- 冷凍したチャーハン……………1人分
- にら……………………………………1/2束
- ┌水………………………………1/2カップ
- └鶏ガラスープの素………小さじ1
- オイスターソース………大さじ1/2
- サラダ油　しょうゆ　こしょう
- 片栗粉

作り方 ❶チャーハンはラップに包んだまま電子レンジで約5分加熱する。
❷にらは3cm長さに切る。
❸油大さじ1でにらをさっと炒め、水と鶏ガラスープの素を加え、しょうゆ小さじ1/2、オイスターソース、こしょう少々で味つけする。
❹片栗粉小さじ1を水大さじ1で溶き、❸に混ぜ入れてとろみをつける。
❺器に❶のチャーハンを盛って❹をかけ、熱いうちに食べる。

チャーハンのお焼き風

1人分　266kcal

材料（1人分）
- 冷凍したチャーハン……………1人分
- 卵……………………………………1個
- 細ねぎ……………………………1〜2本
- サラダ油

作り方 ❶チャーハンは電子レンジで解凍する。
❷卵は割りほぐし、チャーハン、小口切りにした細ねぎを混ぜる。
❸フライパンに油少量を熱し、❷をスプーンですくって落とし入れ、丸く形をととのえて両面をこんがりと焼く。
＊メモ　❷の卵と混ぜたチャーハンを油揚げに詰め、オーブントースターでこんがり焼いてもおいしいものです。

料理編　チャーハン

CHAPTER ❷ 料理を冷凍してアレンジ

ポークカレー

時間のあるときに作りおきを

冷凍方法

保存期間の目安　1か月

じゃがいもをとり出して1人分ずつポリ袋に入れ、できるだけ薄くして冷凍室に置きます。このページはこれを解凍して使いますが、カレーとして使う場合は、電子レンジで加熱したじゃがいもを、温めるときに入れるとよいでしょう。

＊じゃがいもを入れたまま冷凍、解凍すると、じゃがいもがとろけてドロドロになります。

ポークカレー

1人分　403kcal

材料（4人分）
- 豚角切り肉………200〜300g
- 小麦粉……………大さじ1
- カレー粉…………大さじ1/2
- 玉ねぎ……………1個
- にんにく…………1片
- しょうが…………1かけ
- トマト……………1個
- にんじん…………（小）1本
- じゃがいも………2個
- カレールウ（市販品）……5皿分
- しょうゆ…………少量
- ウスターソース…少量
- 塩　こしょう　サラダ油

作り方
❶豚肉に塩、こしょう各少々をふる。ポリ袋に小麦粉とカレー粉を入れて混ぜ、豚肉を入れてまぶす。
❷玉ねぎ、にんにく、しょうがはみじん切り。
❸トマトは皮を湯むきにしてざく切りにする。
❹にんじんとじゃがいもは乱切りにする。
❺鍋に油大さじ2を熱し、豚肉を焼きつけてとり出す。あとの油で②を炒めて豚肉をもどし、水4カップ、トマトを入れて20分煮こむ。
❻油大さじ1でにんじんとじゃがいもを炒め、⑤に加えてやわらかくなるまで煮る。
❼いったん火からおろし、カレールウを割って入れ、再び火にかけて10分煮、しょうゆ、ウスターソース、こしょうで味をととのえる。

カレードリア

1人分　825kcal

材料（2人分）
冷凍したポークカレー………2人分
ご飯………………………………2人分
ピザ用チーズ……………………100g
パセリのみじん切り（あれば）少量
バター

作り方❶ご飯を電子レンジで温め、カレーの1/3量を混ぜる。
❷グラタン皿にバターをうすく塗って①のご飯を盛り、残りのカレーをかける。
❸②にピザ用のチーズをたっぷりのせ、オーブントースターでチーズがとろけ、かるい焼き色がつくまで焼き、あればパセリをふる。
＊メモ　深さのない器なら、ガスレンジの焼き魚用のグリルでも焼けます。火加減はやや弱めの中火で。

ココナツカレー

1人分　235kcal

材料（2人分）
冷凍したポークカレー………2人分
ココナツミルク1缶（400g前後）
ナンプラー………………………大さじ1
ピーマン…………………………2個
なす………………………………2個
エリンギ…………………………1パック
サラダ油　砂糖　塩

作り方❶ピーマンはヘタと種を除いてひと口大の乱切り、なすもひと口大に切る。エリンギは大きいものは半分に切って縦に4つ割りにする。
❷鍋に油大さじ1を熱し、ピーマン、なす、エリンギを炒める。しんなりとしたらココナツミルク、凍ったままのカレーを入れて煮る。
❸カレーが熱くなったらナンプラー、砂糖小さじ1を加え、味をみて足りなければ塩少々でととのえる。

カレーポタージュ

1人分　473kcal

材料（2人分）
冷凍したポークカレー………2人分
牛乳………………………………1カップ
パセリのみじん切り（あれば）少量
塩

作り方❶カレーは電子レンジで加熱するか、室温に置いて解凍する。
❷鍋に①と牛乳を入れ、火にかけて温め、塩味をととのえる。とろみが強い場合は牛乳を足す。
❸器に入れ、パセリをふる。
＊メモ　カレーはプロセッサーにかけてなめらかにすると、もっと口あたりのよいスープになります。牛乳を好みでココナツミルクや豆乳に代えるのもよいでしょう。

料理編　ポークカレー

CHAPTER❷ 料理を冷凍してアレンジ

ドライカレー
時間のあるときに作りおきを

冷凍方法   保存期間の目安　1か月

基本の量の2倍、3倍量で作って冷凍しておくと重宝します。ポリ袋に入れて平らにします。このとき、すじをつけておくと1人ずつを折りとって使うことができます。さらに冷凍用の袋に入れ、しっかり封をして冷凍室に置きます。

基本のドライカレー

1人分　436kcal

材料（4人分）
- 豚ひき肉…………………300ｇ
- 玉ねぎ………………（中）2個
- にんじん………………1/2本
- ピーマン…………………1個
- しょうが………（大）1かけ
- にんにく…………………1片
- レーズン（粗みじん切り）…大さじ4
- クルミ………………………3粒分
- パセリ（粗みじん切り）…大さじ2
- カレー粉………………大さじ2
- 赤ワイン………………大さじ3～4
- トマトジュース………（小）1缶
- サラダ油　しょうゆ
- ウスターソース

作り方
❶玉ねぎ、にんじん、ピーマンはみじん切り、にんにく、しょうがもみじん切りにする。
❷油大さじ2で玉ねぎ、しょうが、にんにくを炒める。香りが出たらひき肉を加えてさらに炒める。
❸ひき肉がパラパラになったらにんじん、ピーマンを加えてさらに炒め、カレー粉をふり入れ、ワインを加えてひと煮する。
❹弱火にし、トマトジュースを4回に分けて入れ、そのたびに鍋底をこそげるようにして煮る。
❺煮汁が少なくなったらしょうゆ、ウスターソース各小さじ1、レーズン、クルミ、パセリを加え、さらに煮汁がなくなるまで煮て味をととのえる。

＊メモ　ナツメグ、クローブ、オールスパイスなどのスパイスを入れるといっそう風味が増します。

里いものカレー

1人分　645kcal

材料（2人分）
- 冷凍したドライカレー……… 2人分
- 里いも……………………… 400g
- オクラ……………………… 4〜6本
- トマトジュース…………… (小)1缶
- 赤ワイン………………… 1/2カップ
- 塩　揚げ油

作り方
❶里いもは洗って乾かしてから皮をむき、1cm厚さの輪切りにする。
❷オクラは洗ってヘタを切りととのえ、塩をこすりつけて洗い、水けをふく。
❸揚げ油を170℃に熱して里いもを入れ、竹ぐしがとおるまで揚げる。続いてオクラを入れ、色が鮮やかになるまで揚げる。
❹鍋にドライカレーを凍ったまま入れ、トマトジュースと赤ワイン、③の里いもを入れて火にかける。沸騰したらオクラを入れ、味がなじむまで弱火で約10分煮る。

カレーピザトースト

1人分　659kcal

材料（2人分）
- 冷凍したドライカレー……… 2人分
- トマト……………………… 1/2個
- ピーマン…………………… 1個
- 食パン（6枚切り）………… 2枚
- ピザ用チーズ……………… 適量

作り方
❶ドライカレーは鍋に入れて温めるか、または電子レンジで約2分加熱する。
❷トマトは薄切り、ピーマンは種を除いて5mm幅の輪切りにする。
❸食パンにドライカレーを塗り、トマトとピーマンをのせ、チーズをたっぷりのせる。
❹オーブントースターに③を入れ、チーズがとろけるまで焼く。

ドライカレーのレタス包み

1人分　593kcal

材料（2人分）
- 冷凍したドライカレー……… 2人分
- レタス……………………… 適量
- ウインナソーセージ……… 4本
- チーズ（薄切り）…………… 2枚
- きゅうり…………………… 1本
- セロリ……………………… 1/2本
- ご飯………………………… 4人分

作り方
❶ドライカレーは電子レンジで2〜3分加熱して温めておく。
❷レタスは1枚ずつにし、水につけてパリッとさせ、水けをふく。
❸ソーセージは切りこみを入れてゆでる。
❹チーズは棒状に切り、きゅうりとセロリはスティック状に切る。
❺食べるときに、レタスにドライカレー、ご飯、ソーセージ、チーズなどを好みでのせ、巻いて食べる。

料理編　ドライカレー

CHAPTER ❷ 料理を冷凍してアレンジ

コロッケ

揚げてから冷凍するといつでも楽しめる

冷凍方法　　　　　　　　　　　　　保存期間の目安　1か月

揚げる手間は一緒、解凍・調理も簡単なので、揚げてからの冷凍がおすすめ。さめてから冷凍用の袋に入れて冷凍室に。揚げたてが食べたいときはパン粉をつけた段階で冷凍し、温める前の油に凍ったまま入れて火にかけ、カラリと揚げます。

コロッケ

1人分　296kcal

材料（4人分）
- 合いびき肉……………………100g
- じゃがいも……………………400g
- 玉ねぎ…………………………1/2個
- ┌溶き卵…………………………1個分
- └水………………………………大さじ1
- パン粉…………………………1カップ強
- キャベツ………………………適量
- バター　塩　こしょう　小麦粉　揚げ油

作り方
❶じゃがいもは皮つきのまま洗い、ラップで包んで電子レンジで約8分加熱するか、やわらかくゆで、皮をむいてつぶす。
❷玉ねぎはみじん切りにしてバター大さじ1でしんなりするまで炒め、ひき肉を加えて炒める。ひき肉がポロポロになったら塩小さじ1/2弱、こしょう少々をし、熱いうちに①に混ぜて8～12等分し、小判形や俵形など好みの形にまとめる。
❸溶き卵に水を加えて混ぜる。
❹②に小麦粉をまぶして③の卵液にくぐらせ、パン粉をつける。揚げ油を180℃に熱したところに入れ、カラリと揚げる。
❺キャベツをせん切りにし、水にさらして水けをよくきり、④のコロッケと盛り合わせる。

コロッケ＆コーンマヨネーズ

1人分　476kcal

材料（4人分）
- 冷凍したコロッケ……………4個
- マヨネーズ……………1/2カップ
- スイートコーン（粒）…1/2カップ
- セロリ(1cm角に切って)…1/4カップ
- 牛乳………………………大さじ1
- 塩　こしょう

作り方
1. セロリに塩、こしょう各少々をふり、しばらくおいてしんなりしたら水けをふく。
2. スイートコーンは缶汁をきる。
3. マヨネーズにスイートコーン、セロリ、牛乳を混ぜてコーンマヨネーズを作る。
4. 電子レンジでコロッケを5～6分加熱して解凍する。ガスレンジのグリルに入れ、上面を1～2分、裏面を1～2分かけてカラリと焼く。
5. 器に盛り、コーンマヨネーズをかける。

コロッケのカレーチーズ焼き

1人分　440kcal

材料（2人分）
- 冷凍したコロッケ……………4個
- 冷凍したカレー………………1人分
- ピザ用チーズ……………100ｇ

作り方
1. グラタン皿にコロッケを並べて、解凍したカレーをかけ、チーズをのせる。
2. オーブントースターに①を入れ、チーズがとろけてかるい焼き色がつくまで12～13分焼く。

コロッケサンド

1人分　428kcal

材料（2人分）
- 冷凍したコロッケ……………4個
- とんかつソース………大さじ2～3
- ┌バター……………………適量
- └練り辛子…………………適量
- 食パン（8枚切り）……………4枚
- キャベツ…………………………2枚

作り方
1. コロッケは電子レンジで1個につき3分加熱し、温かいうちにつぶしてとんかつソースを混ぜる。
2. 食パンを好みの加減にトーストし、バターと練り辛子を混ぜたものを塗る。
3. キャベツはせん切りにする。
4. 食パン2枚をひと組にし、コロッケとキャベツの1/2量ずつをはさむ。

料理編　コロッケ

CHAPTER ❷ 料理を冷凍してアレンジ

とんかつ

揚げてから冷凍、好みの味にリメイクも

冷凍方法　　　保存期間の目安　1か月

揚げてから冷凍しておくと、いつでもすぐに食べられます。揚げたあとはさまし、1枚ずつラップ、またはアルミ箔で包んで冷凍室に置きます。解凍は電子レンジで加熱、または室温で。そのまま食べる場合はオーブントースターで焼く方法もあります。

とんかつ

1人分　763kcal

材料（4人分）
豚ロース肉（厚切り）………4枚
小麦粉……………………大さじ2
卵……………………………1個
パン粉………………1カップ1/2
塩　こしょう　小麦粉　揚げ油

作り方 ❶ 豚肉はすじ切りをしてたたき、手で寄せて元の形にもどす。塩小さじ1/2、こしょう少々をふり、小麦粉をうすくまぶす。
❷ ボウルに卵を割り入れてほぐし、小麦粉を混ぜる。①の豚肉をくぐらせ、パン粉をつける。
❸ 揚げ油を170℃に熱して②を2枚入れる。肉を入れると油の温度が下がるので火を少し強め、温度が上がったら火を弱める。肉が浮いてきて泡が小さくなったら火がとおったしるし。裏に返し仕上げに油の温度を上げてカラッとさせる。
❹ 残り2枚も同様に揚げる。

かつ丼

1人分　1237kcal

材料（2人分）
- 冷凍したとんかつ……………… 2枚
- 玉ねぎ………………………（小）1個
- にんじん…………………………… 2cm
- だし……………………………… 1/2カップ
- A ┌ しょうゆ………………… 大さじ2
    │ みりん…………………… 大さじ1
    └ 砂糖……………………… 小さじ2
- 卵…………………………………… 2個
- グリンピース…………………… 大さじ3
- ご飯……………………………… 2人分

作り方❶とんかつは電子レンジで約3分加熱して解凍し、ひと口大に切る。
❷玉ねぎは薄切り、にんじんはせん切りにする。
❸親子鍋かフライパンにAの半量、玉ねぎとにんじんの半量を入れて火にかける。煮たったらとんかつを入れて温める。卵を溶きほぐして流し入れ、グリンピースの半量を散らしてふたをする。卵が半熟状になったら火を止める。残りの半量も同様にする。
❹どんぶりにご飯を盛って③をのせる。

とんかつのマスタード焼き

1人分　806kcal

材料（2人分）
- 冷凍したとんかつ……………… 2枚
- 粒マスタード…………………… 大さじ1
- ウスターソース………………… 大さじ1
- スライスしたチーズ…………… 2枚

作り方❶とんかつは電子レンジで解凍するか、自然解凍にする。
❷粒マスタードとウスターソースを混ぜる。
❸オーブントースターの受け皿にアルミ箔を敷きとんかつを並べて②を塗り、チーズをのせ、200℃のオーブンでチーズがとろけるまで焼く。

かつサンド

1人分　1205kcal

材料（2人分）
- 冷凍したとんかつ……………… 2枚
- 食パン（8枚切り）……………… 4枚
- ┌ バター…………………… 大さじ1
  └ マスタード……………… 小さじ1
- キャベツ………………………… 2枚
- とんかつソース………… 大さじ3～4
- マヨネーズ……………………… 大さじ2

作り方❶とんかつは凍ったままオーブントースターで熱くなるまで焼く。途中で焦げそうならアルミ箔をかぶせて焼く。
❷食パンを2枚ずつ重ねてオーブントースターで焼き、焼き色がついていないほうに、バターとマスタードを混ぜたものを塗る。
❸キャベツはせん切りにする。
❹食パン2枚をひと組にし、キャベツをのせてとんかつソース、マヨネーズをかけ、とんかつをのせてはさむ。これをラップで包んでなじむまでしばらくおく。

CHAPTER ❷ 料理を冷凍してアレンジ

ひじきの煮つけ

もう1品欲しいとき、料理のアレンジに重宝です

冷凍方法

保存期間の目安　1か月

乾燥品を１回分ずつもどして料理するのは、時間も手間もかかります。１度にたくさん作り、小鉢１杯分（１人分）ずつに小分けにしてラップに包むか、ポリ袋に入れ、さらに冷凍用の袋に入れて冷凍室に。いり豆腐に使ったり、いなりずしのすし飯に混ぜたりと、応用できて重宝します。

ひじきの煮つけ

1人分　109kcal

材料（6人分）

- ひじき（乾燥品）……１袋（５０ｇ）
- 油揚げ……………………………２枚
- にんじん…………………………３㎝
- だし……………………………１カップ
- 酒………………………………大さじ２
- 砂糖……………………………大さじ３
- しょうゆ………………………大さじ４
- サラダ油　みりん　しょうゆ

作り方
❶ひじきは水に２０〜３０分つけてもどし、水の中でもみ洗いし、ざるにあげる。
❷油揚げはさっとゆでて油抜きをし、縦長に半分に切ってから５㎜幅に切る。
❸にんじんはせん切りにする。
❹鍋に油大さじ２を熱し、ひじきを炒める。油がまわったら油揚げを加え、だし、酒、砂糖を加えてひと煮し、しょうゆを加えて落としぶたをし、中火でゆっくり煮る。
❺煮汁がほとんどなくなったらにんじんをのせて落としぶたをし、２〜３分蒸し煮にする。味をみてみりん、しょうゆ各少量で味をととのえる。

ひじきご飯

1人分　426kcal

材料（2人分）
- 冷凍したひじきの煮つけ……2人分
- 薄焼き卵……………………………1枚
- さやえんどう………………………4枚
- ご飯……………………………2人分
- 塩

作り方❶ひじきの煮つけを電子レンジで約2分加熱して温める。
❷さやえんどうは塩少量を入れた熱湯でさっとゆで、斜めの細切りにする。
❸薄焼き卵は3～4㎝長さの細切りにする。
❹温かいご飯に①、②を混ぜ、塩少々で味をととのえて器に盛り、③の錦糸卵を散らす。
＊メモ　薄焼き卵、さやえんどうは冷凍したものを利用できます。薄焼き卵の作り方は190ページを参照してください。いり卵でも結構です。

ひじき入り卵焼き

1人分　146kcal

材料（4人分）
- 冷凍したひじきの煮つけ……1人分
- 卵………………………………3個
  - 砂糖……………………小さじ1
  - 塩………………………………少々
- サラダ油

作り方❶ひじきの煮つけを電子レンジで約2分加熱し、解凍する。
❷卵を溶きほぐし、砂糖と塩を混ぜる。ひじきの煮つけを汁けをきって入れ、ざっと混ぜる。
❸卵焼き器に油少量を熱して②の1/3量ずつを流し入れ、半熟状態で巻き、残りも同様にして厚焼き卵の要領で焼き上げる。

ひじきサンド

1人分　302kcal

材料（2人分）
- 冷凍したひじきの煮つけ……1人分
- 卵……………………………1個
- バターロールパン…………2個
- バター

作り方❶ひじきの煮つけは電子レンジで約2分加熱し、温めておく。
❷卵を鍋に入れ、かぶるくらいの水を加えて火にかける。沸騰したら火を弱めて10分ゆで、水にとる。さめたら殻をむいて輪切りにする。
❸ロールパンに切り目を入れてバター少量を塗り、ひじきの煮つけとゆで卵をはさむ。

CHAPTER❷ 料理を冷凍してアレンジ

高野豆腐の含め煮

のり巻きの芯やちらしずし、煮ものに重宝

冷凍方法
保存期間の目安　1か月

もどしたり、煮たりするのに手間のかかる高野豆腐も一度に煮て冷凍しておくのがおすすめ。だしをきかせてふっくらと煮、煮汁を含ませた状態で冷凍用の袋に入れて冷凍室に。自然解凍にするか電子レンジで温めます。

高野豆腐の含め煮

1人分　112kcal

材料（6人分）
- 高野豆腐……………………4枚
- だし…………………………2カップ
- A
  - 砂糖……………………大さじ4
  - 酒………………………大さじ2
  - みりん…………………大さじ2
  - うす口しょうゆ………小さじ1
  - 塩………………小さじ1と1/3

作り方
❶80℃くらいのたっぷりの湯に高野豆腐を入れ、5～10分つけてもどす。
❷芯までやわらかくもどったら両手でしっかりはさんでもどし汁を絞る。それぞれを半分ずつに切り分ける。
❸鍋にだし、Aを入れて煮たて、高野豆腐を入れ、落としぶたをして中火で10分煮る。
❹最後にうす口しょうゆを入れて味をととのえ、火を止めてそのまま味を含ませる。
＊メモ　高野豆腐は、そのまま煮汁に入れられるものもあります。

高野豆腐のサラダ

1人分　305kcal

材料（2人分）
- 冷凍した高野豆腐の含め煮…4切れ
- トマト……………………………1個
- たらこ…………………………1/2腹
- きゅうり…………………………1本
- ┌マヨネーズ、牛乳……各大さじ3
- └パセリのみじん切り……大さじ1
- 塩

作り方 ❶高野豆腐の含め煮は自然解凍にし、2cm角に切る。
❷トマトは半分に切って薄切り。きゅうりは半月切りにして塩小さじ1/2をふり、水けを絞る。
❸たらこは切り目を入れて身をしごき出し、マヨネーズ、牛乳、パセリを加えて混ぜ、高野豆腐とトマト、きゅうりをあえる。

高野豆腐の卵とじ

1人分　210kcal

材料（2人分）
- 冷凍した高野豆腐の含め煮…4切れ
- 生しいたけ……………………… 4枚
- みつ葉…………………………1/2束
- ほたて貝（水煮）………（小）1缶
- 卵…………………………………4個
- だし………………………… 1/4カップ
- ┌酒…………………………大さじ1/2
- A│砂糖………………………大さじ1/2
- └塩…………………………小さじ1/4
- 片栗粉

作り方 ❶高野豆腐の含め煮は解凍し、手の平にはさんで汁をかるく絞り、1cm幅の短冊切りにする。
❷しいたけは軸を切って細く切り、みつ葉は2cm長さに切る。
❸卵は溶きほぐし、片栗粉大さじ1を水大さじ1で溶いたもの、みつ葉を混ぜる。
❹鍋にだし、Aを入れて火にかけ、高野豆腐、しいたけ、ほたて貝を缶汁ごと入れる。煮たったら③を流し入れ、木じゃくしで混ぜながら半熟程度に火をとおす。
＊メモ　ほたて貝の代わりに桜えびを使ってもおいしくなります。

高野豆腐のチーズフライ

1人分　402kcal

材料（4人分）
- 冷凍した高野豆腐の含め煮…4切れ
- プロセスチーズ（薄切り）……8枚
- ┌小麦粉……………………大さじ3
- └卵…………………………………1個
- パン粉……………………1カップ強
- 揚げ油

作り方 ❶高野豆腐の含め煮は解凍し、手の平にはさんで汁をかるく絞り、半分に切る。厚みに包丁を入れて袋状にし、チーズを1枚ずつはさむ。
❷卵を溶きほぐして小麦粉を混ぜ、①をくぐらせてパン粉をつける。
❸揚げ油を180℃に熱し、②を入れてカラリと揚げる。

料理編　高野豆腐の含め煮

CHAPTER❷ 料理を冷凍してアレンジ

ホワイトソース

冷凍用の袋に入れて冷凍、自然解凍か電子レンジで解凍

冷凍方法

保存期間の目安　1か月

分量は4人分の料理に使う分ですが、2倍量、3倍量で作っておくのもよいでしょう。でき上がったホワイトソースはさめてから冷凍用の袋に入れ、平らにして冷凍室に置きます。1人分ずつ使えるように、すじをつけて置くと便利です。

ホワイトソース

全量で　704kcal

材料（基本の量）

- 小麦粉……………………大さじ5
- バター……………………大さじ3
- 牛乳………………………2カップ
- 白ワイン…………………大さじ2
- レモン汁…………………大さじ2
- 塩…………………………小さじ1/2
- こしょう…………………少々

作り方
❶鍋に小麦粉とバターを入れて弱火にかけ、焦がさないように木べらで絶えず混ぜながらサラサラになるまで炒める。
❷①の鍋をいったん火からおろし、冷たい牛乳を一気に入れてよくかき混ぜ、再び火にかけて混ぜながら煮る。
❸とろみがついたらワイン、塩を加え、弱火で約10分煮る。
❹仕上げにレモン汁を絞り入れ、こしょうをふって味をととのえる。

ほうれんそうと卵のグラタン

1人分　249kcal

材料（4人分）
- 冷凍したホワイトソース　基本の半量
- ほうれんそう……………………1束
- ゆで卵………………………………4個
- 白ワイン……………………大さじ3
- おろしチーズ………………大さじ4
- レモン汁……………………小さじ1
- 塩　バター　こしょう

作り方
❶ほうれんそうは塩少量を入れた湯でゆで、水にとって水けを絞り、3～4cm長さに切る。バター大さじ1を溶かし、ほうれんそう、塩、こしょう各少々、水大さじ1～2を加えてソテーする。
❷ワインを煮たて、ホワイトソース、おろしチーズの半量、レモン汁を入れ、塩、こしょう各少々で味をととのえる。
❸グラタン皿にバターを塗って②を薄く敷き、①、半分に切ったゆで卵をのせ、残りの②をかけて残りのおろしチーズをふる。
❹オーブントースターで③を約10分焼く。

クリームシチュー

1人分　410kcal

材料（4人分）
- 冷凍したホワイトソース…基本の量
- 鶏もも肉………………………（大）1枚
- かぶ…………………………………4個
- にんじん……………………（小）1本
- 玉ねぎ………………………………1個
- A ┌ 固形スープ（チキン味）…1個
  │ 白ワイン………………大さじ2
  └ ブーケガルニ………………1束
- 塩　こしょう　小麦粉　バター

作り方
❶鶏肉は大きめに切って塩、こしょう各少々をふって小麦粉をまぶす。かぶは2～4つに切り、にんじんは輪切り、玉ねぎはくし形に切る。
❷鍋にバター大さじ1を溶かして鶏肉を炒める。色が変わったらにんじん、玉ねぎを加えて炒める。
❸②に水2カップ、Aを入れ、煮たってから10分煮てかぶを入れ、2～3分煮て火を止める。
❹ホワイトソースを③に加えて弱火で2～3分煮、塩、こしょう各少々で味をととのえる。

マカロニグラタン

1人分　423kcal

材料（4人分）
- 冷凍したホワイトソース…基本の量
- マカロニ………………………100g
- むきえび………………………150g
- 玉ねぎ……………………………1/2個
- マッシュルーム…………（小）1缶
- 白ワイン………………大さじ1～2
- ゆで卵………………………………2個
- おろしチーズ………………大さじ2
- パセリのみじん切り………………適量
- 塩　バター　こしょう

作り方
❶ホワイトソースは自然解凍にする。
❷マカロニは塩少量を入れた熱湯でゆでる。
❸えびは背ワタを取り、玉ねぎは薄切り。バター大さじ1で炒め、マッシュルームを缶汁ごと入れてワインをふり、塩、こしょう各少々をふる。
❹③にホワイトソースの半量、マカロニを入れて混ぜる。
❺グラタン皿にうすくバターを塗り、④を入れてゆで卵の輪切りを並べ、残りのホワイトソースをかけておろしチーズをふる。200℃のオーブンで約10分焼き、パセリをふる。

CHAPTER ❷ 料理を冷凍してアレンジ

ミートソース

冷凍用の袋に入れて冷凍、自然解凍か電子レンジで解凍

冷凍方法

保存期間の目安　1か月

基本の量の2倍量、3倍量で作っておくと、パスタソースや混ぜご飯に重宝します。でき上がったミートソースはさめてから冷凍用の袋に入れ、平らにして冷凍室に置きます。1人分ずつ使えるように、すじをつけておくと使いやすいようです。

ミートソース

全量で　1293kcal

材料（基本の量）

牛ひき肉	300g
玉ねぎ	1個
にんにく	1片
にんじん	1/2本
トマト	（大）2個
赤ワイン	1/2カップ
A　固形スープ	1個
ウスターソース	大さじ1
しょうゆ	大さじ1
塩、砂糖	各小さじ1
ベイリーフ	1枚
サラダ油　こしょう　香辛料	

作り方

❶ 玉ねぎ、にんにく、にんじんはみじん切り、トマトは皮を湯むきにして種を除き、粗みじんに切る。

❷ 鍋に油大さじ3を熱し、玉ねぎを入れて中火で約10分炒め、にんにくを加えて炒める。

❸ ひき肉を加えてパラパラになるまで炒め、にんじん、トマトを加え、赤ワインをふり、A、ベイリーフを入れて弱火で40分煮る。

❹ 仕上げにこしょう少々をふる。あればオレガノ、オールスパイス、クローブなどの香辛料各少々もふって味をととのえる。

野菜のミートソース煮

1人分　246kcal

材料（4人分）
- 冷凍したミートソース…基本の半量
- じゃがいも……………………3個
- にんじん………………（小）1本
- 玉ねぎ…………………………1個
- サラダ油

作り方
❶じゃがいもは皮をむき、ひと口大に切って水にさらす。
❷にんじんはじゃがいもより小さめの乱切りにし、玉ねぎは2cm幅のくし形に切る。
❸油大さじ1でじゃがいも、にんじん、玉ねぎを炒め、凍ったままのミートソース、水1カップを加える。煮たったら火を弱め、野菜がやわらかくなるまで煮る。
❹煮汁が多ければ火を強めて煮つめる。
＊メモ　味をみてしょうゆやウスターソース、トマトケチャップなどで味をととのえます。

ピーマンのミートソースカレー

1人分　282kcal

材料（4人分）
- 冷凍したミートソース…基本の半量
- ピーマン………………………1袋
- 赤・黄ピーマン……………各1個
- 玉ねぎ…………………………1個
- ベーコン………………………2枚
- にんにく………………………2片
- ┌カレー粉……………大さじ1〜2
- └赤ワイン……………1/4カップ
- ゆでたうずら卵…………2パック
- サラダ油　しょうゆ
- ウスターソース

作り方
❶ピーマン、赤・黄ピーマンは種を除いて1cm幅の輪切り、玉ねぎは5mm幅に切り、ベーコンは1cm幅に切る。にんにくはたたきつぶす。
❷鍋に油大さじ1、にんにく、ベーコン、玉ねぎを入れてしんなりするまで炒め、ピーマン3種を入れてさらに炒め、カレー粉を入れて混ぜる。
❸香りが出たら凍ったままのミートソース、ワイン、うずら卵を入れて約10分煮る。味をみてしょうゆ、ウスターソース各少量で味をととのえる。

かぼちゃのグラタン

1人分　276kcal

材料（4人分）
- 冷凍したミートソース…基本の半量
- かぼちゃ……………………1/4個
- ピザ用チーズ…………………適量
- バター

作り方
❶ミートソースは自然解凍にする。
❷かぼちゃは種をとって1cm厚さに切り、ラップで包んで電子レンジで約8分加熱する。
❸グラタン皿にバターをうすく塗り、かぼちゃを並べる。ミートソースをかけてチーズをたっぷりのせ、高温のオーブントースター、または200℃に熱したオーブンでチーズがとろけ、ほどよい焼き色がつくまで焼く。

料理編　ミートソース

CHAPTER ❷ 料理を冷凍してアレンジ

トマトソース

冷凍用の袋に入れて冷凍、自然解凍か電子レンジで解凍

冷凍方法

保存期間の目安　1か月

分量は4人分の料理に使う分ですが、2倍量、3倍量で作っておくのもよいでしょう。でき上がったトマトソースはさめてからポリ袋に入れ、平らにして冷凍庫に置きます。1人分ずつ使えるように小分けにするか、すじをつけておくと便利です。

トマトソース

全量で　449kcal

材料（基本の量）

- トマト（完熟）…………5個（1kg）
- にんにく……………………1片
- 玉ねぎ……………………1/2個
- ブーケガルニ………………1束
- 固形スープ（チキン味）………1個
- バジル（あれば）……………適量
- オリーブ油　塩　こしょう

作り方

❶ トマトは皮を湯むきにし、横半分に切って種を除いてざく切りにする。
❷ にんにくはみじん切り、玉ねぎは薄切りにする。
❸ 鍋にオリーブ油大さじ2とにんにく、玉ねぎを入れて炒める。玉ねぎがうすく色づいたらトマト、ブーケガルニを入れる。煮たったら木じゃくしでトマトをつぶし、混ぜながらとろりとなるまで煮、砕いた固形スープ、塩、こしょう各少々、バジルを入れて味をととのえる。

＊メモ　ブーケガルニはベイリーフ、パセリの茎、セロリの葉の部分をタコ糸で束ねたもので、市販もされています。トマトソースができ上がったら冷凍する前にとり出しておきます。

スパゲティ・トマトソース

1人分　490kcal

材料（2人分）
- 冷凍したトマトソース…基本の半量
- スパゲティ……………………200g
- 生のバジル（あれば）…………少量
- 塩　こしょう

作り方
1. トマトソースは自然解凍にする。
2. 鍋にたっぷりの湯をわかして塩少量を入れ、スパゲティをゆでる。ややかためにゆであがったらざるにあげてゆで汁をきる。
3. 鍋にトマトソースを入れて火にかける。煮たったら②のスパゲティを入れてからめ、味をみて塩、こしょう各少々で味をととのえる。
4. 器に盛り、あればバジルを飾る。

たらのトマトソース煮

1人分　293kcal

材料（2人分）
- 冷凍したトマトソース…基本の半量
- 生たら……………………………2切れ
- 生バジル（あれば）……………少量
- 塩　こしょう　小麦粉　サラダ油

作り方
1. トマトソースは自然解凍にする。
2. たらは1切れを半分ずつに切り、塩、こしょう各少々をふり、小麦粉をまぶす。
3. 鍋に油大さじ2を熱して②のたらを焼きつける。ほどよい焼き色がついたら余分な油をあけ、トマトソースを入れて煮からめる。
4. 器に盛り、あればバジルを飾る。

なすのトマト味のグラタン

1人分　373kcal

材料（4人分）
- 冷凍したトマトソース…基本の半量
- マカロニ……………………150g
- なす…………………………8個
- ピーマン……………………2個
- ベーコン……………………2枚
- ピザ用チーズ………………適量
- 塩　サラダ油

作り方
1. トマトソースは自然解凍にする。
2. 鍋に湯をわかして塩少量を入れ、マカロニをやわらかくゆで、ざるにあげてゆで汁をきる。
3. ベーコンは1cm幅に切る。なすは小さめの乱切り、ピーマンは縦半分に切って乱切りにする。
4. 鍋に油大さじ1を入れてベーコン、なす、ピーマンを炒め、トマトソースを入れて煮る。味がなじんだらマカロニを入れて混ぜる。
5. グラタン皿に④を入れてチーズを散らし、高温のオーブントースター、または200℃に熱したオーブンでチーズがとろけるまで焼く。

料理編　トマトソース

しいたけの含め煮

全量で 126kcal

材料

干ししいたけ	10枚
しょうゆ	大さじ1と1/2
砂糖	大さじ1と1/2
みりん	大さじ1と1/2

作り方 ❶しいたけは水でもどす。充分にもどったらかるく絞り、軸を切りとる。
❷鍋にしいたけを入れ、しょうゆ、砂糖、みりんかぶるくらいのもどし汁を入れて火にかける。煮たったら火を弱め、落としぶたをして煮汁がほとんどなくなるまで煮含める。
❸さめたら冷凍用の袋に入れて冷凍する。

かんぴょうの含め煮

全量で 122kcal

材料

かんぴょう（乾燥品）	2本
酒	大さじ1
しょうゆ	大さじ1
みりん	大さじ1
塩	

作り方 ❶かんぴょうは水で濡らし、塩少量をまぶしてよくもみ、水洗いする。
❷小鍋に入れ、かぶるくらいの水を加えて透きとおってくるまでゆでる。
❸酒、しょうゆ、みりんを②に入れ、煮たったら弱火にして落としぶたをし、煮汁がなくなるまでゆっくり煮含める。
❹さめたら冷凍用の袋に入れて冷凍する。

薄焼き卵

全量で 398kcal

材料

卵	4個
砂糖	小さじ4
塩	小さじ1/4
サラダ油	

作り方 ❶卵をボウルに割りほぐし、砂糖、塩を混ぜてこし器でこす。
❷フライパンを火にかけ、油少量をひいてなじませ、余分をふきとる。フライパンが熱くなったら①を流し入れ、手早く全体に広げ、余分の卵液をボウルにもどす。
❸卵液に火がとおって色が変わったら裏に返し、乾かす程度に火をとおす。残りも同様に焼く。
❹さめたら冷凍用の袋に入れ、冷凍室に置く。細く切り、錦糸卵にして冷凍してもよい。

CHAPTER ③
冷凍食品を使いこなす

&

保存・解凍・料理法

冷凍食品は素材を冷凍したもの、調理加工して冷凍したものと年々、バラエティー豊かになってきます。この章では買うときの注意点、解凍方法、料理法をご紹介しますので、冷凍食品を使ってより豊かな食生活を楽しんでください。

CHAPTER❸ 冷凍食品を使いこなす

冷凍食品を選ぶ

冷凍食品の品質は製造から配送、
販売までの厳しい管理で守られています。
よい状態で売られているものを選び、
家庭での管理を充分にすることが、
長所を生かすことになります。

＜買うときのチェックポイント＞

① −18℃以下に保たれていること

冷凍食品を並べているショーケースには温度計が設置されています。買う前に温度計を見て、ケースの中が−18℃になっているかどうかを確かめましょう。

② ロードライン以下になっているか

ショーケースには、これ以上の高さに商品を積んではいけないというロードライン（積荷限界線）が設けられています。ロードライン以上に積まれている商品は温度が規定以上に上がっている恐れがあります。

③ 表示がきちんとしているか

パッケージに品名、調理法、原材料名、内容量、製造者名などがきちんと表示されているかどうかも確かめましょう。製造年月日も記載されていますが、新しいかどうかというよりも、正しい管理がなされていたかどうかのほうがずっと大事です。

④ しっかり凍っているか

包装の内側に霜がついていないか、形がくずれていないかを確かめましょう。しっかり凍っていれば品質が保たれています。

認定証マーク

日本冷凍食品協会の「指導基準」をクリアした製品につけられるマーク。このマークがついていれば、安心して買うことができます。

家庭でしっかり管理する

冷凍食品のよさは、なんといっても手軽さ。
冷凍室にあれば、買いものができないときや
料理する時間がないときの、心強い味方です。
開封していない状態で正しく保存すれば、1年はもちます。

＜買ったときの管理＞

① 最後に買う

家に持ち帰るまでに解凍してしまわないように、冷凍食品は買いものの最後に買うようにします。とくに夏場は気をつけて。

② 熱を遮断する方法で

とくに気温の高いときには、ショッピングバッグのどこに入れるか、にも気を配りましょう。なるべく外気から遠い位置に。できれば牛乳や肉、魚のパックなど、低温の食品で囲むようにするとよいでしょう。

③ 買ったら寄り道をしない

買いものが終わったら、まっすぐ家に帰り、すぐ冷凍室に食品を入れます。ちょっと立ち話をするだけのつもりが時間をとられ、食品がグズグズになった、なんてこともあります。

＜家庭での管理＞

① －18℃以下の冷凍室に

－18℃以下なら家庭用の冷凍室でも1年以上はもちます。冷凍室の中は食品をびっしり詰めても大丈夫。扉をひんぱんに開けない、開けたらすぐに閉めるようにして、室内の温度を上げないようにしましょう。

② 開封後はポリ袋に入れて

封をあけ、使った残りは空気をしっかり抜いて包装ごとポリ袋に入れ、封をしっかりして解けないうちに再び冷凍室に。封が充分でないと乾燥や油焼けすることがあります。

③ 再冷凍はしない

いったん解凍してしまったものは全部使いきりましょう。もう一度凍らせても味はひどく落ちてしまいます。使うぶんだけとり出すことも大事。

CHAPTER ❸ 冷凍食品を使いこなす

冷凍食品を調理する

冷凍食品はすぐ食べられる状態に加工してある調理品、揚げる、焼くの手前まで加工してある半調理品、解凍すると生に近い状態になるものまであり、種類もさまざま。ここでは半調理品、調理品の加熱方法を紹介します。

＜揚げものは油の温度に注意＞

油の温度は、天ぷらより心もち高めの１８０℃が適温です。一度にたくさん入れると温度が下がり、ころもがはがれやすくなります。

① 油は多めに用意し、少しずつ入れる

コロッケやフライのころもがはがれるのは、油の温度を下げてしまったから。少しずつ油に入れて適温を保つようにしましょう。

② 入れてから、しばらくはそのまま

食品は必ず、凍ったまま入れます。入れたら表面がかたまるまでしばらくそのままにし、きつね色になってから裏に返します。

③ オーブンやトースターで

揚げてから冷凍してあるものは、オーブンかオーブントースターで焼くとカラッとなります。電子レンジで温める場合はキッチンペーパーにのせて加熱し、余分な油を吸収させるようにします。

＜焼く、炒めるは中火で中まで火をとおす＞

ハンバーグや焼きギョーザは凍ったままフライパンで焼きます。油は多めにひきましょう。食品を入れたらふたをし、やや弱めの中火、焦げつきそうなら弱火にして、中心まで充分に熱くなるように蒸し焼きにします。ピラフは、フッ素樹脂加工のフライパンなら油をひかず、鉄製のフライパンなら少量の油をひき、凍ったまま入れて炒め焼きにします。電子レンジで温める場合は途中で１回、全体を混ぜて加熱ムラを防ぎます。

＜凍ったまま強火で蒸す＞

シュウマイ、中華まんじゅうなどは蒸し器で蒸すのがいちばんです。沸騰している蒸し器に凍ったまま入れ、ふたをして約１０分、ふっくらと温まるまで。電子レンジは手軽ですが、水分が充分でないとかたくなってしまうので、水を霧吹きでかけるか、水にくぐらせてから加熱します。茶わん蒸しは蒸し茶わんに移しかえ、解凍してから蒸します。

＜袋のまま熱湯に入れて煮る＞

シチュー、野菜の煮もの、肉だんごなどの煮ものは、袋のまま熱湯に入れて温めると手軽です。電子レンジで温める場合は耐熱容器に移し、ふたかラップをして加熱します。

冷凍食品Ｑ＆Ａ

Q 冷凍野菜って、栄養はどうなの？

A 材料は穫れたての野菜を使っていますから原材料の栄養価は、お店で売っているものよりも高いといえます。冷凍する前にさっとゆでて（ブランチといいます）いるので多少はビタミンＣが少なくなります。しかし、そうした野菜は家庭でもゆでたり、炒めたりするので、大差はないといえます。

Q 冷凍食品の油の酸化が心配

A 製造工程から販売の段階までしっかり管理され、酸化しない工夫もしてあるので、売っている冷凍食品には心配いりません。もともと冷凍することによって酸化することはあまりないのです。しかし、家庭での保存状態が悪いと油が酸化する恐れがあります。袋が破れて乾燥したり、冷凍室の温度が適切でなかったり、保存期間が長すぎたりすると品質が劣化してしまいます。

Q 食品を油に入れるとはねることがある

A 冷凍食品を長くおくと、食品の水分が蒸発し、開封すると霜がつきやすくなります。霜がついていたら、揚げる前に霜をよくはらうとよいでしょう。

冷凍食品

CHAPTER ❸ 冷凍食品を使いこなす

冷凍まぐろ、かつおを おいしく解凍

遠洋のまぐろやかつおは獲れたてが船上で急速冷凍され、カチンカチンに凍ったまま運ばれて市場に届きます。お店で売っているもののほとんどは、それを解凍したものですが、中には凍ったままの状態で売っているものもあります。

凍ったままのまぐろやかつおは冷凍室で保存でき、いつでも食べることができます。そのまま冷蔵室に置くだけでも解凍されますが、ひと手間かけると解凍ムラがなく、いっそうおいしくなります。

資料提供／日かつ連

温塩水で解凍する

温塩水は40℃、お風呂よりもややぬるめのお湯に食塩を混ぜたもので、温塩水にカチンカチンのまぐろやかつおをつけ、表面をゆるめてから布で包み、冷蔵室で解凍させると、ただ冷蔵室に置いたものに比べ、よりおいしく解凍されます。この方法によるメリットは　❶より短時間で解凍できる　❷時間の経過による変色を防げる　❸ドリップ（うまみを含んだ水分）が出にくい　❹解凍ムラが少ない　の4点があります。

さく取りしたまぐろ、節どりしたかつおの場合

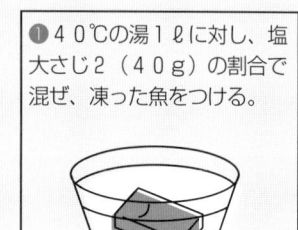

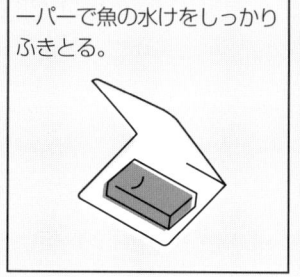

❶40℃の湯1ℓに対し、塩大さじ2（40g）の割合で混ぜ、凍った魚をつける。

❷清潔なふきんかキッチンペーパーで魚の水けをしっかりふきとる。

❸❷のふきんをよくすすぎ、かたく絞って魚を包み、ざるにのせて冷蔵室の下段に20〜90分置く。

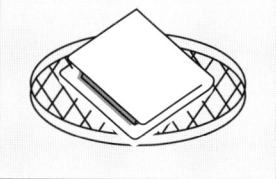

密封されたポリ袋入りのかつお（たたき）の場合

❶40℃の温水にポリ袋ごとつけて4分間おく。

❷袋からとり出し、清潔なふきんかキッチンペーパーで水けをよくふく。

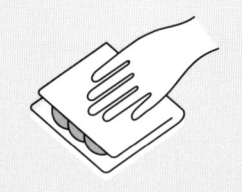

❸②のふきんをよくすすぎ、かたく絞って魚を包み、ざるにのせて冷蔵室の下段に60～90分置く。

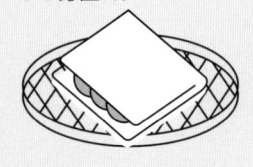

まとめ

形態	重さ	温塩水処理 姿	温塩水処理 所要時間	温塩水処理のあとの解凍
まぐろブロック	500g前後	包装なし	5分	ふきんで包み、冷蔵室下段に60～90分置く
さくどりしたまぐろ	200g前後	包装なし	1分	ふきんで包み、冷蔵室下段に約20分置く
ぶつ切りにしたまぐろ	200g前後	包装なし	1分	ふきんで包み、冷蔵室下段に約20分置く
刺身用かつお	200g前後	包装なし	3分	ふきんで包み、冷蔵室下段に60～90分置く
かつおのたたき	300g前後	ポリ袋入り	4分	袋から出してふきんで包み、冷蔵室下段に60～90分置く

まぐろ、かつおの切り方

引き造り
刃元をまぐろの手前にあて、そのまま包丁の刃全体を使うようにして手前に引いて切る方法。

角造り
まぐろを1～2cm角の棒状に切り、端から1～2cm角に切る。

切りかけ造り
かつおのたたきなどの切り方。1刃めは切り目だけを入れ、2刃めで切り放す。

CHAPTER ❸ 冷凍食品を使いこなす

まぐろ

余ったらしょうゆづけにして冷蔵

保存方法　　　　　　　　　　　保存期間の目安　1〜2日

解凍したものは色が鮮やかで切り口がシャープなもの、トレイに水けがたまっていないことも確かめて。刺身ならその日に食べるぶんだけを買ってください。残ってしまったらしょうゆにひたし、翌日は「づけ」で。それ以降は焼くなど加熱して食べます。

まぐろのカルパッチョ

1人分　105kcal

材料（4人分）
- まぐろ（刺身用）……………150g
- レモンの薄切り……………2〜3枚
- オリーブ油……………大さじ1〜2
- ルッコラ………………………適量
- 塩　こしょう

作り方
❶まぐろは冷凍品なら半解凍にし、できるだけ薄切りにして器に並べる。
❷①に塩、こしょう（できればひきたて）各少々をふり、レモン汁を絞りかけてオリーブ油をふる。食べるときまで冷蔵室に入れて味をなじませながら冷やしておく。
❸ルッコラをざく切りにし、食べる直前に②にのせる。

＊メモ　ルッコラの代わりにサラダ用ほうれんそうもよく、ほかにせん切りにしたセロリやにんじん、きゅうりなどの野菜をたっぷりのせるのもよいでしょう。

まぐろの紅白どんぶり

1人分　417kcal

材料（4人分）
- まぐろ（刺身用）……150g
- ほたて貝柱（冷凍品）……150g
- 米……2カップ
- だし昆布……5cm
- 酒……大さじ2
- しょうが……1かけ
- 酢……大さじ3
- 砂糖……小さじ2
- 塩……小さじ1
- 焼きのり……1枚
- 青じそ……5〜6枚
- おろしわさび……適量
- うす口しょうゆ　みりん　塩　酒

作り方
❶まぐろは冷凍品なら半解凍にし、ほたて貝柱は自然解凍する。
❷米は洗ってややかための水加減にし、昆布、酒を加え、1時間以上おいて炊く。
❸酢、砂糖、塩を合わせてよく混ぜ、しょうがのみじん切り大さじ1強を混ぜる。
❹まぐろはそぎ切りにし、うす口しょうゆ大さじ2、みりん大さじ2、しょうが汁少量に約10分つける。ほたて貝柱は1個を3枚ずつの薄切りにして塩、酒各少々をふる。
❺炊きあがったご飯に③を混ぜてすし飯にする。どんぶりに盛り、せん切りした青じそ、もみのりと、汁けをきったまぐろ、ほたて貝柱をのせ、わさびを添える。

まぐろの梅とろろ

1人分　124kcal

材料（4人分）
- まぐろ（刺身用）……200g
- うす口しょうゆ…大さじ1と1/2
- はちみつ……大さじ1
- 長いも……200g
- オクラ……8本
- 梅干し……1個
- おろしわさび……適量
- しょうゆ

作り方
❶まぐろは冷凍品なら半解凍にし、1cm角に切る。
❷うす口しょうゆとはちみつを混ぜ合わせ、①のまぐろをつけこむ。
❸オクラは塩をすりこんでゆで、小口切りにする。
❹梅干しは種を除く。まな板にラップを二重にして広げ、その上で細かくたたく。
❺長いもはすりおろすか、ポリ袋に入れてめん棒などでたたいて砕き、梅干し、オクラと混ぜる。
❻まぐろを⑤であえ、器に盛ってわさびをのせる。

まぐろとアボカドのサラダ

1人分　222kcal

材料（4人分）
- まぐろの赤身（刺身用）…200g
- A ┌ うす口しょうゆ……大さじ2
  └ 酒、しょうが汁……各小さじ1
- アボカド……1個
- レモン汁……大さじ1
- マヨネーズ……大さじ3
- 牛乳……大さじ1
- おろしわさび……小さじ1〜2

作り方
❶まぐろは冷凍品なら半解凍にして薄切りにし、Aに10分つけて汁けをきる。
❷アボカドは種と皮を除いて薄切りにし、レモン汁をかける。
❸ボウルにマヨネーズ、牛乳、わさびを混ぜ、食べる直前にまぐろとアボカドをあえる。

冷凍品　まぐろ

ビタミンA、B群、E、IPA、DHAを豊富に含みます。

CHAPTER ❸ 冷凍食品を使いこなす

かつお

解凍後はできるだけ早く食べきる

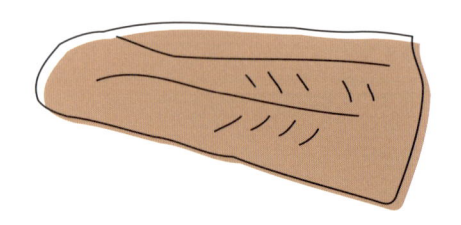

保存方法

旬の時期には活魚を。それ以外は冷凍品を上手に解凍して使いましょう。船上で急速冷凍していますから味は鮮魚と変わりません。生や解凍したかつおはキッチンペーパーで包み、さらにラップで包んで冷蔵室に。1〜2日で食べきってください。

かつおの韓国あえ

1人分　115kcal

材料（4人分）

かつお（刺身用）	200〜300g
┌しょうが汁	少量
└しょうゆ	大さじ3
玉ねぎ	1個
トマト	1個
にんにくのみじん切り	小さじ1
すり白ごま	大さじ1
コチュジャン	大さじ1
A ┌うす口しょうゆ	大さじ1
├酢	大さじ1
└砂糖	大さじ1
香菜（あれば）	適量

作り方 ❶かつおは冷凍品なら半解凍にし、薄めの刺身造りにする。
❷しょうが汁としょうゆを合わせてかつおを10分つける。
❸玉ねぎは薄切りにして水にさらす。トマトは半分に切ってさらに半分に切り、薄く切る。香菜は3cm長さに切る。
❹にんにく、すりごま、コチュジャンを合わせ、Aを加えて混ぜる。
❺かつおを④に入れてあえ、玉ねぎ、トマト、香菜を加えてあえ混ぜる。

＊メモ　かつおはたたきを使っても。香菜の代わりにせり、みつ葉など香りのよい野菜を使ってもおいしい。

かつおのたたき

1人分　177kcal

材料（4人分）

かつお（たたき用）	1節分
しょうがのみじん切り	1かけ分
にんにくのみじん切り	1片分
A　酢	大さじ4
砂糖	大さじ1
しょうゆ	大さじ1
玉ねぎ	1/2個
きゅうり	1本
あさつき	1/2束
みょうが	2〜3個
塩	

作り方
❶かつおは冷凍品なら半解凍にする。
❷①のかつおを1cm幅に切り、塩少々、しょうが、にんにくをのせてAの合わせ酢をかけ、包丁の腹でたたいて味をなじませ、冷蔵室に約1時間置く。
❸玉ねぎは薄切りにして水にさらし、きゅうりは4〜5cm長さに切り、かつらむきにして細く切る。あさつきは小口切り、みょうがは斜め薄切りにする。
❹食べる直前にかつおを器に盛り、③の野菜を添える。

＊メモ　鮮魚のかつおで作る場合。かつおの血合いを切りとり、塩少々をふってしばらくおく。皮を下にして金串を末広に打ち、皮のほうを強火でこんがり焼き、身のほうも焼く。すぐに氷水につけて金串を抜き、十分に冷やして水けをふく。冷凍する場合はこの状態まで作り、ラップで包みます。

かつおのユッケビビンバ

1人分　507kcal

材料（4人分）

かつお（刺身用）	250〜300g
A　うす口しょうゆ	大さじ3
酒	大さじ1
しょうが汁	少量
にんにくのみじん切り	小さじ1/2
しょうがのみじん切り	小さじ1
ほうれんそう	200g
にんじん	1/2本
わかめ（もどしたもの）	100g
ご飯	4人分
うずら卵	4個
コチュジャン	適量
塩　しょうゆ　ごま油	

作り方
❶かつおは冷凍品なら解凍して薄めに切り、Aに約10分つける。汁けをきって粗みじんに切り、にんにく、しょうがを混ぜる。
❷鍋に湯をわかして塩少量を入れ、ほうれんそうをゆでる。3cm長さに切り、しょうゆ大さじ1/2、ごま油小さじ1であえる。
❸にんじんはせん切りにし、塩小さじ1/4、ごま油小さじ1、水大さじ1を加え、ラップをかけて電子レンジで約2分加熱し、水けをきってさます。
❹わかめはざく切りにし、ごま油、しょうゆ各小さじ1であえる。
❺器にご飯を盛ってほうれんう、にんじん、わかめを盛り、中央に①のかつおをのせてうずら卵を割り入れる。好みでコチュジャンを添え、全体を混ぜて食べる。

冷凍品　かつお

IPA、DHAが豊富、とくに血合いの鉄の含有量の多さは傑出しています。

CHAPTER ❸ 冷凍食品を使いこなす

魚のすり身
味つけ、形が自由自在

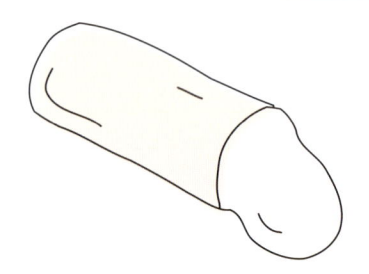

保存方法　　　　　　　　　保存期間の目安　1か月

とび魚やいわし、いかのすり身などがあります。カチンカチンに凍っていることを確かめて。冷蔵室に置いて自然解凍します。解凍したものはできるだけ早く使いましょう。さつま揚げにしてもよく、62ページのさつま揚げと同様に作ってください。

つみれ汁

1人分　136kcal

材料（4人分）
- 魚のすり身……………200g
- しょうがのみじん切り…大さじ1
- みそ……………………大さじ1/2
- 細ねぎの小口切り……大さじ4
- 大根……………………200g
- 細ねぎ…………………4〜5本
- だし……………………4カップ
- しょうが汁……………少量
- 酒　塩　うす口しょうゆ

作り方
❶ すり身は自然解凍にし、ボウルに入れて木じゃくしでなめらかになるまで混ぜる。しょうがのみじん切り、みそを加えてよく混ぜ、小口切りにした細ねぎを加えてさらに混ぜる。
❷ 大根はいちょう切りにする。
❸ 鍋にだし、大根を入れて煮る。大根が透きとおってきたら酒大さじ2、塩小さじ1/2を入れて調味する。
❹ ①のすり身を木じゃくしにとり、菜箸でひと口分ずつそぎ落として③に入れる。
❺ すり身が浮いてきたらうす口しょうゆ少量で味をととのえる。
❻ 細ねぎを3cm長さに切り、⑤に入れてさっと煮る。汁椀に入れ、しょうが汁を落とす。

すり身のキャベツ巻き

1人分　260kcal

材料（4人分）

魚のすり身（白身魚）	200g
生クリーム	1/2カップ
マッシュルーム	3個
玉ねぎ	1/4個
にんじん	3cm
キャベツ	8枚
ベーコン	2枚
玉ねぎ	1/4個
固形スープ（チキン味）	1個
塩　こしょう　バター　小麦粉	
白ワイン	

作り方
❶すり身は自然解凍し、ボウルに入れてなめらかに混ぜ、生クリームを少しずつ入れてのばし、塩、こしょう各少々を混ぜる。
❷マッシュルーム、玉ねぎ、にんじんはみじん切りにし、バター大さじ1/2で炒め、塩、こしょう各少々で味をつけ、さましておく。
❸①のすり身に②を混ぜて8等分する。
❹キャベツは葉を破らないようにはがし、ポリ袋に入れて1分加熱する。さめたら芯の太い部分をそぎとる。
❺キャベツに塩、こしょう各少々、小麦粉をふって③のすり身をロールキャベツの要領で包む。
❻鍋にベーコンの細切り、玉ねぎの薄切りを敷き、⑤を巻き終わりを下にして並べ、水1カップ1/2、砕いた固形スープ、ワイン大さじ1を加え、アクをすくいながら15〜20分煮る。

冷凍品　すり身

魚だんごのスープ

1人分　121kcal

材料（4人分）

魚のすり身	200g
しょうが汁	少量
卵白	1個分
片栗粉	大さじ1/2
干ししいたけ	3枚
春雨	15g
ゆでたけのこ	50g
長ねぎ	1/2本
小松菜	少量
固形スープ（チキン味）	1個
酒　塩　こしょう	

作り方
❶しいたけは水でもどし、春雨は熱湯につけてもどす。
❷卵白はほぐして片栗粉と混ぜる。
❸すり身は解凍してなめらかに混ぜ、しょうが汁、②の卵白を加えてよく混ぜる。
❹しいたけ、たけのこは薄切り、春雨は4〜5cm長さに切る。長ねぎは縦半分に切って斜めに細く切り、小松菜はざく切りにする。
❺しいたけのもどし汁に水を加えて4カップにし、鍋に入れて強火にかける。砕いた固形スープ、酒大さじ2を入れ、しいたけ、たけのこを入れてひと煮する。③のすり身をスプーンですくって入れ、再び煮たったらアクをとり、春雨を入れる。
❻すり身に火がとおったら塩、こしょう各少々で味をととのえ、小松菜、長ねぎを散らす。

CHAPTER ❸ 冷凍食品を使いこなす

和風野菜ミックス

凍ったままで煮汁に入れる

保存方法

にんじん、里いも、しいたけなどの煮もの用の野菜が多種入っています。凍ったまま煮汁に入れてください。開封後は冷凍室内での乾燥を防ぐため、封をしてさらにポリ袋に入れて口をしっかり閉めておきます。開封後は早めに食べきりましょう。

豚肉と野菜のみそ煮

1人分　213kcal

材料（4人分）

和風野菜ミックス	500g
豚薄切り肉	150g
こんにゃく	1枚
長ねぎ	1本
しょうが	1片
A　だし	大さじ2
みそ	大さじ3
砂糖	大さじ2
みりん	大さじ1
しょうゆ	大さじ2
だし	2カップ
サラダ油　酒　砂糖　みりん	

作り方

❶豚肉はひと口大に切る。こんにゃくはひと口大にちぎってゆでる。長ねぎは1cm幅の斜め切り、しょうがはせん切りにする。

❷Aのだしと調味料を合わせておく。

❸鍋に油大さじ1、しょうがの半量を入れて炒め、豚肉、こんにゃく、凍ったままの野菜ミックスを加えて炒める。油がまわったらだし、酒、砂糖、しょうゆ各大さじ1を加えて約20分煮る。

❹野菜がやわらかくなったら長ねぎを入れ、②を加えて強火で煮、煮汁が少なくなったら器に盛る。

❺鍋に残った煮汁をとろりとなるまで煮つめて④にかけ、残りのしょうがを散らす。

いり鶏

1人分　314kcal

材料（4人分）

鶏もも肉	1枚
和風野菜ミックス	400g
こんにゃく	1枚
だし	1カップ1/2
だしの素	小さじ1
さやえんどう	20g
サラダ油　砂糖　しょうゆ　酒	
みりん　塩	

作り方 ❶鶏肉はひと口大に切り、鍋に入れてだし大さじ1と1/2、砂糖、酒、しょうゆ各大さじ1と1/2を加えて火がとおるまで煮る。
❷こんにゃくは縦3等分に切ってからひと口大にちぎり、かるくゆでてゆで汁をきる。
❸鍋にサラダ油大さじ1を熱し、こんにゃく、野菜ミックスを炒める。油がまわったら残りのだし、だしの素を加えてひと煮し、砂糖大さじ1、しょうゆ大さじ1、鶏肉の煮汁を加えて落としぶたをし、中火でゆっくり煮る。
❹野菜に味がなじんだら鶏肉を加え、酒、みりん各少量を加える。
❺さやえんどうはすじをとり、塩少量を入れた熱湯でゆでる。
❻器に④を盛り、さやえんどうを散らす。

冷凍品　野菜ミックス

とん汁

1人分　211kcal

材料（4人分）

和風野菜ミックス	200g
豚切り落とし肉	150g
こんにゃく	1/2枚
長ねぎ	1/2本
だしの素	小さじ1強
しょうが汁	少量
サラダ油　酒　みそ　みりん	

作り方 ❶豚肉はひと口大に切る。
❷こんにゃくはひと口大にちぎってゆでる。
❸長ねぎは1cm幅のぶつ切りにする。
❹鍋に油大さじ1を入れて豚肉を炒める。色が変わったらこんにゃく、凍ったままの野菜ミックスを入れて炒める。
❺油がまわったら水5カップ1/2、だしの素を加えてひと煮し、酒大さじ2、みそ大さじ2を入れ、アクを除きながら15～20分煮る。
❻野菜がやわらかくなったら長ねぎを加え、みそ大さじ2を溶き入れ、みりん大さじ1/2を加える。
❼ひと煮たちしたら椀に入れ、しょうが汁をふる。

CHAPTER ❸ 冷凍食品を使いこなす

中華炒め野菜ミックス

凍ったままで炒める

保存方法

たけのこ、しいたけ、さやえんどうなどの炒めもの用の野菜が入っています。凍ったまま油で炒めます。使う量をとり出したらすぐに封をし、さらにポリ袋に入れ、口をしっかり閉めておきます。開封後は早めに食べきりましょう。

いかと野菜のピリ辛炒め

1人分　213kcal

材料（4人分）

中華炒め野菜ミックス	300g
いか	1杯
塩	少々
酒	大さじ1
しょうが汁	少量
しょうがのみじん切り	大さじ1
にんにくのみじん切り	小さじ1
長ねぎのみじん切り	1/2本分
豆板醤	小さじ1
トマトケチャップ	大さじ4
A　鶏ガラスープの素	大さじ5
酒	大さじ1
酢、砂糖、しょうゆ各小さじ2	
サラダ油　片栗粉	

作り方 ❶いかは足と腹わたを抜き、胴は1枚に開いて縦に2〜3等分に切り、さらに横に1cm幅に切る。足は吸盤をこそげ、2、3本ずつに切る。
❷ボウルにいかを入れ、塩、酒、しょうが汁を加えて混ぜ、下味をつけておく。
❸Aの調味料を合わせておく。
❹中華鍋に多めの油を熱し、いかをさっと炒めてとり出す。
❺油大さじ2で豆板醤を炒める。香りが出たらトマトケチャップを加え、しょうが、にんにくのみじん切りを炒め、③の合わせ調味料、野菜ミックスを入れてひと炒めする。
❻いか、長ねぎを加えてさっと混ぜる。片栗粉小さじ1を水大さじ1で溶いて混ぜ入れる。

牛肉と野菜の炒めもの

1人分 314kcal

材料（4人分）

- 中華炒め野菜ミックス……200g
- 牛薄切り肉……………200g
- ┌しょうゆ、酒………各大さじ1/2
- │溶き卵…………………1/2個分
- │片栗粉…………………大さじ2
- └サラダ油………………大さじ2
- 長ねぎ……………………1/2本
- しょうが……………………1かけ
- ┌スープ（または水）…大さじ2
- │しょうゆ…………………大さじ1
- A│酒…………………………大さじ1
- │オイスターソース……大さじ1
- └砂糖………………………小さじ1
- サラダ油

作り方 ❶牛肉は細く切ってボウルに入れ、しょうゆ、酒、溶き卵を加えてもみこみ、片栗粉を混ぜて油をかける。

❷長ねぎは縦半分に切って斜め薄切り、しょうがはせん切りにする。

❸Aのスープと調味料を合わせておく。

❹鍋に油1カップを入れて火にかける。油がぬるいうちに牛肉を入れて火を強め、ほぐしながら火をとおす。肉の色が変わったら網じゃくしなどでとり出し、油をあける。

❺油大さじ2で長ねぎ、しょうが、野菜ミックスをさっと炒め、③の合わせ調味料を加える。

❻ひと煮たちしたら牛肉をもどして混ぜる。

落とし卵の五目あんかけ

1人分 211kcal

材料（4人分）

- 中華炒め野菜ミックス……100g
- 卵……………………………4個
- 豚薄切り肉………………100g
- しょうが……………………少量
- ┌砂糖………………………大さじ2
- │しょうゆ…………………大さじ2
- A│酢…………………………大さじ2
- └鶏ガラスープの素……小さじ1
- 塩　酢　サラダ油　片栗粉

作り方 ❶豚肉は細く切り、しょうがはせん切りにする。

❷水1カップにAを混ぜて合わせ調味料を作る。

❸鍋に湯4カップをわかし、塩小さじ1、酢大さじ3を入れ、弱火にする。ティーカップに卵を1個ずつ割り入れ、カップごと湯につけるようにして卵を湯に入れ、3〜4分ゆでる。網じゃくしで卵をすくいとる。

❹中華鍋に油大さじ1、しょうがを入れて炒め、豚肉を炒める。豚肉の色が変わったら野菜ミックスを加えて炒め、②を入れて混ぜる。

❺片栗粉大さじ1と1/2を水大さじ3で溶き、④に混ぜ入れてとろみをつけ、野菜あんにする。

❻器に⑤のあんの半量を敷いて③の卵をのせ、残りのあんをかける。

冷凍品　野菜ミックス

CHAPTER ❸ 冷凍食品を使いこなす

ミックスベジタブル

洋風料理に彩りを添える

保存方法

にんじん、スイートコーン、グリンピースが入っていて彩りもきれい。料理には凍ったまま使います。使い残しは包装の封をし、さらにポリ袋に入れて口を閉じ、冷凍室に置きます。かたまりができたらほぐしておくと使いやすい。

ヨーグルトチキン

1人分　365kcal

材料（4人分）
- ミックスベジタブル………2カップ
- 鶏手羽先……………………500g
- プレーンヨーグルト……1/2カップ
- 玉ねぎ………………………3個
- にんにく……………………1片
- しょうが……………………1かけ
- 赤唐辛子……………………3〜4本
- トマト………………………1個
- 塩　こしょう　オリーブ油

作り方
❶手羽先は水けをふき、塩小さじ1、こしょう少々をふる。ボウルに入れ、ヨーグルトをからめて最低1時間、できればひと晩おいて味を含ませる。
❷玉ねぎ、にんにく、しょうがはみじん切り、赤唐辛子は種を除く。
❸トマトは皮を湯むきにし、横半分に切って種を除き、大きめのざく切りにする。
❹鍋にオリーブ油大さじ1、玉ねぎ、にんにく、しょうがを入れて炒める。赤唐辛子、①をつけ汁ごと入れ、さらにミックスベジタブルを凍ったまま入れ、ふたをして弱火で20分煮る。
❺トマトを加えてかるく煮、塩、こしょう各少々で味をととのえる。

ソーセージのトマトソース煮

1人分　245kcal

材料（4人分）
- ミックスベジタブル………2カップ
- ウインナーソーセージ…………1袋
- 玉ねぎ……………………………1個
- にんにく…………………………1片
- ┌白ワイン……………大さじ3～4
- └トマトジュース………（小）1缶
- 固形スープ（チキン味）………1個
- ブーケガルニ……………………1束
- ┌しょうゆ………………………少量
- │ウスターソース………………少量
- └オレガノ、クローブなど…各少々
- パセリのみじん切り……………適量
- サラダ油　小麦粉　塩　こしょう

作り方
❶玉ねぎ、にんにくはみじん切りにする。
❷油大さじ2で玉ねぎ、にんにくをかるく色づくまで炒め、小麦粉大さじ1をふり入れる。粉っぽさがなくなるまで炒めたら、ワイン、トマトジュース、砕いた固形スープ、ブーケガルニ、凍ったままのミックスベジタブルを加えて10～15分煮る。
❸ソーセージに切りこみを入れて②に加え、しょうゆ、ウスターソースで味つけし、あればオレガノ、クローブで香りをつけ、塩とこしょう各少々で味をととのえる。
❹器に盛り、パセリをふる。

＊メモ　ブーケガルニはベイリーフ、パセリの軸、セロリの葉の部分などを束ねたもの。なければベイリーフだけでもかまいません。

冷凍品　野菜ミックス

ミックスかき揚げ

1人分　434kcal

材料（4人分）
- ミックスベジタブル………1カップ
- 玉ねぎ………………………1/2個
- プロセスチーズ…（1cm厚さ）4枚
- 桜えび………………………大さじ3
- ┌小麦粉………………………1/2カップ
- │マヨネーズ…………………大さじ3
- └水……………………………大さじ3
- 片栗粉　揚げ油

作り方
❶玉ねぎは1cm角に切り、チーズも1cm角に切る。
❷ボウルに玉ねぎ、チーズ、凍ったままのミックスベジタブル、桜えびを入れ、片栗粉大さじ2をまぶす。
❸別のボウルに小麦粉、マヨネーズを入れて混ぜ、加減をみながら水を加えていき、天ぷらごろもを作る。
❹揚げ油を180℃に熱する。③のころもに②を入れて混ぜ、スプーンですくって油に入れ、カラリと揚げる。

CHAPTER ❸ 冷凍食品を使いこなす

シーフードミックス

和洋中華エスニックと幅広く使える

保存方法

製品によりますが、えび、いか、あさりのような貝などが入っています。ボイルしてあるので凍ったまま、またはさっと水をかけて使います。使い残しは包装の封をし、さらにポリ袋に入れて口を閉じ、冷凍室に。開封しなければ2～3か月はもちます。

シーフードのコールドスパゲティ

1人分 393kcal

材料（4人分）

シーフードミックス	300g
にんにく	1片
白ワイン	大さじ2
A 玉ねぎの薄切り	1個分
うす口しょうゆ	大さじ3
レモン汁（または酢）	大さじ3
もどしたわかめ	50～100g
スパゲティ（細いもの）	250g
えのきたけ	2袋
青じそ	2～3束
トマト	2個
サラダ油　塩	

作り方 ❶シーフードミックスはざるにあげ、水をかける。

❷にんにくはみじん切りにし、油大さじ2で炒める。香りが出たら①をかるく炒めてワインをふり、ふたをして約1分蒸し煮にする。

❸ボウルにAを入れ、②を蒸し汁ごと加えて冷やす。冷えたら、ざく切りにしたわかめを加える。

❹鍋に湯2.5ℓをわかして塩大さじ1と1/2を入れ、スパゲティをゆで始める。

❺えのきたけは根元を切ってほぐし、青じそはせん切り、トマトはくし形に切る。

❻スパゲティがゆであがったら氷水にとる。あとのゆで汁にえのきたけをくぐらせてざるにあげる。

❼スパゲティは水けをよくきり、えのきたけ、青じそを混ぜる。器に盛ってトマトを飾り、③のシーフードソースをかける。

海鮮お好み焼き

1人分　228kcal

材料（4人分）

シーフードミックス	150g
お好み焼きの粉	1カップ
卵	1個
細ねぎ	1/2束
にんじん	3～4cm
玉ねぎ	1/2個
すり白ごま	小さじ1
しょうゆ　サラダ油	

作り方
❶シーフードミックスはざるにあげ、水をかける。
❷細ねぎは3～4cm長さに切り、にんじんはせん切り、玉ねぎは5mm幅に切る。
❸ボウルにお好み焼きの粉、水1カップ、溶きほぐした卵を入れてよく混ぜ、シーフードミックス、②の野菜を入れてざっと混ぜる。
❹フライパンに油大さじ2を熱し、③の1/4量を流し入れ、ふたをして蒸し焼きにする。下側によい焼き色がついたら裏に返し、こちらも香ばしく焼く。残りも同様に焼く。
❺ごまとしょうゆ小さじ1を混ぜ、④に添える。

汁ビーフン

1人分　267kcal

材料（4人分）

シーフードミックス	150g
ビーフン	200g
しょうが	1かけ
長ねぎ	1/2本
にんじん	3cm
赤唐辛子	1本
もやし	200g
貝割れ菜	1/2パック
固形スープ（チキン味）	小さじ2
ナンプラー	大さじ1と1/2
ごま油　酒	

作り方
❶ビーフンはたっぷりの湯でゆでてゆで汁をきり、水洗いする。
❷しょうが、長ねぎ、にんじんはせん切りにし、赤唐辛子は種を除く。
❸もやしは洗ってざるにあげ、貝割れ菜は洗って根を切り落とす。
❹鍋にごま油大さじ1/2、しょうが、赤唐辛子を入れて炒める。香りが出たらにんじんを加えて炒め、油がまわったら水4カップ、酒大さじ3、固形スープを入れ、煮たったらアクをとる。
❺ビーフン、もやしを加え、再び煮たったらシーフードミックス、長ねぎ、貝割れ菜を入れ、ナンプラーで味をととのえる。

＊メモ①　ビーフンは製品によってもどし時間が違うので袋の表示どおりにしてください。
＊メモ②　ナンプラーの代わりにうす口しょうゆで味つけすることもできます。好みで酢少量を加えるのもよいでしょう。

冷凍品　魚介ミックス

意外な、楽しい冷凍方法

ここまで、冷凍して保存できるものを
たくさん紹介してきました。
でも、まだまだたくさんあります。
「ヘエーッ、こんなものも冷凍できるんだ」と
驚きの素材から
「おもしろそう、やってみよう」と
楽しい方法まで盛りだくさんです。

＜主食編＞

■焼きおにぎり
フライパンで焼き、さめてから冷凍

焼きおにぎりなんてアタリマエ。コンビニでも買えるよ、なんていわれそうですが、家で作るおにぎりは格別。けずり節＋しょうゆとか、しらす干し＋青じそ、ほぐしたさけなどを混ぜてリッチに。薄めに小さくにぎり、油を少しひいたフライパンで両面を焼いて熱いうちにラップで包んで。さめてから冷凍。ラップのまま電子レンジで温めれば、あったかい焼きおにぎりの、カリカリと香ばしいこと！

■スパゲティ
冷やしてから冷凍用の袋に

うっかりして食べきれないほど多めにゆでてしまったスパゲティは冷凍に。水にとって冷やし、よく水けをきってから冷凍用の袋に入れて冷凍室へ。ソースをからめれば、アルデンテというわけにはいきませんが、料理のつけ合わせやグラタン、おべんとうにと、使い道はいろいろです。

■いなりずし
そのまま冷凍し、電子レンジで温め

手間ついでにたくさん作って冷凍しておくと、ちょっとお腹がすいたときにうれしいものです。冷凍用の袋に入れ、しっかり封をしてから冷凍室に。食べるときは電子レンジで。1個につき2分30秒、途中で1回裏に返します。2個ならその2倍、3個なら3倍の時間加熱し、食べごろにさまして。

■パン
冷蔵室より冷凍室で

冷蔵室に置くとパサパサになってしまうパンも、冷凍保存なら大丈夫。凍ったままオーブンかトースターで焼きます。食パンは買ってきたときの包装のままさらにポリ袋に入れて封をし、フランスパンは使いやすい厚さに切って冷凍用の袋に。2～3週間を限度に食べきりましょう。

■サンドイッチ
ラップで冷凍、自然解凍

中にはさむものが冷凍可能なものならなんでもOK。ツナマヨネーズやいり卵は大丈夫ですが生野菜やポテトサラダは不向き。ゆで卵は刻み、マヨネーズであえればOK。ラップできっちり包んで冷凍し、室温に置いて解凍。おべんとうには凍ったまま持参、お昼には食べごろになります。

＜粉・粉の仲間＞

■小麦粉の保存も冷凍室で
二重に包んで

小麦粉は短期間なら室温保存で十分ですが、長くおくと品質が落ちます。つぎは冷蔵室。比較的温度が高めの上部の棚に。1年以上もたせたいときは冷凍室に。紙袋の包装のまま、ポリ袋に入れ、さらに冷凍用の袋にも入れて、二重にして冷凍室に。1年ぶりにお菓子作りにチャレンジ！なんてときも大丈夫です。完全に室温にもどってから封を開けてください。香りが大事なそば粉も同様にして冷凍しましょう。

■パン粉は冷凍が最適
密閉容器に入れて冷凍

冷蔵室に置いたのに、いつの間にかカビがいっぱい…なのがパン粉。冷蔵室では乾燥パン粉で1か月、生パン粉で1～2週間が限度。たまにしか使わない家庭なら冷凍がおすすめ。密閉容器に入れ、冷凍室に置けば半年くらいもちます。冷凍したパンを凍ったまままおろし金でおろすとパン粉に変身。

■ギョーザの皮・春巻の皮
解凍してからはがす

これも冷蔵室でカビさせてしまいがち。1回に使うぶん（10枚とか20枚）ずつラップに包み、さらに冷凍用の袋に入れて冷凍室に。
使うときは完全に解凍してからはがします。でないと、皮同士がくっついているのではがしにくく、つい、破いてしまったりします。

＜肉・魚編＞

■ベーコン
クルクルに巻いて小さくして

ベーコンはもともと保存食ですが、意外に早く傷みます。脂が酸化しやすいので、冷蔵室での保存はせいぜい1週間。冷凍しておけば心強いものです。場所をとらないよう、端からクルクル巻き、冷凍用の袋に入れて冷凍室に。1か月はもちます。凍ったまま細く切り、炒めもの、煮ものなどに使います。

■さば
酢でしめて冷凍

さばは足が早いので、酢でしめてから冷凍すると安心。三枚におろして強めに塩をし、約半日おいて塩を洗い落とします。これを酢につけ、1時間ほどおいて白っぽくなったら皮をむき、ラップに包んで冷凍室へ。こはだ、あじも同様。すし種、あえものに、焼いてもオツな味です。

■干もの
ラップとアルミ箔の二重包装で

干ものは案外、冷凍がむずかしい。酸化して変色したり、パサパサになったり…。これを防ぐには、まずラップでぴっちり包み、さらにアルミ箔で包むこと。すばやく凍って、水分を逃しません。焼く前に完全に解凍させるのがおいしく食べるポイント。焼きほぐしてからの冷凍もよく、お茶漬けにも手軽です。

■かに
身をほぐして冷凍

ゆでて冷凍した殻つきのかには、そのまま冷凍室へ。足先やトゲが他の食品の包装を破ってしまったりするので、新聞紙やクッションのあるシートでしっかり包んで。身をとり出し、ほぐしてからの冷凍がおすすめ。自然解凍してサラダやシュウマイにのせると、それだけでごちそう風！

■しらす干し、ちりめんじゃこ
凍ったまま料理に

あるはずと思って冷蔵室からとり出すと、アララ…。いつのまにか、乾燥しカラカラになっていたり。しらす干しやちりめんじゃこは冷凍室での保存がおすすめ。密閉容器に入れ、ふたをきちっとすれば1か月は大丈夫。塩分が多いのでカチンカチンにならず、スプーンですくえます。

■はんぺん
冷凍してもケロリ

はんぺんを冷凍・解凍しても、それ以前とほとんど変化しません。つまり、ケロリとしているというわけ。包装のままポリ袋に入れ冷凍室に置くだけでよく、とり出して室温でもどせば何ごともなかったように元にもどります。保存期間は約1か月。バター焼きやおでん種などに。

＜野菜編＞ 冷凍がむずかしいとされている野菜もひと工夫で。

■きゅうり
塩もみすればOK

小口切りにして塩をふり、しんなりとしたら水けを絞る、この方法なら冷凍でき、1か月は大丈夫。生のときのようにはシャキシャキはしませんが、酢みそなどあえごろもを使ったあえもの、ポテトサラダに使うぶんには充分です。

■なす
焼いてあれば冷凍可

生ならとても冷凍などにはできないなすですが、焼いてからならOK。皮つきのまま薄切りにして油少量を熱したフライパンで、少し焼き色がつく程度に焼き、ラップに包んで冷凍室に。1か月もちます。みそ汁の実に、あえものに。

■大根
すりおろして冷凍

生ではとても冷凍不可な大根も、すりおろせば冷凍できます。かるく水けをきって冷凍用の袋に入れ、しっかり封をして冷凍室に。自然解凍にして使います。少しだけ必要だというときは、そのぶんだけ折りとって使います。

■ごぼう
うす味で煮てから

これも生での冷凍は無理ですが、ゆでたものなら大丈夫。ささがきにしたり、または細く切り、うす味で煮て冷凍しておくと炊きこみご飯にサラダにといろいろ使えて重宝します。調理したものは、とくにおすすめ。きんぴらごぼうや筑前煮はさめてから冷凍用の袋に入れて冷凍。電子レンジで解凍、温めて食卓に。約1か月はおいしく食べられます。

■里いも
ゆでて冷凍

里いもは皮つきのほうが本来の味を生かせるので、皮つきで電子レンジで加熱して、熱いうちに皮をむきます。薄く切ってもOK。これをさまし、冷凍用の袋に入れて冷凍室に。1か月以内に食べきりましょう。みそ汁の実にすれば朝の忙しいときに便利ですし、うす味で煮含めて肉みそをかけたり、みそ煮に。煮汁には凍ったまま入れます。

＜おやつ・ケーキ編＞

■和菓子
皮に砂糖を使っていれば冷凍可能

大福、串団子、どら焼き、カステラ…。皮に砂糖が使ってあれば冷凍しても大丈夫。自然解凍にして食べられます。皮に砂糖を使っていない大福や草もちなどは、かたくなっていたら網で焼いて。解凍するときに電子レンジは禁物。あんがかたくなってしまうから。約１か月がおいしく食べられる期間です。

■中華まんじゅう
電子レンジでの加熱は要注意

中華まんじゅうもポリ袋に入れて冷凍。凍ったまま、沸騰している蒸し器でふっくらとなるまで蒸します。電子レンジで解凍・温めをする場合、水分が充分でないとカチカチになってしまいます。肉あん入りの中華まんじゅうなら水にくぐらせて耐熱皿にのせ、ラップをかけて電子レンジに。約１０分でふっくらします。

■クッキーの生地
半解凍の状態で切り分けて

クッキー生地を冷凍しておくと、食べたいときにすぐ焼けます。クルクルと巻いて棒状にし、ラップで包んで冷凍。凍ったまま２cm幅に切り分けてオーブンで焼き上げます。焼きたての香ばしさはホームメイドならではです。

■生クリーム
ホイップクリームにして冷凍

そのままでは冷凍に向きませんが、しっかり泡立ててホイップクリームにすれば大丈夫。アルミトレイにラップを敷き、１回に使う分ずつ絞り出すか、スプーンですくってのせ、そのまま冷凍室に。しっかり凍ったら冷凍用の袋に入れて保存します。

■ケーキ
自然解凍でおいしく

生のくだものを使ったもの以外は冷凍ＯＫ。トッピングしてあるだけならくだものをはずして冷凍。室温に置いて自然解凍します。
シュークリームは中が生クリームなら大丈夫、カスタードクリームだとボソボソになってしまうので、冷凍しないほうが無難です。

■ヨーグルト
砂糖を混ぜれば冷凍可能

プレーンヨーグルトを冷凍すると水分が分離してボソボソになってしまいますが、砂糖かジャムを混ぜればＯＫ。もともと加糖してある甘いヨーグルトなら問題ありません。少しサラッとしたアイスクリームといった食感。おろしたチーズは、びんなどに入れて冷凍します。

＜そのほか、いろいろ＞

■だし、スープ
牛乳パックか製氷皿で

昆布やけずり節、鶏ガラなどでちゃんととっただし、スープのおいしさは格別。でも料理するたびにとるのはめんどう。で、冷凍室にストックすれば、ここぞというときに大活躍。だしやスープは、製氷皿でキューブ状に凍らせておくと、たとえば、大さじ1といった少量使いにも重宝。凍ったら冷凍用の袋に入れます。でないと、乾燥したり、冷蔵庫内のにおいが移ってしまいますから。

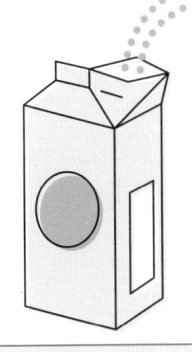

■お茶、抹茶、コーヒーなど
室温にもどしてから開封

開封前の缶、アルミを使った袋入りならそのまま冷凍庫に。紙袋入りはポリ袋に入れて封をしてから。お茶や抹茶、紅茶は半年、コーヒーは豆で2か月、ひいたものは1か月は香り高いまま。冷たいうちに開封するとかえってしけてしまうので、室温と同じになるまで待って封を開けましょう。

■のり
室温にもどしてから開封

冷凍・解凍のポイントはお茶やコーヒーと同じ。小分けにした場合もポリ袋に入れ、さらに冷凍用の袋に入れて冷凍。冷凍室から出したら室温と同じになるまで待って、それから開封します。でないと、周囲の湿気をよんでしまいます。いったん冷凍室から出したら、そのまま使いきりましょう。

＜冷凍に便利な小物＞

■スパイス類
びんに入れて冷凍

こしょう、ナツメグなどのスパイス類を冷凍しておくと、香りが長もちします。少量ずつ別の小びんに小分けして使うとよいでしょう。とくにパプリカは、常温に置くと色が変わりやすいので、冷凍保存をおすすめします。

■お菓子の缶のふた
アルミトレイの代わりに

金属板は冷気を早く伝えるのでホームフリージングの必需品。冷凍室の急冷コーナーにアルミやステンレス板がついていない場合は、別に買ってこなくても大丈夫。お菓子などの空き缶のふたで充分間に合います。

料理名さくいん

材料名は食品群別に五十音順　料理名は掲載順です

＜肉・肉加工品＞

■牛肉

牛薄切り肉
　牛肉のアスパラ巻き揚げ‥‥‥‥‥38
　ビーフストロガノフ‥‥‥‥‥‥‥39
　チャプチェ‥‥‥‥‥‥‥‥‥‥‥39

牛角切り肉
　ビーフカレー‥‥‥‥‥‥‥‥‥‥36
　ビーフシチュー‥‥‥‥‥‥‥‥‥37
　牛肉のクッパ‥‥‥‥‥‥‥‥‥‥37

牛切り落とし肉
　ごまじゃが‥‥‥‥‥‥‥‥‥‥‥40
　韓国風焼き肉‥‥‥‥‥‥‥‥‥‥41
　牛肉と大根の香り煮‥‥‥‥‥‥‥41
　肉豆腐‥‥‥‥‥‥‥‥‥‥‥‥‥41

牛ステーキ用肉
　コロコロ和風ステーキ‥‥‥‥‥‥34
　ペッパーステーキ‥‥‥‥‥‥‥‥35
　中華風ステーキ‥‥‥‥‥‥‥‥‥35

■鶏肉

鶏ささみ
　蒸し鶏とキャベツの辛子酢‥‥‥‥50
　ささみのしそ巻き焼き‥‥‥‥‥‥51
　チキンソテー、レモンソース‥‥‥51
　ゆで鶏の和風サラダ‥‥‥‥‥‥‥51

鶏手羽先
　手羽先と大根のこっくり煮‥‥‥‥48
　ハーブチキン‥‥‥‥‥‥‥‥‥‥49
　手羽先とかぼちゃのにんにく焼き‥49

鶏むね肉
　鶏肉の長崎風天ぷら‥‥‥‥‥‥‥44
　鶏肉とそら豆の炒めもの‥‥‥‥‥45
　鶏肉と野菜の酢炒め‥‥‥‥‥‥‥45

鶏もも肉
　鶏肉の揚げ煮‥‥‥‥‥‥‥‥‥‥46
　鶏肉の照り焼き‥‥‥‥‥‥‥‥‥47
　鶏肉のピリ辛焼き‥‥‥‥‥‥‥‥47
　鶏肉のカレークリームスープ‥‥‥47

■ひき肉
　なすのカレーミートソース‥‥‥‥53
　じゃがいものそぼろ煮‥‥‥‥‥‥53
　白菜とひき肉の重ね蒸し‥‥‥‥‥54
　麻婆豆腐‥‥‥‥‥‥‥‥‥‥‥‥54
　イタリアンミートローフ‥‥‥‥‥55
　鶏ひき肉のつくね煮‥‥‥‥‥‥‥55

■豚肉

豚厚切り肉
　豚肉のクリームソース煮‥‥‥‥‥30
　豚肉の梅肉ソテー‥‥‥‥‥‥‥‥31
　豚肉のマスタードソース焼き‥‥‥31
　豚肉の上海風カレー‥‥‥‥‥‥‥31

豚薄切り肉
　ねぎ巻き串かつ‥‥‥‥‥‥‥‥‥28
　豚肉のソースマリネ‥‥‥‥‥‥‥29
　豚肉のにんにくみそ炒め‥‥‥‥‥29
　ポテトサンドかつ‥‥‥‥‥‥‥‥29

豚切り落とし肉
　豚肉のコーンフリッター‥‥‥‥‥32
　豚肉のキムチ炒め‥‥‥‥‥‥‥‥33
　豚肉とキャベツの炒めもの‥‥‥‥33
　豚肉とごぼうのみそ煮‥‥‥‥‥‥33

■レバー
　にらレバ炒め‥‥‥‥‥‥‥‥‥‥57
　レバーソースかつ‥‥‥‥‥‥‥‥57
　レバーのごま焼き‥‥‥‥‥‥‥‥57

■ハム、ベーコン、ソーセージ
　ハムのムース‥‥‥‥‥‥‥‥‥‥59

料理名さくいん

ウインナチャウダー……………59
えのきたけのベーコン巻き………59
■卵
　薄焼き卵…………………………190

＜魚介・魚加工品＞

■あさり
　あさりとアスパラガスのクリーム煮…85
　ボンゴレトマトソース……………85
　あさりと小松菜の辛子あえ………85
■あじ
　さつま揚げ…………………………62
　あじのごま焼き……………………63
　あじのコーンごろも焼き…………63
　あじのカレーマリネ………………63
■いか
　いかの韓国風あえもの……………93
　いかと里いもの煮つけ……………93
　いかの鳴門巻き……………………93
■いわし
　いわしとしめじのピリ辛炒め……64
　いわしの落とし揚げ………………65
　いわしのパン粉焼き………………65
　いわしの明太子焼き………………65
■いさき
　いさきのスープ、レモン風味……66
　いさきの竜田揚げ、木の芽酢……67
　いさきのムニエル、グレープフルーツソース…67
■えび
　えびの香り蒸し……………………91
　えびの四川風炒め…………………91
　えびだんごのすまし汁……………91
■かき

かきの中華炒め……………………87
かきのチャウダー…………………87
かき飯………………………………87
■かじき
　かじきの岩石揚げ…………………76
　かじきとほうれんそうのグラタン…77
　かじきのピーマンソース…………77
■かつお
　かつおの韓国あえ…………………200
　かつおのたたき……………………201
　かつおのユッケビビンバ…………201
■かれい
　かれいの煮つけ……………………78
　かれいの中華蒸し…………………79
　かれいのトマト煮…………………79
■きす
　きすと野菜の天ぷら………………72
■さけ
　さけずし……………………………80
　揚げざけの甘酢漬け………………81
　さけと里いものご飯………………81
　揚げざけのおろし煮………………81
■さば
　揚げさばのおろしあえ……………70
　さばのカレームニエル……………71
　さばの角煮…………………………71
　さばのみそホイル焼き……………71
■さんま
　さんまと大根の香り煮……………68
　さんまの焼きづけ…………………69
　さんまの鍋照り焼き………………69
　さんまのパスタ……………………69
■シーフードミックス
　シーフードのコールドスパゲティ…210
　海鮮お好み焼き……………………211

料理名さくいん

汁ビーフン……………………211
■すり身
　つみれ汁……………………202
　すり身のキャベツ巻き…………203
　魚だんごのスープ………………203
■たい
　たいの香り蒸し…………………82
　たいの菜種焼き…………………83
　たいのクリーム煮………………83
■たらこ、辛子明太子
　豚肉ときのこの明太子炒め………94
　明太子のスープ…………………95
　たらことわかめのスパゲティ……95
　いかの明太子あえ………………95
■ほたて貝
　ほたて貝とチーズのフライ………89
　ほたてご飯………………………89
　ほたて貝と甘夏のサラダ…………89
■まぐろ
　まぐろのカルパッチョ…………198
　まぐろの紅白どんぶり…………199
　まぐろの梅とろろ………………199
　まぐろとアボカドのサラダ……199
■わかさぎ
　わかさぎの南蛮漬け………………73

＜野菜類＞

■アスパラガス
　アスパラガスのガーリック炒め…112
　アスパラガスの目玉焼きのせ…113
　和風アスパラサラダ……………113
　アスパラ巻きの照り焼き………113
■オクラ

　オクラとうなぎのとろろあえ…120
　オクラの豆乳冷や汁……………121
■かぼちゃ
　かぼちゃのコロッケ……………116
　パンプキンスープ………………117
　かぼちゃのサラダ………………117
　かぼちゃのココナツミルク煮…117
■かんぴょう
　かんぴょうの含め煮……………190
■小松菜
　小松菜と牛肉の炒めもの………106
　小松菜のエスニック炒め………107
　小松菜と豚肉の煮びたし………107
　小松菜と油揚げの辛子あえ……107
■さやいんげん
　いんげんの明太子炒め…………124
　いんげんのごまよごし…………125
■さやえんどう
　さやえんどうと鶏肉の卵とじ…125
　さやえんどうと牛肉の炒めもの…125
■ズッキーニ
　ズッキーニと牛肉の炒めもの…123
　ズッキーニのオムレツ…………123
■中華炒め野菜ミックス
　いかと野菜のピリ辛炒め………206
　牛肉と野菜の炒めもの…………207
　落とし卵の五目あんかけ………207
■トマト
　冷製トマトサラダパスタ………118
　鶏肉のトマトソース煮…………119
　いり卵とトマトのスープ………119
■にがうり
　ゴーヤチャンプルー……………122
　にがうりのみそ炒め……………123
■ピーマン

料理名さくいん

　ピーマンともやしのナムル……１２１
　ピーマンのみそ煮……………１２１
■ブロッコリー
　ブロッコリーとかにのうま煮…１１４
　ブロッコリーの中華風茶わん蒸し…１１５
　ブロッコリーのカレーシチュー…１１５
■ほうれんそう
　ほうれんそうとさけのグラタン…１０８
　ほうれんそうの中華風サラダ…１０９
　ほうれんそうの巣ごもりココット…１０９
　ほうれんそうときのこのごま酢あえ…１０９
■ミックスベジタブル
　ヨーグルトチキン……………２０８
　ソーセージのトマトソース煮…２０９
　ミックスかき揚げ……………２０９
■モロヘイヤ
　モロヘイヤのスープ…………１１０
　モロヘイヤのみそ汁…………１１１
　モロヘイヤの納豆あえ………１１１
　モロヘイヤとちくわの辛子あえ…１１１
■やまいも
　長いもとチンゲンサイのにんにく炒め…１２７
　まぐろの山かけ………………１２７
　やまいもだんごの落とし汁……１２７
■和風野菜ミックス
　豚肉と野菜のみそ煮…………２０４
　いり鶏…………………………２０５
　とん汁…………………………２０５

＜きのこ類＞

■エリンギ
　きのこと豆腐のうま煮………１３４
　きのこの香りご飯……………１３５
　きのこのスープ………………１３５
　エリンギのリヨネーズ………１３５
■しいたけ
　しいたけのかのこ揚げ………１３０
　きのこのスパゲティ…………１３１
　しいたけの陣笠煮……………１３１
　しいたけの含め煮……………１９０
■しめじ
　しめじといかのマリネ………１３２
　きのこの炊きこみご飯………１３３
　きのこのクリームスープ……１３３
■舞たけ
　舞たけの混ぜご飯……………１３６
　舞たけと鶏肉の豆板醤炒め…１３７
　舞たけの味つき天ぷら………１３７

＜豆、豆加工品＞

■あずき（ゆであずき）
　かぼちゃとあずきのいとこ煮…１４６
　小倉ミルクゼリー……………１４７
　そば蒸しようかん……………１４７
　抹茶白玉………………………１４７
■油揚げ
　いなりずし……………………１４２
　信田巻き揚げ…………………１４３
　かぶと油揚げの煮びたし……１４３
■おから
　うの花いり……………………１４４
　おからのキッシュ風…………１４５
　おからのカップケーキ………１４５
■大豆（ゆで大豆）
　大豆の五目煮…………………１３８
　大豆の落とし焼き……………１３９

料理名さくいん

大豆の梅煮……………………139
大豆カレー……………………139
■納豆
　じゃこ納豆……………………140
　納豆チャーハン………………141
　納豆サラダ……………………141
　納豆の天ぷら…………………141
■その他の豆
　豆と鶏肉のオレンジソース煮…148
　豆のミートカレー……………149
　豆と豚肉の甘辛煮……………149
　豆のマリネ……………………149

＜フルーツ＞

■アボカド
　アボカドのムース……………155
■いちご
　いちごのヨーグルトゼリー……153
■オレンジ
　オレンジアイス………………152
■ブルーベリー
　パンナコッタのブルーベリーソース…154

＜穀類＞

■ご飯
　中国風鶏がゆ…………………97
　うなぎ混ぜご飯………………97
　アスパラのリゾット…………97
■中華めん
　ねぎそば………………………101
■パイ生地……………………102

リトルミートパイ………………103
ポテトとキャベツのキッシュ…103
■もち
　揚げもちのみぞれ煮…………98
　もちピザ………………………99
　大根もち………………………99
　のり巻きチーズもち…………99
■ゆでうどん
　鍋焼きうどん…………………100

＜料理＞

■高野豆腐の含め煮……………182
　高野豆腐のサラダ……………183
　高野豆腐の卵とじ……………183
　高野豆腐のチーズフライ……183
■コロッケ………………………176
　コロッケ＆コーンマヨネーズ…177
　コロッケのカレーチーズ焼き…177
　コロッケサンド………………177
■シュウマイ……………………168
　シュウマイ入り茶わん蒸し……169
　シュウマイの３色ごろも揚げ…169
　シュウマイの野菜蒸し………169
■チャーハン……………………170
　レタスチャーハン……………171
　チャーハンのにらあんかけ……171
　チャーハンのお焼き風………171
■トマトソース…………………188
　スパゲティ、トマトソース……189
　たらのトマトソース煮………189
　なすのトマト味のグラタン……189
■ドライカレー…………………174
　里いものカレー………………175

料理名さくいん

カレーピザトースト……………175
ドライカレーのレタス包み……175
■鶏の酒蒸し……………………162
　棒々鶏（バンバンヂィ）………163
　チキンマリネ……………………163
　チーズチキン……………………163
■とんかつ………………………178
　かつ丼……………………………179
　とんかつのマスタード焼き……179
　かつサンド………………………179
■肉そぼろ………………………166
　そぼろとコーンのクリーム煮…167
　クリーム煮のグラタン風………167
　肉そぼろと豆腐の中華煮………167
■肉だんご………………………164
　肉だんごの酢豚風………………165
　肉だんごの甘辛煮………………165
　ミートボールスープ……………165
■ハンバーグ……………………158
　ハンバーグ、アンナ風…………159
　煮こみハンバーグ………………159
　ハンバーグのおろしかけ………159

■ひじきの煮つけ………………180
　ひじきご飯………………………181
　ひじき入り卵焼き………………181
　ひじきサンド……………………181
■ポークカレー…………………172
　カレードリア……………………173
　ココナツカレー…………………173
　カレーポタージュ………………173
■ホワイトソース………………184
　ほうれんそうと卵のグラタン…185
　クリームシチュー………………185
　マカロニグラタン………………185
■ミートソース…………………186
　野菜のミートソース煮…………187
　ピーマンのミートソースカレー…187
　かぼちゃのグラタン……………187
■ゆで豚…………………………160
　ゆで豚のレーズンごまソース…161
　ゆで豚と玉ねぎのソース漬け…161
　ゆで豚とキムチの葉包み………161

著者紹介

■冷蔵庫のしくみと使い方の解説を担当

冷蔵庫開発技術者
杉本　一夫

大阪府立大学卒。昭和49年、シャープ(株)入社。主に冷蔵庫冷凍サイクル関連の開発業務に従事し、現在に至る。

■冷凍、解凍方法など、料理レシピを担当

料理研究家　栄養士
堀江　ひろ子

日本女子大学家政学部食物学科卒。NHK「きょうの料理」TBS「はなまるマーケット」　テレビ東京「レディス4」NHKラジオ「食べて旅して」「今夜のおかず」等に出演。手近な材料で手早く作れる健康的な家庭料理、電子レンジや圧力鍋などを使いこなした新しいメニューの開発を得意とする。
著書は『読むレシピ』(NHK出版1.2・共著)『お店で買えないお母さんのお漬け物』(リヨン社)『ドレッシング・ソース・たれ』(西東社)『シニアの食卓』(婦人の友社)『妊婦のための食事』(女子栄養大学)『腎臓病の人のための食事』(法研)など多数。

■カバー・表紙デザイン
熊谷　博人

■STAFF

編　集	新沢　滋子　永山多恵子
本文デザイン	ムラタユキコ
イラスト	ムラタユキコ
栄養価計算	渡辺美希子

食の冷凍・解凍　保存事典

2004年4月17日　初版第一刷発行
2005年3月31日　初版第三刷発行

著　者	堀江ひろ子
発行者	木谷仁哉
発行所	株式会社ブックマン社
	〒101-0065　東京都千代田区西神田3-3-5
	TEL：03-3237-7777　FAX：03-5226-9599
	http://www.bookman.co.jp/
印刷・製本	図書印刷株式会社

ISBN4-89308-554-9
Printed in Japan

定価はカバーに表記してあります。
乱丁・落丁本はお取り替えいたします。
許可なく複製・転載及び部分的にもコピーすることを禁じます。

©Hiroko Horie, ©BOOKMAN-sha 2004